法的思想世界

董彦斌　著

北京大学出版社
PEKING UNIVERSITY PRESS

图书在版编目(CIP)数据

法的思想世界／董彦斌著．—北京：北京大学出版社，2022.2
ISBN 978-7-301-32821-7

Ⅰ．①法… Ⅱ．①董… Ⅲ．①法的理论—世界 Ⅳ．①D910.1

中国版本图书馆CIP数据核字(2021)第279496号

书　　　名	法的思想世界 FA DE SIXIANG SHIJIE
著作责任者	董彦斌　著
责任编辑	刘文科　沈秋彤
标准书号	ISBN 978-7-301-32821-7
出版发行	北京大学出版社
地　　　址	北京市海淀区成府路205号　100871
网　　　址	http://www.pup.cn　http://www.yandayuanzhao.com
电子邮箱	编辑部 yandayuanzhao@pup.cn　总编室 zpup@pup.cn
新浪微博	@北京大学出版社　@北大出版社燕大元照法律图书
电　　　话	邮购部 010-62752015　发行部 010-62750672 编辑部 010-62117788
印　刷　者	北京中科印刷有限公司
经　销　者	新华书店 850毫米×1168毫米　A5　10.75印张　180千字 2022年2月第1版　2024年6月第2次印刷
定　　　价	68.00元

未经许可，不得以任何方式复制或抄袭本书之部分或全部内容。
版权所有，侵权必究
举报电话：010-62752024　电子邮箱：fd@pup.cn
图书如有印装质量问题，请与出版部联系，电话：010-62756370

董彦斌

隐泉山下客,杏花村里人,故乡山西汾阳多山河故人。昔在太原坞城和北京蓟门桥下接受法学教育,今在重庆西南政法大学做法学教育。喜书籍,喜书法,读北碑,渐悟古意。偶饮酒,偶做诗词。出书四五种,欲知法意与古今之变。

朝"已经不重要了。夏不一定是朝代,但却是一个迈入理性化的时代。有过夏的时代,这是中国在远古时代的一大光荣,这种荣耀感便使得"诸夏"一词成为先秦时文明之邦的自称。这是中国上古的观念史,实际上也例证了人类的文明史。法和法的观念,正产生在这样一个文明史当中。法和法的观念的进步,都代表了人类的文明进程。法的观念,是对人类社会秩序与规则的发现和提炼。本书呈现的法的观念思辨之十篇,大致梳理了五组概念。

除魅与复魅

一方面,法的观念在上古社会总是不能摆脱巫术的影响,从而,法的进程也就成了除魅的进程;另一方面,现代社会中的法不能没有敬畏,从而,自然法的观念便不能消亡,法的观念中自我蕴含了从除魅到复魅的某种莫比乌斯环,使得法律具有理性化与敬畏的双重意义。

自然法与习惯法

现代自然法是理性法,由于学者和思想者的介入,自然法可以说是知识分子法,往往被理得一清二楚、体系严谨。与自然法并列的是习惯法,习惯法来自摸索,形成于历史中。如果说自然法是知识分子法,那么习惯法则是民众法,这个民众不一定是知识分子,但一定具有相当的权威,而他的权威又低于历史形成的祖先权威。习惯法一定是驳杂而接地气的,从习惯到习惯法,本身就经过了理性的整理,而从习惯法过渡到成文法时,需要更进一步的整理。

自然法和习惯法不仅是两种法的观念,进一步说,也成为人类的两种思维方式:自然法偏于理想化,但也坚决;习惯法偏于保守,但也温和。这两种风格的分野,在很大程度上塑造着激变与改良的分野,塑造着平等式的自由与放松式的自由的分野。法律人旨在将社会行为法学化理解,法理学旨在将社会进程和社会科学法学化理解,我们趋向于把自然法和习惯法模式当作理解人类行为的基本原型。

自然法与中国法

习惯法是典型的地方法,自然法则是地方性和普遍性的结合。历史是人寄寓其间的特定时空,自然法尽管高远,却无例外生成于历史中。于中国而言,难题更在于,一方面,我们有着长期的道和理的知识传统,却没有系统凝练出属于自己的一个自然法体系;另一方面,关于古典中国法,迄今亦未形成统一的认识——尽管统一认识本身是个不可能的任务,但是,一定意义上的共识总是应当形成的。这个共识是一个画像。为古典中国法画像,一方面需要重新思考中国法——例如思考中国法中可能的自由灵魂、秩序禀赋和版块缺失;另一方面需要思考中国法的断裂和联结的问题:到底我们已经告别了古典中国法,还是古典中国法会一直存在于当代和未来的中国法中,以及是否存在将古典中国法的理念进行充实和创造性转化的可能?

秩序、民众与法律人

诺思和摩尔两位已故的 20 世纪智者,都为求解历史而留下篇章。诺思挖掘了"入口限制秩序",摩尔挖掘了近代世界史中的农民,前者是统治精英、集团及其秩序,后者是普通民众,他们和韦伯深度关注的法律人,共同演出古今变迁尤其是近代以来风云激荡的电影。诺思呈现的历史尽管具有相当的鸟瞰味道,总体上可被视为法律在人类社会中占比逐渐增大的过程。摩尔把农民问题的近代演化当作社会转型的动力机制,一方面,这揭示出物质生活和社会生活对于法律塑型的宰制;另一方面,正因为摩尔将法律当作被决定而非决定性的力量,所以他认可了运动式变革的正向价值,而这恰好可以成为我们反思的内容。韦伯一如既往地以理性审视法律,自然最为重视法律人。韦伯所探索的是法律史,而试图勾勒的是理想的法律人和理想的社会,在这个社会里,是理性在支配人类纠纷的裁决。结合摩尔的某种浪漫式讲述,我们可以看到,韦伯开具的正是近代转型的一剂药方。

法的无解与求解

从法学院逃逸的卡夫卡和立基欧洲认识世界的孟德斯鸠,一位写成一篇小文,一位写成一部大书。小文告诉我们法是无解的,大书的写作者从黑发写到了白发,试图求解的是"法的精神"。法具有相当的无解味道,卡夫卡诚不欺我,这不仅在于法本身具有不同的面向,例如可以是一把剑、一碗水、一颗心、一个计算器,而且不同时空的思想者和实践者们所认定的法本来就不同。然而,在无解的法面前,实际上每个人都被某一种法的观念所支配,尽管这些法的观念是在类似孔子、老子、康德、柏克、潘恩那样的思想者那里才被提出或系统化。凯恩斯曾说:"经济学家和政治哲学家们的思想,不论它们在对的时候还是在错的时候,都比一般所设想的要更有力量。的确,世界就是由它们统治着。讲究实际的人自认为他们不受任何学理的影响,可是他们经常是某个已故经济学家的俘虏。在空中听取灵感的当权的狂人,他们的狂乱想法不过是从若干年前学术界拙劣作家的作品中提炼出来的。我确信,和思想的逐渐侵蚀相比,既得利益的力量是被过分夸大了……不论早晚,不论好坏,危险的东西不是既得利益,而是思想。"[1]法的观念,其实也是凯恩斯所讲的这样,民众的朴素的价值观和法观念,以及由此形成的法的文化,其实时刻笃定地呈现着。我们可以设想,正是在这样的问题意识的启示之下,孟德斯鸠开始了他对法的求解。人类社会从文明走向更文明的历程,尽管其间可能历经波折。而正是孟德斯鸠式的求解,提炼着法的观念,也强化着基于理性而形成的文明史。

---

[1] 〔英〕凯恩斯:《就业、利息和货币通论》(重译本),高鸿业译,商务印书馆1999年版,第400页。

- 论法的复魅
- 《自然法典中国版》总则第一节
- 习惯法思维或自然法思维
- 论《论法的精神》的精神
- 摸龙之道
- 如何讨论法律人
- 「不二法门」
- 近代制度形成中的农民
- 万年新诠之入口密钥
- 法律和司法的除魅

目 录

第一篇　除　魅 / 001

第二篇　秩　序 / 031

第三篇　民　众 / 061

第四篇　法的门前 / 089

第五篇　法律人 / 141

第六篇　中国法 / 165

第七篇　法　意 / 195

第八篇　习惯法 / 253

第九篇　自然法 / 277

第十篇　复　魅 / 299

第一篇 除 魅

2001年夏天,当韦伯的"除魅"一词呈现在眼前时,作者想到法律和司法。遂逐一梳理不同法系,乃知各个法系,即不同文明传统下的法律和法律文明的不同传统,无不历经除魅的过程,无不呈现除魅的规律。除魅的早期是人的觉醒,即人要依靠自己而不是巫魅力量;除魅的中期是理性的觉醒,即法律需要呈现的是理性而非非理性;除魅的后期是形式理性的崛起和程序理性的崛起。

法律和司法的除魅：
沿着韦伯的思路

引言

"除魅"是韦伯思想中的一个概念。在名文《以学术为业》中，韦伯有一段话比较集中地直接论述了除魅的问题。他说，理智化和理性化的增进，含有这样的知识或信念："只要人们想知道，他任何时候都能够知道，从原则上说，再也没有什么神秘莫测、无法计算的力量在起作用，人们可以通过计算掌握一切，而这就意味着为世界除魅。人们不必再像相信这种神秘力量存在的野蛮人一样，为了控制或祈求神灵而求助于魔法。技术和计算在发挥着这样的功效，而这比任何其他事情更明确地意味着理智化。"韦伯称，这样一个除魅过程，在西方文化中已持续了数千年。①

---

① 〔德〕马克斯·韦伯：《学术与政治》，冯克利译，三联书店1998年版。以这样多的文字直接论述除魅，在韦伯作品中所见不多。如果我们以直接论述的文字多少作为判断作者对一个概念重视与否的标准，那我们得出的结论将是韦伯并不重视这个概念。这也许是后世同样很少直接论及除魅的一个原因。但是，需要指出的是：第一，不能以韦伯直接论及（转下页）

除魅在人类史上，可谓是个全面的过程，《以学术为业》中提到的科学的除魅，是其显著一例。而在司法史上，也同样经历了相当显著的除魅过程。韦伯的巨著《经济与社会》，对法律社会学的论述不遗余力，其向我们揭示出法律和司法的理性与理性化的历史脚步，讲的就是法律文明的除魅。

本篇试图讨论的就是法律和司法的除魅问题。我将沿着韦伯的思路，对法律和司法的除魅过程做一个大致的梳理。对这个过程，一句格言式的表达是："法律和司法的历史就是除魅的历史。"

一、梅因和霍贝尔论早期社会法律与宗教、巫术的纠葛

由于过于因循"经济决定论"的研究方法，很长时间以来，我国法律史仿佛就仅仅成了经济背景加点制度史。我绝非否认这一方法的深刻性，但是，把它僵化显然是不妥当的。除了它，还能不能来点别的？事实上，仅就法律与宗教、巫术的纠葛历史而言，就不是单靠对经济基础的研究所能解决的。历史哪有那么简单？

（接上页）甚少即断定他不重视，从韦伯对理性化等概念的用力甚勤，我们可以合理推断韦伯并非不重视除魅这个概念，直接使用较少也许是出于我们所不能理解或知悉的其他原因；第二，后世学人如滕布鲁克，在韦伯逝后多年撰文呼吁重新理解这位思想家，他的有些惊世骇俗的观点指出，韦伯理论的核心概念，便是除魅（见李猛：《除魔的世界与禁欲者的守护神：韦伯社会理论中的"英国法"问题》，载李猛主编：《韦伯：法律与价值》，上海人民出版社2001年版）。

作为马克思同辈人的梅因,不像我们那样因循马克思,他在《古代法》的开篇就直说出法律与宗教之间的纠葛。梅因通过对荷马史诗的研究和思考发现,"英雄时代的文学告诉我们的法律萌芽,一种是'地美士第',还有一种是在稍微发展的'达克'概念中"。① "地美士第"是"地美士"的复数,"地美士"是希腊万神庙中的"司法女神"。从"地美士"一词派生出的"地美士第",意指审判本身,意味着审判是由神赋予法官,"达克"是前两个词的演进概念。基于《古代法》的声名卓著,梅因的此一"法律源于宗教"的论断也深受关注。但是,他的论断还只是从文学里发现历史秘密。在提出了上述论断以后,梅因自己并未有"踏实"②的证据证明。到霍贝尔写作《原始人的法》时,情况发生了变化。霍贝尔不但有关于法律与宗教、魔术关系的理论,还有他作为法律人类学家的证据。

在法律人类学家霍贝尔看来,"每一个原始社会的公理中都毫无例外地存在着神和超自然的权力,他们把人的智慧归因于神灵的存在,并相信神灵会对人们的特殊行为以赞成或不赞成作为回报。他们认为人的生命必须与神的意愿、命令相一致。这种推论是普遍的,在法律领

---

① 参见〔英〕梅因:《古代法》,沈景一译,商务印书馆1959年版,第6页。
② 梅因对"自然法"和"社会契约"等当时盛行的理论不满,而表示对"踏实地探究社会和法律原始历史"的人更加欣赏,见前引《古代法》,第2页。在这个意义上,下文提到的霍贝尔是梅因欣赏的人。

域中普遍地留下其影响"。① 霍贝尔认为,这种超自然东西的公理也像法律的规则一样,在所有典型的社会制度中都普遍存在,霍贝尔举了爱斯基摩、特罗布里恩德、晒延、凯欧瓦和阿散蒂社会的例子,指出这些超自然力量的效力直接而具有威力。以霍贝尔拿手的晒延人为例,霍贝尔说,晒延人是宗教的旨意直接反映于法律的典型。晒延人的"市民会议"是从宗教的法令中取得权力,并且是祭祀机构的一部分。首领神圣,他们对争端的调节,尤其对杀人的裁判,基于神圣而名正言顺,神对杀人者处以流放,逐出自己的小屋。② 霍贝尔并不同意梅因的"法律起源于宗教"的论断,在他看来,是宗教的超自然主义感染了法律,或法律在解决案件缺乏能力的时候,借助于宗教,借助于占卜、诅咒、誓约和神判法这些超自然的力量来弄清真相。

霍贝尔为指出魔术、巫术对法律的不同影响,举了阿赞德人的例子。阿赞德人的魔法按其分类来说当属所谓"白魔术"③,在这里,魔法管理任何事情,法律完全被魔法支配。而与此相应的是,这里的法律并未受到宗教的影响。④ 霍贝尔指出,魔术对原始人的生活,包

---

① 〔美〕霍贝尔:《原始人的法》,严存生等译,贵州人民出版社1992年版,第230页。
② 参见〔美〕霍贝尔:《原始人的法》,严存生等译,贵州人民出版社1992年版,第232页。
③ "白巫(魔)术"和"黑巫(魔)术"是人类学用语,分别指出于高尚目的和邪恶目的的巫术与魔术。
④ 参见〔美〕霍贝尔:《原始人的法》,严存生等译,贵州人民出版社1992年版,第237页。

图1 伊丽莎白时代作品:巫术审判

括对法律影响至重,这是早期社会的共同现象。霍贝尔说:"如果一套完整的法律制度还未公开制定出来,那么,隐藏着的巫术①必然会跳出来,因为信仰超自然现象是普遍的,所以由信仰产生的法律必然存在……巫术是一种隐患,法律是巫术的天然敌人,所以要用法律来战胜巫术,使之逐渐枯萎和减少。但几乎所有的原始人都没有这个观念。而把超自然观念使用于道德目的的魔术,是法律长期残留的侍女,在法律未到之处,还能起一定的作用。"②

梅因和霍贝尔孰对孰错,不是我们要讨论的问题。我们只是要从他们两位在两个世纪前的古代法权威的论

---

① 在霍贝尔的著作中,巫术更倾向于黑(巫)魔术的意义。
② 〔美〕霍贝尔:《原始人的法》,严存生等译,贵州人民出版社1992年版,第243页。

述中看到,早期社会的法律和宗教、巫术,深深地纠葛在一起。

二、几个梳理

在人类学里,巫术、原始宗教、古代宗教、现代宗教是一组递进的概念。按照涂尔干的分析,巫术与宗教的区别在于教会组织。宗教是一种与神圣事物有关的信仰和仪式组成的统一体系,这些信仰和仪式将信奉它们的人们结合在一个被称为"教会"的道德共同体内,而巫术中则不存在教会这样的道德共同体。① 弗雷泽对巫术和宗教的区分则在于,宗教指的首先是对超自然力量的信仰,这更多体现为一种理论,其次是讨取超自然力量的欢心,使其息怒,这更多体现为行动。巫术则是在强迫、压制和利用神灵,例如在古埃及,巫师甚至宣称他们有能力迫使最高层次的天神服从他们。同巫术比较,宗教的团体性和其中的信仰的力量、仪式的作用要突出得多。但原始宗教和古代宗教作为自然宗教,它们的共同特点是具有浓重的巫术因素,同巫术的界限并不清楚,"在(宗教历史的)较早阶段,祭司和巫师的职能是经常和在一起的,或更确切地说,他们各自尚未从对方分化出来"。② 在古代法的社会,巫术和宗教对法律的起源、发

---

① 参见〔法〕爱弥尔·涂尔干:《宗教生活的基本形式》,渠东、汲喆译,上海人民出版社 1999 年版,第 49—52 页。
② 〔英〕弗雷泽:《金枝》,徐育新等译,中国民间文艺出版社 1987 年版,第 77—81 页。

展和形态,起着至为重要的影响。

梳理起来,早期法律与宗教、巫术(魔术)的纠葛中,有这么一些关系:(1)宗教和巫术、魔术作为超自然的力量,在早期社会的思想和生活中发生着普遍的影响,更深深地影响着法律的产生和发展,我们从大量的法律史作品中都可以读到这种影响。① (2)从其形态上来看,法律、巫术和宗教甚至浑然一体,难以界分②,就像孟罗·斯密概括的,"当时之法律,系完全与当时人民之宗教观念,错综交织,结成一片,并且尚带有一种特别的异教迷信特质,至为显然"③。(3)宗教和巫术对法律的影响并不相同。由于早期宗教蕴含着浓重的巫术因素,所以法律受巫术的影响更深。存在法律不受宗教的影响的情况,但没有法律不受巫术的影响。用韦伯的话来说,便是:魔法浸入到整个对争端的调解之中和进入到整个对新的准则的创造之中,这是整个原始法律过程所固有的严格形式的性质。④ (4)黑巫术和白巫术对法律的影响

---

① 可参见〔日〕穗积陈重:《法律进化论》,黄尊三等译,中国政法大学出版社1997年版,单列"神意潜势法"一节。
② 有些学者对此有不同的看法,例如马林诺夫斯基认为:"我们这里发现的各种规则,是完全独立于巫术,独立于超自然的法令,并且从不伴随任何礼仪的或宗教仪式的成分。认为在早期发展阶段人是生活在一个混沌不分的世界里,在那里真的和假的搅成一团,神秘主义与理性规则像真币与假币一样在无组织的国家里可以互换那样——这种看法是一种错误。"转引自〔德〕卡西尔:《人论》,甘阳译,上海译文出版社1985年版,第103页。依照马林诺夫斯基的这种看法,在早期社会,法律是法律,巫术是巫术,界限分明。
③ 〔美〕孟罗·斯密:《欧陆法律发达史》,姚梅镇译,中国政法大学出版社1999年版,第72页。
④ 参见〔德〕马克斯·韦伯:《经济与社会》(下卷),林荣远译,商务印书馆1998年版,第101页。

也不相同,用于道德目的的白魔术起着对法律的辅助作用,而出于恶意的黑魔术则在渎神、败坏法律和社会秩序,是法律和宗教的敌人。(5)法律和宗教,尽管二者从一开始就并不同质,但是,从摆脱巫术上来看,二者又是同路。从以上关系中,我们说,早期法律的除魅,包含三层含义:第一,法律从黑巫术中脱出;第二,法律从巫术中脱出;第三,法律从宗教中脱出,"宗教法和宗教立法的统治在极为不同的程度上渗进到各个地理和业务的法律领域里,并且又被排挤出这里的领域"①。

从历史的过程来看,法律的除魅又相当复杂,基于它和由原始宗教——古代宗教——现代宗教这个过程的相互交织,法律的理性化呈现出不同的进路;基于某一时期和地域宗教力量的消长,法律的理性化过程又有所反复。韦伯对此的概括是:"法的形式的品质从原始法律发展过程中的受魔法制约的形式主义和受默示制约的非理性的结合体发展起来,可能是经由受神权政治或者世袭制度制约的、实质的和无形式的目的理性的曲折道路,发展为愈来愈专业化的、法学的即逻辑的理性和系统性,而这样一来——首先纯粹从外表观察——就发展为法的日益合乎逻辑的升华和归纳的严谨,以及法律过程的愈来愈合理的技术——以上从理论上构想的理性阶段,在历史的现实中,既非处处按照理性发展程度的先后顺序,也非处

---

① 〔德〕马克斯·韦伯:《经济与社会》(下卷),林荣远译,商务印书馆1998年版,第145页。

处都存在着所有的阶段……"①韦伯又把理性化路径不同的原因作了三个概括,分别是:(1)政治权利关系的不同;(2)神权政治权力和世俗政治权力的对比;(3)对法学教育具有决定意义的法学家阶层在结构上的不同。②

三、宗教的除魅与法律的除魅

前已指出,法律的除魅与宗教的除魅是个相互交织的过程。在说法律除魅的时候,不能不说宗教的除魅。苏国勋教授对韦伯理论中的宗教除魅作了一番概括并指出,宗教的发展历程,是一个从非理性宗教向理性宗教进化的过程。充斥着大量神秘的、巫术的、情绪的、传统的、力量的宗教,实际上也就是我们上边讲到的原始宗教和古代宗教,韦伯称为非理性宗教;反之,摆脱了各种神秘的巫术力量,一切可通过计算、可人为控制的因素起作用的宗教,则为理性宗教。判定一个宗教理性化的程度,就是看宗教本身摆脱巫术的程度和宗教伦理与世俗伦理体系相结合的程度。"所有神学,都代表着对神圣价值着魔在理智上的理性化"③,韦伯把宗教的理性化和理智化的程度,视为社会行动和社会组织理性化程度的标志。宗

---

① 〔德〕马克斯·韦伯:《经济与社会》(下卷),林荣远译,商务印书馆1998年版,第201—202页。
② 参见〔德〕马克斯·韦伯:《经济与社会》(下卷),林荣远译,商务印书馆1998年版,第202页。
③ 〔德〕马克斯·韦伯:《经济与社会》(下卷),林荣远译,商务印书馆1998年版,第46页。

教的理性进化从根本上制约着人的行为方式和社会组织的发展;反过来,社会的发展又进一步促进了宗教理性进化的趋势。① 我们看到,一方面,如上所说,宗教的除魅过程使宗教逐步理性化;另一方面,宗教本身的对超自然力量的崇奉和拒世倾向,又不可避免地使宗教具有非理性的特质。人类史上长期存在过政教合一的国家。在这样的国家,一方面是宗教在实现着理性化;另一方面基于宗教本身的非理性特质,国家的经济、政治生活还是在宗教的深重影响下,呈现出某种非理性的特点。宗教法作为宗教笼罩下的法律,它的除魅过程与宗教的除魅过程相伴而行。在从巫术中脱出的同时,宗教法又被深深地打上了宗教的印记。此可以伊斯兰法为例。

四、伊斯兰法的除魅与法的实质理性

学者路易斯说,对穆斯林来说,唯一有效的法律,是真主通过启示公布周知的法律,这些律法都明白地展现在《古兰经》和《圣训》中……由于在人们的观念里,律法系由真主制定并由先知颁布,因此法学家和神学家所从事的,乃是同一个专业工作的不同分支。② 伊斯兰教的创始人穆罕默德即集宗教首领、立法、司法者和法学家为

---

① 参见苏国勋:《理性化及其限制》,商务印书馆2016年版,第54页。
② 〔英〕伯纳德·路易斯:《中东:激荡在历史的辉煌中》,郑之书译,中国友谊出版公司2000版,第293页。

一身。① 韦伯也说,在伊斯兰世界,"没有任何领域不是神圣的准则挡住了世俗法发展的道路"②。但即便如此,法律和司法并不就无所作为,法律和司法在整体的宗教的领地里边,还有技术和范围上的逐步扩展。按照路易斯的描述,伊斯兰教法学家把《圣律》分成两大部分:一个关系的是信众的思想和心灵;另一个关系的则是对真主和别人的外在行为,也就是与敬拜和民法、刑法及公众法规有关。法律的目的在于界定一个规则体系,遵照这个体系就可以使信众在今生过着正确的生活。在实际的司法过程中,遵循的实际上就是后者,而且,法学家奠下的原则是"法律随时代而变"③。这就使司法和宗教在一定程度上分道扬镳。韦伯指出,在一些大的伊斯兰国家,存在世俗的和宗教的法律维护的二元制度,世俗的法律和司法的影响逐步扩大,在判决中,世俗法不去理会宗教法的禁令,而在大多数个案中根据地方的具体运用进行判决。④ 在伊斯兰法的发展中,一个不可忽视的因素是伊斯兰法的法学家阶层:一方面,法学家们是"神学家",深受宗教和传统的束缚⑤;另一方面,他们"通过学

---

① 高鸿钧:《伊斯兰法:传统与现代法》,社会科学文献出版社1996年版,第39页。
② 〔德〕马克斯·韦伯:《经济与社会》(下卷),林荣远译,商务印书馆1998年版,第202页。
③ 〔德〕马克斯·韦伯:《经济与社会》(下卷),林荣远译,商务印书馆1998年版,第46页。
④ 参见〔德〕马克斯·韦伯:《经济与社会》(下卷),林荣远译,商务印书馆1998年版,第145页。
⑤ 参见〔德〕马克斯·韦伯:《经济与社会》(下卷),林荣远译,商务印书馆1998年版,第135页。

术活动……大大丰富了法律的内容,把习惯法、外来的法律和其他世俗法律予以伊斯兰化,从而使伊斯兰法更具有包容性"①。

伊斯兰法学者莎赫说:"伊斯兰法的非理性部分是宗教的,部分是渊源于前伊斯兰时期的巫术……但法律问题,不论其出处如何,也含有理性成分,对它们的组织、完善和系统化不是通过真主启示的非理性过程,而是通过按其性质来说必要的理性解释和适用方法。伊斯兰法以这种形式取得了理智和学术的外表。""尽管法律融于宗教义务的体系中,法律事务仍未完全被同化,法律关系仍未完全变成宗教和伦理义务并用宗教和伦理的术语表述,法律领域仍保留着它自身的技术性特征,法律推理仍能沿着自身的路线发展。"②

受宗教影响深重的伊斯兰国家,它的除魅表现出的特点,一个在过程上,从上面已可看出,与宗教的除魅相伴,既为宗教的侍婢,又在逐步消除宗教的影响;另一个在结果上,此类国家法律和司法理性化的结果乃是实质理性。高鸿钧教授曾概括出伊斯兰法的三个理性特征:一是宽容精神;二是仅就法律规则而言,大多数规则有形式上的合理性,对非理性的规则而导致的法律计谋,法学

---

① 高鸿钧:《伊斯兰法:传统与现代法》,社会科学文献出版社1996年版,第66页。
② 高鸿钧:《伊斯兰法:传统与现代法》,社会科学文献出版社1996年版,第255—257页。

家予以容忍①;三是公议和类比的大量应用。② 高鸿钧在这里的概括显示出,伊斯兰国家的法律理性尽管从规则的形式上来看具备一定的形式理性,但更多的是实质理性的展现。韦伯对这种实质理性的论述是:"排除非理性的诉讼手段并使实质的法系统化,这意味着以一种形式使之理性化。"③"神职人员对待法律,不是力争法的形式的理性化,而是法的实质的理性化。"④"不管是僧侣统治者还是世袭的王公们,他们的'理性主义'都具有'实质'的性质,它追求的不是形式法学上最精确的、对于机会的可预计性以及法和诉讼程序中合理的系统性的最佳鲜明性,而是在内容上最符合那些'权威'的实际的——功利主义的和伦理的要求的明显特征……他们对于任何本身要求并不高的和'按法学家的办法'来对待法是完全陌生的。这尤其完全适用于受神权统治影响的、把伦理要求与司法规定结合起来的法的形成。"⑤韦伯举了取证手段的例子,"冲破对取证手段的原始的、起先受到魔法制

---

① 参见高鸿钧教授说伊斯兰法的大多数规则具有形式上的合理性,如果这指的是伊斯兰法大多数具有形式理性,那么他的观点我不同意。事实上,通观他的这部在汉语法学界开拓性的著作,我们看不出有什么地方支持伊斯兰法大多数具有形式理性的根据。我理解的高教授的意思应该指的是伊斯兰法的理性程度较高,而不是指它就已经具备了形式理性。
② 参见高鸿钧:《伊斯兰法:传统与现代法》,社会科学文献出版社1996年版,第113—114页。
③ 〔德〕马克斯·韦伯:《经济与社会》(下卷),林荣远译,商务印书馆1998年版,第138页。
④ 〔德〕马克斯·韦伯:《经济与社会》(下卷),林荣远译,商务印书馆1998年版,第138页。
⑤ 〔德〕马克斯·韦伯:《经济与社会》(下卷),林荣远译,商务印书馆1998年版,第139页。

约的、形式的束缚,部分是神权政治的理性主义的功劳,部分是世袭的理性主义的杰作,两者都要求'实质地查明真相',因此是一种实质的理性化的产物"①——这,便是法律除魅的一类结果:法的实质的理性化。

五、罗马法的除魅与法的形式理性

与伊斯兰法相映成趣的是罗马法。如上所述,伊斯兰法的除魅,以实质理性为其结果;而罗马法除魅的结果,则是相当完善的形式理性。韦伯,因着罗马法的形式理性的完善,对罗马法赞誉有加。正像朱苏力教授所指出的,韦伯对罗马法的形式理性的论述,已经超越了他自己确立的价值中立的学术原则。② 考虑到罗马法的出现是在那么遥远的年代,韦伯的激赏的确不令我们惊奇,因为少有修习法律的人不为罗马法的体精用宏倾心。

但罗马法同样是从魔法和宗教中走来的。罗马法学者格罗索这样评论罗马城邦早期的市民法,他说,"这是一种自发出现的制度,就像社会本身被法律术语加以表述一样,也就是说它是对社会现实的法律反映,符合事务及其关系的性质,因而符合一种内在的需要,这种制度从一开始就掺杂着使其具有神奇魔力的宗教成分"。③ 在

---

① 〔德〕马克斯·韦伯:《经济与社会》(下卷),林荣远译,商务印书馆1998年版,第203页。
② 赵震江主编:《法律社会学》,北京大学出版1998年版,第364页。
③ 〔意〕朱塞佩·格罗索:《罗马法史》,黄风译,中国政法大学出版社1994年版,第96页。

图2 马克斯·韦伯

古罗马早期社会,祭司是神的事务和人的事务的仲裁人,而不是官方僧侣(韦伯把祭司在政治上的无权力和罗马生活的世俗化视为在祭司中养成纯粹形式主义和以司法形式对待宗教的两个原因)①,拥有崇高权威,"由于各种秩序的混合,由于在原始阶段影响着整个法律组织的宗教观念,祭司不仅控制着私人的和公共的信仰并通过

---

① 参见〔德〕马克斯·韦伯:《经济与社会》(下卷),林荣远译,商务印书馆1998年版,第131页。

这种信仰控制着公共生活,而且在另一方面,他们也掌管着法律知识,尤其掌管着在私人领域……形成的准则。因而,在上述法的发展中,在将法转变为由执法官控制的'诉讼'的过程中,在法对生活及其发展的适应中,他们成为活的联系因素"①。"人们从这些祭司那里了解为进行诉讼或实施某种活动而需遵循的程序。"②

格罗索指出,祭司们的这种垄断随着历史的不断进步而逐步分崩离析,世俗法逐步取代祭司法获得统治地位,但这个过程通过历史和法律的连续性来实现转变,这个连续性体现在世俗法学在本质上仍保存着祭司法学的威望和权威。这个过程的重要事件,是法律知识及其解释的公开化,以此,人们有可能(不依靠祭司)取得法的知识和解释方面的权威,这种逐步统治法的发展的世俗法学,罗马人称为"法学理论"③。世俗法学的发展,又渐渐培养出一个绅士阶层,这就是法学家。法学家们继续了祭司法律咨询的事业,"他们的生涯具有政治色彩""他们受到公共舆论的高度重视""由于对法的精通已成为贵族政治阶层的一种体面和荣耀,因此,那些希望学习法律的学生也加入到咨询者的行列,学生们追随着法学家,作笔记,然后提出案例。就这样从咨询发展到讨论和

---

① 〔意〕朱塞佩·格罗索:《罗马法史》,黄风译,中国政法大学出版社1994年版,第96页。
② 〔意〕朱塞佩·格罗索:《罗马法史》,黄风译,中国政法大学出版社1994年版,第101页。
③ 〔意〕朱塞佩·格罗索:《罗马法史》,黄风译,中国政法大学出版社1994年版,第101—102页。

教学"。①

古罗马早期法律和司法的一个特点是——用韦伯的话来说——具有"卓越的分析性质"②。在韦伯看来,整个过去的历史,在罗马法的应用区域之外,非理性司法中,有些曾经完全占统治地位,有些至少保留残余③;而古罗马宗教则是在一定的程度上采用理性的、司法的手段来对待宗教问题。祭司们具有相当高的法律技巧。④ 而在祭司法学向世俗法学演进的过程中,如上所说,"随着需求的增长,日益采用专业培训以及法律工作日益职业化,使得早在共和国时期,形式的法学教育就已有发展"⑤,这种法学教育"发展了罗马法的技术和对它的科学升华"⑥,随着希腊文化闯入罗马而带来辩证方法,罗马的规则因着这辩证方法而发展为系统的科学的法学⑦,哲学的理论和实践的罗马的法律概念也日益抽象化。祭司法学留下的法律技巧和理性基础,法学家阶

---

① 〔意〕朱塞佩·格罗索:《罗马法史》,黄风译,中国政法大学出版社1994年版,第263—264页。
② 〔德〕马克斯·韦伯:《经济与社会》(下卷),林荣远译,商务印书馆1998年版,第131页。
③ 参见〔德〕马克斯·韦伯:《经济与社会》(下卷),林荣远译,商务印书馆1998年版,第14页。
④ 参见〔德〕马克斯·韦伯:《经济与社会》(下卷),林荣远译,商务印书馆1998年版,第131页。
⑤ 〔德〕马克斯·韦伯:《经济与社会》(下卷),林荣远译,商务印书馆1998年版,第132页。
⑥ 〔德〕马克斯·韦伯:《经济与社会》(下卷),林荣远译,商务印书馆1998年版,第134页。
⑦ 参见〔意〕朱塞佩·格罗索:《罗马法史》,黄风译,中国政法大学出版社1994年版,第264页。

层的卓越头脑和显赫权威,法律教育的发展,再加上法律实践和罗马经济生活的世俗化和合理化,都使得罗马法日益朝着完善的形式理性迈进。优士丁尼皇帝进行的被合称为《民法大全》的法典、《学说汇纂》以及教科书的编撰,成为法律史上的理性高峰。

罗马法曾随着罗马帝国的衰亡而衰亡,但又在许多个世纪之后实现复兴。罗马法的复兴其实是罗马法的扩张,因为欧洲大陆法系及移植其法律的国度遍及世界。特布鲁克这样解释这个继受罗马法而形成的法系的突出的形式理性:"法律思维的理性建立在超越具体问题的合理性之上,形式上达到那么一种高度,法律制度的内在因素是决定性尺度;其逻辑性也达到那么一种高度,法律具体规范和原则被有意识地建造在法律思维的特殊模式里,那种思维富于极高的逻辑系统性,因而只有从预先设定的法律规范或原则的特定逻辑演绎程序里,才能得出对具体问题的判断。"[①]

六、普通法的除魅[②]和它的技艺理性

罗马亦曾统治过英格兰,但在这个岛上"并未留下更多的痕迹"[③]。通常说到普通法的历史,是从罗马统治结

---

① 转引自〔美〕艾伦·沃森:《民法法系的演变及形成》,李静冰、姚新华译,中国政法大学出版社1992年版,第33页。
② 关于普通法的理性和理性化,李猛先生的《除魔的世界与禁欲者的守护神:韦伯社会理论中的"英国法"问题》一文有详尽论述。
③ 〔法〕达维德:《当代主要法律体系》,漆竹生译,上海译文出版社1984年版,第293页。

束、日耳曼族诸部落瓜分英国开始,从这时到1066年的诺曼征服,岛上适用的是盎格鲁撒克逊法。诺曼征服以后,宣布盎格鲁撒克逊法继续有效。庞德指出,当英国法在诺曼国王的法院开始形成的时候,几乎无人熟悉罗马法,第一批普通法法官工作时所用的材料乃是日耳曼法的素材。① 孟罗·斯密也指出,研究英国法律史,日耳曼法尤为重要。② 这样看,普通法的除魅,在其早期也可说是对日耳曼法的除魅。

日耳曼法早期亦深深地嵌在巫术魔法之中。伯尔曼说,早期日耳曼法,具备"依靠神明裁判、共誓涤罪裁判和决斗裁判的'魔术般的——机械的'证明方式"的特点③,而且含有"戏剧化"和"诗歌化"的特征。当基督教逐步取代粗糙而惨淡的古日耳曼宗教,基于二者对超自然力量的信仰,基督教依然支持过日耳曼法中的神明裁判。只是当教会把它的重点转移到那个鼓励人类效仿自己的上帝时,神明裁判等才让位给了通过询问证人寻找事实的一种"理性的"程序。④

12世纪是普通法历史上除魅突变的世纪。在这个世纪,社会上掀起对神明裁判的批判。"此时,神明裁判

---

① 参见〔美〕罗斯科·庞德:《普通法的精神》,唐前宏、廖湘文、高雪原译,夏登峻校,法律出版社2001年版,第11页。
② 参见〔美〕孟罗·斯密:《欧陆法律发达史》,姚梅镇译,中国政法大学出版社1999年版,第10页。
③ 参见〔美〕伯尔曼:《法律与革命》,高鸿钧等译,中国大百科全书出版社1993年版,第92页。
④ 参见〔美〕伯尔曼:《法律与革命》,高鸿钧等译,中国大百科全书出版社1993年版,第97页。

被看作是考验神明的魔鬼之道。由于在第四次拉特拉诺公会会议上神明裁判被废除,陪审制度开始备受重视。这或多或少可以说是整个欧洲的共同现象,但在英国,陪审制度得到了有效的利用。"①在普通法的除魅中,陪审制度的确是其中的重要环节,密尔松也曾指出:"理性裁判取代神明裁判是一个漫长复杂的过程。陪审团最初是作为一种新的严酷考验裁判形式加以利用的,而且,它也同样只是做出概括性的结论。当然,它是在考虑事实的细节之后才做出这样的结论的……一般而言,最少可以说,当时的律师们了解争议的问题是什么,但他们只能逐渐地以间接的方式提出个别的事实问题以供讨论,并经过讨论形成法律规则。"在陪审制度之外,另一个普通法形成中的重要环节是令状制度。令状这种肇自盎格鲁撒克逊时代的法律文书,它的严格适用和逐步完善,促成英国法具备注重诉讼的格式和程序的特点,"以致在18世纪时,形成了纯粹的形式主义的法律观点"②。密尔松甚至认为令状是普通法的基本渊源。③ 此外,英国的法学教育颇为特别。就像人们常说而被达维德概括的:"英国的法学家从来不是大学培养的。"④牛津大学和剑桥大学两所名校直到18世纪末才正式开设英国法的教程。法学家

---

① 〔日〕大木雅夫:《比较法》,范愉译,法律出版社1999年版,第245页。
② 〔英〕S. F. C. 密尔松:《普通法的历史基础》,李显冬等译,中国大百科全书出版社1999年版,第27页。
③ 参见〔英〕S. F. C. 密尔松:《普通法的历史基础》,李显冬等译,中国大百科全书出版社1999年版,第27页。
④ 〔法〕达维德:《当代主要法律体系》,漆竹生译,上海译文出版社1984年版,第319页。

只有在实践中才能领略、体会以及学到诉讼的程序和法律。更需要指出的是,英国的法学家中大量的是实践中的法官而不是大学教授。法官在英国司法中位置显要,社会地位卓著,他们凭借其法律知识及对诉讼程序的把握,主导了法律的发展。

就上述简短的论述来说,普通法已经迥异于罗马法及其法系。对这一从实践中发展而来的西方法律,韦伯颇有微词。韦伯批评陪审员制度,指出司法在迎合作为法律门外汉的陪审员们,因为法的形式主义会一再伤害他们的感情;而为了迎合陪审员们作为非特权阶层的阶级直觉,司法又会倾向于实质的公正。① 韦伯批评说,英国的法在很大程度上是一种"经验的"艺术,同时,司法、原始的、"魅力的"性质依然明显地保存着,法官的个人权威过于突出,英国的法律还不配称为"科学",它的理性化程度比欧洲大陆小得多,而且理性方式有别。② 韦伯的批评不免言重。相较而言,也许李猛先生的评论更公允些——他说,普通法的理性"不是通过封闭的逻辑形式体系建立的,而是通过开放的法律技术完成的,这就是柯克所谓的'技艺理性'。这种理性能力是与'智慧、审慎或技艺'联系在一起的。这是一种'逐渐的,推理性的',是一种'推理过程',而非'唯理化'过程。其核心是法庭论辩时控辩双方在相互争执时为自己的论述提供依

---

① 参见〔德〕马克斯·韦伯:《经济与社会》(下卷),林荣远译,商务印书馆1998年版,第212页。
② 参见〔德〕马克斯·韦伯:《经济与社会》(下卷),林荣远译,商务印书馆1998年版,第212页。

据的修辞学意义上的理性,而非逻辑学意义上的理性"①。

七、中华法的除魅

李泽厚先生提出"巫史传统"的观点,指出,"'巫君合一'乃是中国上古思想史的最大秘密……'巫'的基本特质通由'巫君合一''政教合一'途径,直接理性化而成为中国思想大传统的根本特色。巫的特质在中国大传统中,以理性化的形式坚固保存、延续下来,成为理解中国思想和文化的钥匙所在"。②包括在大传统中的中国法律,自然也可被这个钥匙解开。

对中国法律,可模糊分作两部分:第一部分是在广义的"规则"的意义之上,在这个意义上,法和礼难以明确界限③;第二部分为严格意义之法律与司法,轴心时代的法家所倡导的法律及后世之律令格式即为此种。

就第一部分来说,我们正可适用李泽厚先生的"巫史传统"理论,即上古时代巫术礼仪盛行,巫君合一,周公的"制礼作乐"是这个巫术理性化的转折点。经过周公制

---

① 李猛:《除魔的世界和禁欲者的守护神》,载李猛主编:《韦伯:法律与价值》,上海人民出版社2001年版,第173页。
② 李泽厚:《己卯五说》,中国电影出版社1999年版,第40页。对于李先生这个对他自己来说的总结性的观点(《己卯五说》中说:"巫史传统"一词是对他的"实用理性""乐感文化""情感本体"等概念的一个统摄),我认为是受到了韦伯的宗教社会学尤其是韦伯的中国宗教理论的启发。
③ 梁治平先生命名中国的传统法律为"礼法",而把中国传统法律文化称为"礼法文化"。参见梁治平:《寻求自然秩序中的和谐》,中国政法大学出版社1997年版。

图3 (清)《增补绘像山海经广注》插图：蓐收

礼作乐,在"德"的意义上,原始巫君所具有的与神明沟通的内在力量、神秘魔力转化为对内在要求的道德、品质、操守,而又同时仍具有自我牺牲和惩罚的魔法般的神秘色彩;在礼的意义上,巫术礼仪转变为对有关重要行为、活动、语言等一整套的细密规范,但这种规范具有来自巫术的超道德的神圣性、仪式性、禁欲性。李泽厚先生指出,后世所建立的作为人间关系的礼仪具有神圣性质,正本于此。①

就第二部分来说,既与前述第一部分有相通处,又有其特别性。许慎解释"法"字时说:"廌,刑也。平之如水,从水;廌,所以不直者去之,从去。"②又解"廌"说:"廌,解廌兽也,似山牛一角,古者决讼,令触不直。"③这是关于中国古法和神巫关系的著名而又权威的论证。④ 但是,中国古代法的理性化历史又的确是早熟的。按照郭锦先生的分析,西周时代的诉讼程序已经是以理性为主导的,在原告投诉、被告接受或否认对他的指控、官员进行事实调查,以及仲裁人定案、裁决等行为上,所有参与诉讼的人在行动之前都不曾接受过祖先、鬼神之帮助。西周诉讼的宗教色彩则体现在:(1)诉讼中所用"告"字,承接了殷商时期这个字的宗教意味,意为"祷告""祈求";(2)诉讼中的"誓",诉讼的参与人达成协议,立下誓言,并将此誓言铸之于鼎,"铸器者所期待的不仅是祖先神的佑助,而且也期待着其对某一行动的认可"。⑤ 西周以降,中国法律经过了两个大的转变:一个是法律的法家化,即李悝《法经》一系及商韩重法一派随

---

① 参见李泽厚:《己卯五说》,中国电影出版社1999年版,第33页。
② (汉)许慎:《说文解字》,(宋)徐铉校,中华书局1963年版,第202页。
③ (汉)许慎:《说文解字》,(宋)徐铉校,中华书局1963年版,第202页。
④ 武树臣先生等所著的《中国传统法律文化》一书专辟"廌:一个古老图腾的始末"一节以释此事。参见武树臣等:《中国传统法律文化》,北京大学出版社1994年版,第124页。
⑤ 〔美〕郭锦:《法律与宗教:略论中国早期法律之性质及其法律观念》,载《美国学者论中国法律传统》,高道蕴等编,中国政法大学出版社1994年版,第84页。

着秦王朝的统一而把它的影响推广到全国;另一个是法家法律的儒家化,在汉承秦制建立法制以后,由汉到隋唐的这段时间,又逐步把儒家经义贯彻到法典之中。笼统地说,秦汉以来,中国法律可说是"儒法互用"①,但不论是儒还是法,二者都强调的是人和君主的力量而不是神权凌驾于法律之上,所受巫术和宗教的影响甚为少见。在中国,发生作用的观念不是鬼神,而是天道观念,韦伯也曾指出,在中国,"人们的终极感觉已经不是超凡的造物主神,而是一位超神的、非人格的、始终如一的、永恒的存在"。

但并不是中国理性化的年代久远就意味着它能实现形式理性,对此,韦伯从两方面进行了论证:一方面,中国社会尽管受神权政治的影响较小,但受世袭家长制影响很大,对这个有伦理倾向的世袭制来说,它追求的并非形式的法律,而是实质的公正;另一方面,在这个家长制的司法中,缺乏专门的法律培训,也没有西方式的律师,为家庭、宗族和村庄提供礼仪和法律事务咨询的,只是接受了儒家传统教育的儒士。②

---

① 关于儒法,历来强调的是二者的水火不容之处,但实际上我们能注意到,就像陈寅恪先生指出的,李斯和韩非都是荀子的弟子,按二人理论建立的秦王朝,未必不是儒家的一种理想。李泽厚先生赞同这个观点。参见陈寅恪:《冯友兰(中国哲学史)(下册)审查报告》,载刘桂生、张步洲编:《陈寅恪学术文化随笔》,中国青年出版社 1996 年版,第 16 页;李泽厚:《己卯五说》,中国电影出版社 1999 年版,第 71—97 页。值得注意的一点是,儒法两家的宗教鬼神观念都极淡薄。

② 参见〔德〕马克斯·韦伯:《经济与社会》(下卷),林荣远译,商务印书馆 1998 年版,第 148 页;〔德〕马克斯·韦伯:《儒教与道教》,王容芬译,商务印书馆 1995 年版,第 154—158、198—200 页。

按照韦伯的看法,在数千年的历史中,中国法律和司法一直未能发展出形式的法律逻辑,而一直徘徊在实质理性之中。

八、并非结语:韦伯的睿智与悲情

以上,我们简略地沿着韦伯的思路回顾了法律和司法的理性化过程。我们看到,数千年来人类的法律史,正可以"除魅"一词概括之。依照评价梅因的那句"匹夫而为百世师,一言而为天下法"[①]的不朽名句,我们可以说,"迄今为止,一部法律和司法的历史,就是一部除魅的历史"。尽管除魅的过程反反复复——例如罗马法在罗马帝国衰亡后的命运,但是,除魅总的来看是一个进步性的普遍史,除魅的过程是一个伟大的过程。近代以来,资本主义和法律形成一种互动。一方面,资本主义需要和追求法的形式理性,关心法的程序,要求法律像一部机器一样可以进行计算,在这里,"礼仪的一宗教的和魔法的观点不许发挥任何作用"[②]。另一方面,这种可计算、可预测的法律又为资本主义的发展提供了制度基础。到20世纪和21世纪的社会,随着西方世界的军事和经济扩张的胜利,它的法律制度也移植到了世界各地,各地的法

---

① 这是何兆武教授引用苏轼评韩愈句对梅因名言的评价。何兆武:《历史理性批判散论》,湖南教育出版社1994年版,第83页。
② 〔德〕马克斯·韦伯:《经济与社会》(下卷),林荣远译,商务印书馆1998年版,第743页。

律普遍经历了西方化、"被西方化"以及"反西方的西方化"①的过程。罗马法范式的形式理性和普通法范式的技艺理性冲破了各地法律的实质理性,主导了世界的法律。而且,它们更随着经济的发展而越来越精细化。韦伯想象,现代资本主义会出现在这样的地方:它有理性的法律,那里的地方法官是一台法律条文的自动机器,人们从上面输入诉讼文书和费用,它会从下面输出判决和理由。②

韦伯对世界的除魅,概括起来有三层态度:第一层是发现和解释,在这一层里,韦伯以其睿智发现和概括了这个过程;第二层是肯定其进步性,反映在法律领域,从韦伯对罗马法形式理性的赞赏就可看出;第三层则是一种"客观性的悲情",当世界理性化到成为机器,这种除魅的极端同样使韦伯感到悲观。韦伯的夫人玛丽安妮·韦伯在其撰写的著作《马克斯·韦伯传》里引用诗人里尔克的诗礼赞韦伯:

> 这是
> 每当一个时代将要终结
> 而再度总括其价值时
> 经常出现的人
> 你看,一个男子站了起来
> 拥抱着时代的重荷

---

① 余英时:《现代儒学论》,上海人民出版社1998年版,第3页。
② 参见〔德〕马克斯·韦伯:《经济与社会》(下卷),林荣远译,商务印书馆1998年版,第739页。

> 投向内心的深处
> 在他之前的人们
> 都在世俗的悲喜中沉浮
> 但,他只觉得——
> 人生的沉重
> 并将所有当作一个"礼物"来拥有
> 超越其意志的,只有神
> 于是,他爱神——
> 以一颗凝视超绝之雄心

爱神的韦伯,在理智之外,如何不对经自己的睿智而发现的除魅过程有别样的悲情?

对除魅后的法律和司法来说,它难道真的就只会是和只能是一部毫无人类的神圣感和神圣权威、正义感和敬畏之心的机器了吗?它真的就只能成为一部机器吗?

在本篇要论述的主题——"法律史为除魅史"就此告一段落时,我愿提出一个反"除魅"的问题,即理性化的法律是否完全排斥神圣和神圣感?纯粹技术化的司法,是否必然胜过以神圣感为依托的司法?如果二者并不排斥,那么对除魅后的法律来说,"复魅"也许是值得考虑的一条路径。通过复魅,神圣权威、神圣感与高度形式理性的法律实现联结——我们能见到的"连锁反应"将可能是——法律人以敬畏之心对待法律,公民以信赖之心对待法律和法律人。

第二篇　秩　序

本篇是作者在"得到"软件之"名家大课"的讲稿之一,主要讲的是以诺思为主要作者的《暴力与社会秩序》一书。诺思向以阐发历史为求,而此书的阐发以总结为主,史实的叙述则较少。本篇感兴趣的是诺思的历史观和"大历史观"。历史不存在"书读完了"的问题——每代人都在重写历史,是因为每代人的历史观都呈现不同。历史观的核心内容之一是如何看待秩序,秩序里包含着人的自由空间的范围。本篇偏重从这方面与诺思展开对话。

万年新诠之入口密钥:

藉《暴力与社会秩序:诠释有文字记载的人类历史的一个概念性框架》而谈[①]

一、两次革命与觅食秩序

诺贝尔经济学奖得主道格拉斯·C.诺思和他的两位合作者所著的《暴力与社会秩序:诠释有文字记载的人类历史的一个概念性框架》一书,顾名思义,就是专门用来"通古今之变"的。读书如大禹治水,当治天下之脉络,这是读书人认识历史的雄心。作者雄心爆棚,不仅想通古今、穿透时间,还想通学科、打破壁垒。本书列于上海三家出版社(格致出版社、上海三联书店、上海人民出版社)联合出版的"当代经济学系列丛书",作者诺思获诺贝尔经济学奖,译者为经济学专业,中译本作序者韦森先生是优秀经济学人,序言题目还是《人类社会历史演变的经济学分析》,好像经济学色彩浓得化不开,但究其实,本书

[①] 〔美〕道格拉斯·C.诺思、约翰·约瑟夫·瓦利斯、巴里·R.温格斯特:《暴力与社会秩序:诠释有文字记载的人类历史的一个概念性框架》,杭行、王亮译,格致出版社、上海三联书店、上海人民出版社2013年版。本篇所引此书之文字俱见此版,故不另注释。

实在远远超越经济学范畴。

我们可把通古今之变的著作分为"立法型"和"案例型"两类。立法型大刀阔斧，直接宣布概念和划分方法，表示这就是人类社会演变的规律概括或合理划分；案例型小心翼翼，从具体案例里提炼理论，注重从史实中找寻线索，其划分与归纳也十分谨慎。立法型是一种上帝的、国王的视角，我行我素，我说我判；案例型是一种医生的、侦探的视角，根据对象归纳病理、案情、事实。本书无疑是前者。涵盖东西方的五千年史或者万年史已经摆在那里，诺思的任务是用二十万左右的字抽取出他看见的隐形河流并划分河段。

大体而言，诺思以文字记载为界把人类社会分为两段：文字记载之前的社会革命前阶段；文字记载之后的两次社会革命阶段。文字记载前的社会革命前阶段，其社会秩序总体表现为觅食秩序。文字论载之后的两次社会革命阶段：第一次为农业革命，其社会秩序总体表现为觅食秩序后期及人口限制秩序；第二次为工业革命，其社会秩序总体表现为人口限制秩序晚期与人口开放秩序。人口限制秩序与人口开放秩序的"人口"，指的是社会的支配集团的人口。总括以上划分，诺思的对人类史的概括是："两大时段、两次革命、三种秩序"。其中，三种秩序当中的人口限制秩序，诺思又称为"原发国家"。针对两大时段的根本分界点，也就是诺思放在副标题当中的"文字记载"，他没有进行解释，没有讨论文字记载对人类社会的影响。我们可以视为诺思的疏漏，也可以理解为这是他留给后来者们去琢磨的一个问题。或许诺思只是为了表述上的周延,表示自己触碰和讨论的主要是文字记载以来的历史。

诺思所讲的第一次社会革命,时间是10000—5000年前,是为农业革命,在我们看来,可以说是人类社会正式形成的革命;第二次社会革命,时间是200年前,是为工业革命,这可以说是人类社会新秩序逐步形成的革命。诺思的这个划分,大体上也对应着我们常说的古代社会和现代社会。如果拿诺思这里的第一次社会革命和第二次社会革命对应古代和现代,那么我们可以问,这样是否简单?是否多余?

就是否简单来说,历史划分以必要、需求和合理为原则,在第一次和第二次社会革命之间固然还有许多可以细分的时段,但是,从宏观上来说,与古代和现代一样做个大的框架式划分,反而更能看清农业革命与工业革命对人类社会影响的本质性。

就是否多余来说,两次革命的划分比古代和现代的划分多了一些内涵。古代和现代以时间为划分。尤其是古代,其意思近于"前现代"。事实上,任何一个时代都可以宣称自己以往的年代是"古代"。正如我们在阅读2000年前的古籍时,一样会看到"古者"如何,"上古"如何。仅以时间为度,任何时代都处于"现代""现在",而此前皆为古代。当我们赋予"现代性"以及"古代性"时,那已经是将时间赋予了我们想要探究的意义。所以,诺思的两次社会革命划分,便是一种替代古代和现代划分的内涵式做法,古代为农业文明,现代为工业文明,由此构成认识的基础。农业革命、文明与工业革命、文明本是常用话语,既然诺思有一个自己的认识系统,则从头开始以此替代古代、现代,不算多此一举。农业与工业引发的社会革命由产业而起,产业令人群、组织、制度、观念发生变革,秩序模式亦随之而巨变,至于秩序在两次社会革命之后会发生什么具体变化,这恰是诺思关注的重点,社会革命不是重点,秩序模式才是重点。

需要说明的是,本书的四个关键词,即"原发国家""支配集团""入口限制秩序"和"入口开放秩序",分别对应中译本中的"自然国家""支配联盟""权利受限秩序"和"权利开放秩序"。

我们用"原发国家"替换"自然国家",是因为在我们看来,"自然法"和"自然权利"等相关词汇中的"自然",都表达一种高于现实的优良味道的价值,这与《暴力与社会秩序》里所讲的从国家初兴到特权支配的"原发国家"语言色彩不同。

我们用"支配集团"替换"支配联盟",主要考虑作者想表达的社会支配者之紧密联系,更接近中文的"集团"概念。集团是人与人的集合,联盟在中文中更多是组织与组织的联合。本书中,作者表达的是人与人的集合,故用集团。

我们之所以用"入口限制秩序"和"入口开放秩序"替换"权利受限秩序"和"权利开放秩序",一是因为作者本来也没提到"权利"二字,是中译本译者加的——这种增加也未必合适。如果说要加一个表达类似意思的词,那么"权利"不如"资格"。能否进入支配集团的入口,表现为资格,未到权利的层面。二是因为作者原本使用的"入口"或"通道",已比较准确或清楚,不需要另用中文。事实上,"人口"二字恰好是诺思在本书中的核心概念,由入口而形成秩序,划分秩序类型,构成了诺思对人类万年史的整体观察支撑点,其重要性远远超过了诺思本想强调的"暴力"。在这个意义上,如果说我们以后将分享的摩尔在《专制与民主的社会起源》中是抓住近代、抓住农民,站在断代看通史,找到的是通古今之变的"农民"钥匙,则诺思是直奔"有文字记载的人类历史"而去,找到的是通古今之变的"入口"钥匙。

接下来我们开始谈"觅食秩序""入口限制秩序""入口开放秩序"三种秩序当中的"觅食秩序"。觅食秩序发生在第一次社会革命之前,也就是发生在农业革命之前。在人类不能自行种植食物之前,必须去找寻现成的食物——例如狩猎。为了找寻食物,必须结伴而行,这就构成了第一种组织形式和秩序模式。25人是觅食秩序的基本数字,他们基于居住或血缘而构成一个基本组织单元。这个25人单元是个高度熟悉的、熟人化的团伙,容易互动,容易抱团。25人规模扩大时,差不多可达200人,但500—1000的数字就属于天花板。从25人到200人,内部冲突层出不穷,诺思使用了"激怒系数"的概念。激怒系数越高,暴力就越多,组织系统就越混乱。25人可谓熟人型社会,接近于200人的规模则已成为强人型社会,为了制止内部冲突和暴力,必须有一个强人予以维持,或者在强人的控制之下,规模逐步扩大。在诺思看来,到1000人时,觅食秩序已经近似于酋长部落或酋邦的意味,这意味着新秩序呼之欲出或呼之已出。

觅食秩序并非短短一瞬,其时日之久远、个中之冲突,虽无"文字记载",却能令人想见。在觅食、狩猎之下,人类生活的艰辛亦可想见。从25人的小规模熟人社会到200人的强人社会,再到500人左右规模,1000人酋长部落规模,暴力冲突多有,终于迎来了人类的第一次社会革命也就是农业革命,生活从"找吃的"型过渡到"种吃的"型,秩序亦随之而变,这就是"人口限制秩序"。

图4 〔德〕劳斯·马格努斯作品:《拉普人狩猎》

以上,我们讨论了诺思对人类史的基本概括:"两大时段、两次革命、三种秩序"。其中,三种秩序也就是"觅食秩序""人口限制秩序""人口开放秩序"是诺思在本书中的重点。觅食秩序的时间,大体在10000—5000年前,觅食秩序的基本组织单元,分为25人、200人、500—1000人等不同的规模,在人数扩大的过程中,"激怒系数"也在增大。

二、从脆弱原发国家到初级原发国家

"觅食秩序""人口限制秩序""人口开放秩序"三种秩序,后两种秩序皆围绕"人口"而命名。何谓"人口"?人口就是通向社会中的那个支配集团的大门,少数人能挤进去,而大多数人不得其门而入。掌握社会支配权的支配集团是一个群体,其人员需要新陈代谢,他们通过这个被诺思关注的"人口",遴选和吸纳少数可以信任、传承、指挥的新人加入。

我们知道,在觅食秩序中,超过 25 人就已经诞生了强人,进而强人变为酋长。在人群与社会规模逐步扩大当中,强人、酋长式的人物从单个人变成一个基于血缘、妥协、联合、兼并、功劳等各种因素的集团,这个支配集团具有强大的甚至于全面的决定力量,也可以说就是权贵支配集团,拥有超量特权。少数统治者必须依靠这个集团,才可维持统治。这个支配集团内部当然矛盾重重,但是他们对支配集团本身生生不息地持续统治下去有着强烈共识。总需代代传,总需新的掌门人,总需新的执行者,总需新的干活的,于是"人口"极其重要。人类史上无例外的情形是,这个人口不能随便开放给社会全体,而以限制为常态。在诺思看来,距今 10000—5000 年的第一次社会革命以来的历史,直到 200 年前,无例外都是"人口限制秩序"。在一个支配集团掌控社会,掌控优质资源的局面之下,普通人想要打入或渗入支配集团,难乎又难。人口限制,扎了绳子,绳子很紧。诺思把这种"人口限制秩序"称为"原发国家"。所谓"原发国家",是指从酋长部落的数百人、千人规模过渡到国家之后,国家就是这种能够保障秩序并应对暴力的唯一的社会形态,就是这种被支配权贵集团控制的样子。在原发国家,秩序在优化、细化,国家规模在扩大,但入口限制的基本面没什么大变。入口限制秩序持续时间漫长,自然也有逐步的递进,诺思将其分为"脆弱原发国家""初级原发国家""成熟原发国家"三阶段。脆弱、初级、成熟是原发国家的三部曲。

脆弱原发国家从觅食秩序中逐步发展出了支配集团。觅食秩序当然是分层次的,正如前述,人的多寡就是一种判断标准。觅食既然是标准的靠天吃饭,就有难易之分,在那些最容易觅食的地方,人口繁殖多而存活率高,既增加了觅食的竞争、深化了觅食的智慧,也扩大了社会规模、刺激了觅食管理的理性化。农业革命本身是高层次觅食秩序的产物,又因其对人类生存的革命作用而催动觅食秩序向脆弱原发国家转换。酋长部落正跨在觅食秩序与原发国家之间。越高层次的觅食秩序越服从强人。当共同体人群不断扩大时,强人领导下的一批觅食者成为受强人指挥的不同管理人,这群管理人听命于强人,行使一定分配权。于被兼并的其他觅食小组而言,强人派来的管理者比自己原来的土著强人更具强势。这些围绕强人的管理人或小组负责人构成支配群体,支配着远大于单个觅食小组的共同体。高层次觅食秩序已然是支配集团,既表现为酋长部落,也具有准政权的性质。这个过程听起来容易,其时长却可能超过农业革命以来的历史,是更早更漫长的万年时长。进一步的农业生产催动了共同体人数倍增,强人以体制化的暴力来捍卫自己的强势统治,支配集团与体制化暴力融合,进一步成为政权,原发国家就这样"原发"出来了。

太初有脆弱,脆弱原发国家的脆弱表现在以下三个方面。

一为信任脆弱。较早的觅食秩序是小规模作业,环境艰苦,寿命短暂,血缘紧密,彼此熟悉,从觅食到自卫,小团体或小组徒以自保而已。当内部因激怒系数而出现争夺和冲突时,其影响及于本小组,于人类整体规模影响并不大。进入原发国家后,共同体范围扩大,整个国家被政权与支配集团掌控,不能不进入磨合期。群体人数增大,不信任所带来的影响自然也就增大,新生的实验型的脆弱原发国家陷入从紧密熟人社会的血缘部落到相对陌生人合作共同体转换的不信任难题。支配集团的成员们不易形成有效承诺并实现这个承诺,旧的信任模式被打破而新的信任形式不能确立,支配集团内部后院起火也是常态。

二为组织脆弱,其组织高度个人化,新状态下探索不出组织更大社会的有效方法,更较难形成固化组织。

三为制度脆弱,脆弱原发国家的立法技术往往不高,法律驳杂,制度的确立往往与身份有关。与此同时,脆弱原发国家往往有着强烈的巫术色彩,这也就是韦伯、弗雷泽、弗洛伊德和李泽厚各自的有关巫术与巫师的经典话题,巫术固然也能有理性化色彩,但是更多表现为随意而不是理性制度与理性秩序。

信任、组织、制度脆弱,综合表现为稳定性的脆弱。这里讲的脆弱,不是指轻易被打败的脆弱和软弱,不是指支配集团领袖软弱,有时候,脆弱原发国家越脆弱,其强人可能更强悍、更任性。这里讲的脆弱,是指支配集团内部与外部纠纷仍频,却无有效应对。这样的脆弱,带来的可能是某个支配集团的速朽,也可能是支配集团或支配集团强人的强悍统治。只是这种强悍统治或许只会带来新的动荡与脆弱状态。

初级原发国家是脆弱原发国家向前演进而形成的,但这样的演进不是以直线的方式推进。从脆弱到原发可能经过多次反复,且并非各个国家都能顺顺当当、自自然然地从脆弱过渡到初级。所谓历史不是涅瓦河上的人行道之说,的确讲出了历史前行中的跌宕和往复。诺思关注初级原发国家当中的制度与组织的稳定性,陷于不稳定时,国家将会倒退。事实上,在诺思看来,今天的世界上仍然存在一些仅仅优于觅食秩序的脆弱原发国家。初级国家之逐步兴起占据主流,很大程度上在于一个初级原发国家的进化的制度和组织形式,以及随之而来的相对稳定性,胜过了脆弱原发国家。

初级原发国家创建的公共制度和形成的惯例,使家组织内部构成一种稳定性加强的持久协作关系。据此,支配集团与国家机构之间的信任关系因制度而加强,并试图部分解决接班、精英选拔、税收、央地关系、战利品分配等敏感棘手的问题,这些问题处理不当,可能引起其内部崩塌。

支配集团还试图建立一些理性的共同信念与理

念,用以凝聚支配集团的内部共识。初级原发国家也发展了精英化、国家化的组织,由支配集团的强势人物所把控。主流宗教组织便是一种这样的重要组织。宗教组织起初可能是一种民间组织,但是一旦壮大,则此宗教组织与初级原发国家和支配集团就形成一种深度相互依存关系。在人类史上,有些地方的宗教组织俨然控制了政治权力,宗教组织的层级与国家政权的层级形成了对应、配合或控制。教育组织与这样的政治与宗教权力相对应。教育组织首先完成对支配集团极其有用的精英的培养,产生身份确认,设置进身之阶,并在此过程中塑造前述的共识。

以上,我们讨论了从觅食秩序到脆弱原发国家和初级原发国家的演进。脆弱原发国家和初级原发国家都属于入口限制秩序。入口是指社会支配集团的入口,少数人能通过入口,被支配集团遴选进去。脆弱原发国家表现为信任、组织和制度的脆弱,形成巨大的不稳定性。初级原发国家创立了公共制度,形成了稳定性略强的精英化、国家化的组织,形成了一些理性的共同信念与理念。

三、从成熟原发国家到入口开放秩序

成熟原发国家比初级原发国家深化了公私制度和公私组织。随着社会规模的扩大和社会活力的增强、民间崛起,制度和组织在适应着民间崛起的社会需求,成熟原发国家把制度和组织拓展到了私的领域。

在制度方面,关注私人权利和规范民间行为的私法规范崛起。我们知道,私法规范与理论早在古罗马的罗马法时就已然成熟,这是一种古罗马的早熟,但不代表原发国家的普遍状况。民法、商法是为私法,私法强调私人自治。私法规范维护着市民社会的平等相处与公平贸易的秩序。中世纪的欧洲,实际上可视为从准成熟的原发国家向初级原发国家的回流,私法规范也随之沉睡。直到11世纪之后,随着意大利诸地水上贸易的兴起,"罗马法复兴"——罗马法基于需要而复兴。罗马法复兴的故事,就是诺思所称成熟原发国家私人规范崛起的典型事例。复兴之后的罗马法,让古罗马的罗马法承载了助推成熟原发国家制度发展的使命,在此风潮影响下,法国与德国的民法典得以诞生。

在组织方面,各类民间型组织扩大。民间型组织从前述民法理论上获得了"法人"的称呼,构成了民事和商事行为的主体。民事、商事主体在兴起时,往往具有天然的市场经济和私人产权的属性。如果不是被一种狂热和狭隘理念所驱动,支配集团会允许一定程度的民商事私人组织。但是,非民事、商事的社会组织是否被允许,则依成熟原发国家的不同情况。若支配集团对社会组织怀着深刻不信任,则社会组织不易获得自治。组织的复杂性也被诺思视为区分脆弱、初级和成熟的标准。

诺思把原发国家简化为脆弱、初级和成熟,或许从初级到成熟之间还相隔了一两个层级。工业革命以来,随着工商社会的兴旺,一部分原发国家过渡为入口开放秩序,另一部分原发国家也发生了一种"现代化"式的巨大转变,当此之时,成熟原发国家的转变是明显的,从统治技术到国家与社会的状态都发生了巨大变革,但还没有到达入口开放秩序。这种状态,应当在诺思的划分中得到体现。

我们可以把诺思的脆弱、初级和成熟三分法细分为脆弱、初级、中度、成熟四分法。

诺思的成熟原发国家可以重新划分为中度原发国家和成熟原发国家,这是以工业革命为刻度来做划分,根据的是工业革命与入口开放秩序这二者对原发国家形成冲击之后所带来的变化。双重冲击之前,是中度原发国家;双重冲击之后,是成熟原发国家。这样来看,我们刚才讲到的罗马法复兴的早期,意大利贸易兴起的事例,可以看成属于中度原发国家。工业革命后,这些国家过渡为成熟原发国家和入口开放秩序国家。事实上,即使是入口限制秩序类型的国家,在工业革命和入口开放秩序的理念兴起后,也同样更新了统治技术。科技的进步同样帮助了新型成熟原发国家的支配集团对于入口的坚守。

诺思有一个观点,强调入口限制秩序才是世界终局。他的这个观点,可视为从支配集团贪婪自私的人性出发。支配集团在守住入口的同时,也守着一堵坚固的壁垒,他们并不是彻底把集团之外的人拦在壁垒之外,而是择优和择其有用者,故而社会精英也参与到维护壁垒的举动中。但是正如诺思把农业革命和工业革命作为人类的两次社会革命一样,工业革命及其随之而来的变化催动着入口限制秩序的变化。

尽管诺思强调入口限制秩序才是人类社会的大结局,尽管入口开放秩序在世界的展开一波三折、三波九折,在数量比例上无绝对优势,但在观念上,入口开放秩序深入人心。这样,各种原发国家也以好听的入口开放为表面话语。当入口开放秩序的知识和理念传布于世,连坚硬的入口限制秩序国家也会一边坚守着自己固有秩序和自命的正当性,一边说:我们就是最好的入口开放秩序。

图 5 〔捷克〕莫莉·麦克阿瑟作品:《城市一角》

限制的尽头是解开。漫长入口限制秩序之后,在200年前的第二次社会革命也就是工业革命之后,人类迎来入口开放秩序。入口开放的本质是支配国家与社会的集团入口向每个人开放,打破了少数支配集团的权贵对国家、社会优质资源和优质活动的垄断。入口开放秩序自然不仅仅为口子的放开,新的"秩序"是其根本。如诺思所言,从入口限制秩序到入口开放秩序的转型,"使政体发生了一系列的变革,扩大了公民的参与权,保障非人际化的政治权利,决策过程更加透明,能够为大量的组织——包括政党和经济组织——提供法律支持等。转型也使经济发生了一系列变革,包括:人们被允许自由地进入更多市场并参与竞争,物品和个人在空间和时间上自由流动,允许创建组织以追逐经济机会,产权的保护,禁止使用暴力来获取资源和物品,禁止强迫他人"。

诺思归纳了两种秩序的基本对比:(1)在经济增长方面,原发国家经济增长缓慢且易受冲击。入口开放秩序则经济持续增长,经济负增长较少。(2)在政治发展方面,原发国家政治未获被统治者的普遍认同,入口开放秩序的政治大为发展。(3)在组织方面,原发国家总体组织数量较少,入口开放秩序存在着组织众多、丰富而充满活力的公民社会。(4)在政府规模与政府权力方面,原发国家政府较小且较集权,入口开放秩序存在着庞大的、较为分权的政府。(5)在社会关系方面,原发国家主要的社会关系是沿着人际关系这条线路展开的,存在包括特权、社会等级、法律实施上的不平等,产权缺乏保护,其共识是人并非生而平等。入口开放秩序则表现为普遍的非人际化的社会关系,包括法治、产权保护、公正和平等——平等对待所有人的一切方面。(6)在控制暴力方面,入口开放秩序由政治系统控制军事和警察,以一系列制度约束限制暴力使用。

我们要说,诺思这里的归纳未必十分准确,例如,有的非入口开放秩序国家做到了经济保持增长。经济增长缓慢的原发国家自然面临压力,但不错的经济增速却可以成为这种入口限制秩序的新支撑。这样的国家不一定表现为诺思所讲的小政府,更可能表现为更大的政府,其大政府远远超越了传统原发国家和入口开放秩序国家的各自政府职能,管控力度大,政府规模大。同样,这样的国家因为社会自身的发展,在组织方面也呈现特色,有管制也有开放,但是组织本身已然不是诺思所讲的"数量较少"的情形。

图6 〔法〕诺雷·杜米埃作品:《立法者》

以上,我们讨论了成熟原发国家,也简要讨论了入口开放秩序。成熟原发国家的私法规范和民间组织都远较初级原发国家发达。考虑到工业革命后,成熟原发国家发生了不少变化,我们把诺思的成熟原发国家做了划分,其中工业革命前的成熟原发国家,我们界定其为中度原发国家。工业革命后,有的国家变为入口开放秩序,有的国家则属于成熟原发国家。成熟原发国家本身也随着社会变化在更新着自己的制度,但仍然属于入口限制秩序。

四、限制的五个命题与开放的四个问题

正如前述,原发国家皆为入口限制秩序,也就是支配集团之入口的限制进入秩序。横亘人类千万年的此类国家与此种秩序类型存在五个命题。

第一个命题:所有的原发国家都对创建组织的权利进行限制。组织的种类繁多,政治类、经济类、宗教类、教育类、军事类、社会服务类,功能各异。而支配集团本身也极可能以一种松散或紧密的组织的形式出现。从脆弱到初级再到原发,组织不断增多,实为社会进步,但是,公共组织既有公益性,也有支配集团用以控制社会的功能。到各类私人组织兴起时,支配集团也随之而发明控制私人组织的方法。组织是把双刃剑,没有有效的组织形式,社会难以发展,支配集团恐也自身难保或统治低效,有了有效的组织形式,才会以其利益与组织化力量而形成某种对于支配集团的丛生或根本的挑战。正如诺思所言:"组织协调成员的行动,这样,组织的行动便胜于所有个体行动的总和。"也正因此,支配集团试图做到对创建组织的权利进行控制。与此同时,正因入口限制,尽管血缘血统、利益交换起作用,但支配集团的自我优化、扩张也还是需要通过一定的组织中的优选来实现。诺思把组织分为契约型组织和黏合型组织,后者为身份型组织,在他来看,原发国家大多为后者,皆在于便于控制。

第二个命题:所有的原发国家都控制交易。控制交

易是支配集团于公于私的生财之道。限制集团的入口是支配集团的手段。限制是为了满足支配集团中的个体与小集团。当支配集团通过国家来控制交易时,往往形成税收。当其成员亲自上阵控制交易时,则可能是为了本人的财富扩张,以控制的手段代替竞争的手段。尽管从脆弱到成熟的大趋势是放松,但是禁止交易、垄断贸易、强制交易、诡谲交易,都属于权贵支配集团的日常。说到底,控制交易属于强势者的本性,只不过原发国家作为权贵支配集团所支配的入口限制秩序,总是在维持他们能够控制交易的能力。

第三个命题:法律系统的起源,在于对精英特权的界定。《管子》中曾提到法律的四个功能:"定分""止争""兴功""惧暴"。其见解与诺思有异曲同工之妙。这里讲的"定分"的"分",第一个含义是份额和分配,支配集团的精英们首先进行圈内分配并确定份额;第二个含义是确定支配集团成员特权的资格;第三个含义是划定特权和市民的普通权利的边界。"分"的三种含义,核心在于支配集团先照顾自己的特权。

第四个命题:入口限制秩序致力于控制暴力但仍陷于暴力循环。关于"暴力",学者们使用时的侧重点不一样。在使用暴力时,有的学者指的是"暴力革命",有的学者指的是军事武装,还有的学者指的是普遍的暴力行为。诺思本人使用暴力,主要是指组织型的暴力行为和民众的普遍的暴力行为。关于制暴之法,一种是单纯镇压,以暴制暴;另一种是泛化控制。诺思倾向于后者,提出"设租制暴论"。诺思说,制止暴力必须是所有社会运转的核心所在,形成日益强大的社会群体的一个先决条件,就是找到有效地控制暴力的方法。简单地通过集中手段来应对和控制暴力,最多算是短期做法,从入口限制秩序模式趋于稳定时始,支配集团的有效方案就是利用暴力在人群中的分散,创造了一个互锁的、互相制约的经济、宗教、政治和社会利益模式。诺思这里讲的,当然是制暴的理想图景。事实上,他这里所说的"综合管理型制暴模式"或"互锁型制暴模式"总是陷于暴力的此起彼伏中。

第五个命题:支配集团奉行人际化入口限制,强调内外有别。这种人际化,是支配集团抱团取暖的必然逻辑,是黏合型组织自我认同的应有之义,是身份社会等级森严的。这种人际化符合支配集团成员们的本性、行事风格和利益考量。深谙原发国家之道的一位马基雅维利时代的意大利政客曾说,当你想要获得君王的欣赏,你就必须出现在他的视线里,因为君王能想到的往往是他能见到的人。这种投机取巧,靠的就是悟出了支配集团强调内外有别的道理。从功能上来说,支配集团必须做到有效巩固围绕在统治者周围的同心圆。统治者的小圈子和同心圆的大圈子,都有边界,同时也有基于信任的人际关系的黏合。人际化是支配集团的特征,也是技术和秘诀。

就入口开放秩序来说,可以说,其实诺思所讲的入口开放秩序,差不多就是立宪政治所期待的政治秩序,其核心是宪法之治和法律之治,要害是权力在横向和纵向的分工与制衡,基础是尊重每个人的尊严与自由。对于入入口开放秩序,人们关心以下四个问题。

第一,入口开放到底具有什么样的根本意义?入口开放作为由诺思提出来的概念,总体是指政治与社会的综合表现。入口的打开是社会发展的结果,没有成熟原发国家公私并重的制度与组织的积累,就难以形成一种分散力、压力和替代支配集团的力量。在入口开放秩序中,决策者、资源分配者不再是那个小圈子支配集团,支配系统向每个人开放。支配集团成员不再是天生的、继承的、高高在上的、少数人垄断的。告别垄断的支配权分散在社会中。普通人通过奋斗和来自民众的遴选,可以成为民间的经济与社会组织的领袖,也可以成为政治大咖。乾坤扭转,社会崛起,入口开放。

第二,对一个超级成熟的原发国家来说,是怎么过渡到入口开放秩序的?为何常常迟迟不来且走三步退两步?常态化的入口开放秩序为何仍在姗姗来迟的路上?诺思指出,从入口限制秩序转向入口开放秩序的时间,通常是 50 年左右。但是催动转型的时间,可能是几个世纪。对入口限制秩序国家的人来说,绝不应迷信诺思,但可以将其视为一个参考。当一代人难以完成使命时,这代人能做到的是充分地接受共识和参与到社会崛起当中。

第三,到底要怎么样才能跨过大桥,到达彼岸?诺思提出了三个转型门阶:条件一,对精英的法治;条件二,公共或私人领域内的永久性组织;条件三,对军队的统一控制。

第四,人们应该以什么样的姿态来渡过等待期?超成熟入口限制秩序的人们,仍应以温和自由主义的姿态来面对。我提出"温和自由理念"或"温和自由主义"这样一个概念,大致是一种中右的立场。温和自由理念不奉激进,不悲观,且有信心,而以入口开放秩序几百年凝练出的宪法基本原则作为面对眼前这片世界的基本理念。

以上,我们讨论了限制的五个命题和开放的四个问题。对于开放的四个问题,可以概括为温和自由理念或温和自由主义是一种不错的路径。

五、中国历史作为诺思案例

诺思既然雄心勃勃,提出"诠释有文字记载的人类历史的一个概念性框架",把人类史总括为"两大时段、两次革命、三种秩序",那么,中国史自然也可以应用诺思理论来做番划分。这里强调的是,结合诺思理论做这番划分,我们是结合了"董氏划分法"来进行的。所谓的"董氏划分法",就是把中国历史按2000年为一个时段,划分为立国、立教、立宪三个时段。

中国历史上当然有无数转折时刻,即便是公认的大的转折时刻,也非常多。在我看来,有三个时刻,影响甚为深远,将其称为最大的转折时刻也不过分。这三个转折时刻是:立国时刻、立教时刻和立宪时刻。这三个时刻,相隔时间大约都是2000年。约公元前22世纪,为立国时刻;公元前3世纪,为立教时刻;公元20世纪初,开始进入立宪时刻。让我们结合诺思理论来看这三个大的时刻。

炎黄尧舜的立国时刻是《尚书》的起点。立国时刻,意味着从中央部落的权威形成开始,国族得以形成,国家体制得以初建。如无立国时刻,则后来的中国未必就是统一的中国。各个部落完全可以各自立国并形成各自的文化和政治传统,或许会形成欧洲的国家林立那样的局面。立国时刻带来了国族意义上的中国的形成,中国的基本体制也开始奠基。

觅食秩序远早于这里所说的立国时刻之前。文字在中国起源于何时,不易考正;中国何时形成酋长式部落,也不易考正。可以确信的是,诺思所讲的200人觅食秩序中的激怒系数,于远古中国也不会有例外。从少数文献与大量考古信息来看,应用诺思理论时,中国史更易从强人酋长式统治的晚期觅食秩序状态说起。在漫长的部落演进后,进入小型邦国式的脆弱原发国家状态,进而演进到炎黄尧舜之时。炎黄尧舜的立国时刻,或近于大型脆弱原发国家的形成之时。当时中国的优异之处是,从小型脆弱原发国家到大型脆弱原发国家,形成了一种以邦为基础的古典联邦制模式,这让中国从脆弱原发国家到初级原发国家的演化较为稳定。诺思所认为的脆弱原发国家当中的制度、组织和信任的脆弱,在炎黄尧舜的立国时刻没有显得太脆弱。在这个意义上,中国早期的人口限制秩序是一种早熟的制度文明。魏特夫曾提出含中国在内的东方社会因"治水"而引发专制的理论,假如这个理论具有些许的解释力,则炎黄尧舜到大禹,这个立国时刻是固化了当时形态下的央地关系,推动了从脆弱到初级原发国家的转化。至少到周代,初级原发国家的模式已然相当成形。西周、春秋和战国的世家大族们,构成了当时支配集团的基础,而周代的宗法制是固化了的制度与组织的综合体。

秦汉立教时刻,意味着以儒家作为教化依据、作为意识形态的中央帝国体制开始固化。无立教时刻,则中国在几次北方游牧民族的进攻面前,未必能守住自己的文明并同化对方。事实证明,游牧民族数次入主中原建立帝国之后,最终依然是按照既有中央帝国的模式来运行中国。立教时刻带来了文化中国和政治集权中国的形成。结合诺思理论,秦汉立教时刻或近于成熟原发国家的形成之时,其特点是,以深度的儒家意识形态信念共识来拱卫中央政权,形成了稳固中央集权的成熟原发国家模式。依据我们对诺思的调整,秦汉立教时刻或近于中度原发国家的形成之时。黑格尔在《历史哲学》中这样写此种中央集权模式下的中国皇帝:"天子实在就是中心,各事都由他来决断,国家和人民的福利因此都听命于他。"

秦汉立教时刻形成的成熟原发国家或中度原发国家模式,或者说成熟入口限制秩序或中度入口限制模式,有以下两个方向的重要特征。

一个方向,表现在"入口"上。清代史学家赵翼的一段话值得注意:"汉初诸臣,惟张良出身最贵,韩相之子也……陈平……等皆白徒。樊哙则屠狗者……盖秦汉间为天地一大变局……"①赵翼生于1727年,诺思生于1920年,赵翼比诺思早了大约200年,但是二人在入口限制秩序上有共同的敏感性。赵翼注意到,秦汉立教时刻之时,上层支配集团的顶尖人才选拔,也就是所谓的秦汉将相人物的选拔,与此前相比发生大变化,构成"天地一大变局",这意味着入口限制秩序正在完成着一场从血缘和贵族阶层到超越血缘和贵族阶层的转变,为中国的成熟原发国家的支配集团获得生机和稳定性提供了优质的人力资源基础。此后,所谓的"士族"和"庶族"的反复纠葛,进一步深化这个转变的方向。这尽管不意味着入口限制的放开,但意味着入口遴选的转变,口子多少向普通人有所倾斜。到了科举制时,入口遴选机制进一步发生积极变革,经过科举选拔,支配集团对血统的强调转换为对知识和能力的强调,支配集团的遴选范围进一步扩大到中产阶级。也就是说,结合诺思的理论来看,从秦汉建立的刚性儒家式中央集权体制,到这种遴选上的转变,都可视为成熟或中度原发国家模式形成的标志,尤其是科举制,可视为中国史上入口限制秩序的技术性创造。

在另一个方向上,刚性儒家式中央集权,给诺思成熟或中度原发国家订立的制度与组织特征也打上了中央集权的印记。本来,按照诺思的分析,这个时期,私人规范和民商事社会组织都可以在支配集团的允许下发展起来,而中国呈现的是我所归纳的社会不彰的模式。我们将其归纳为修身、齐家、治国、平天下,四者当中,缺了社

---

① (清)赵翼:《廿十史劄记》,中国书店1987年版,第21页。

图 7 〔法〕皮埃尔·吉法特作品:《中国古代官员》

会。在这句耳熟能详的话语中,从家直接过渡到国,一个人不需要经过社会历练的阶段。这指的是周代入口遴选的范围强调血统的初级原发国家的模式,与此相应的是社会与民间系统可能不够发达。但是,进入到秦汉之后,社会本应随着成熟或中度原发国家模式的确立而发展,却并未得到深化。私人性规范、私人性组织,得不到中央集权层面的正式回应。重农抑商主义之下,商业组织和社会组织既不够发达,也不够正式。虽然作为组织的家和家族相对发达,但是家和国之间的社会,始终没有重组发展。一位书生,为国效力是其愿望,若不得为国效力,可做一位富家翁,却难以构成鲜活商业与社会组织中的一员。由此来看,这一时期的中国还不是成熟原发国家的最典型状态。

清末立宪时刻,意味着政府和公民契约关系、中央和地方权力关系的完整确立。立宪时刻迎来了"古国立宪"。以往攻入中原的文明,皆落后于中原,唯有这次,是新的法政文明和国家想象兵临城下。古国立宪,古国坚硬,立宪脆弱。但一切终将在骤变、缓变中大变。这是4000年未有之变局,也是2000年未有之变局,中国将由此演进到宪法国家。结合诺思理论,立宪时刻是面向入口开放秩序的一支号角。入口开放秩序,是一片江河流入大海,是入口限制秩序的理想的流向。

清末开始出现的早期律师,是我们所能见到的入口开放秩序雏形模式之下社会组织崛起的最典型事例之一。春秋时代作为初级原发国家的晚期,作为支配集团的世家大族以血统来论执政,入口限制极严。被认为律师先驱的郑国邓析,自然没有引领出一种职业。到了立教时刻的中央集权成熟或中度原发国家之后,中国的儒家式法律体系逐步形成,但如前所述,私人性规范与私人性组织不彰,社会性组织不强,使作为"讼师"的律师相当委屈而执着地存在于社会中,更不可能进入到入口限制秩序的遴选范围中。直到立宪时刻,早期律师随着各种制度变革和社会崛起的因素而逐步振兴,在补正了"修齐治平"模式的同时,以法律人之姿或失败或成功地影响着清末与民国初年的时代。在清末与民国初年,少数早期律师或者广义法律人也算是进入到当时的支配集团中,这应该算是代表入口限制与开放之秩序浮动的符号。

以上,我们结合诺思理论对中国史进行了讨论。炎黄尧舜的立国时刻,或近于大型脆弱原发国家的形成之时;至少到周代,初级原发国家的模式已然相当成形。秦汉立教时刻或近于成熟原发国家的形成之时,形成了在入口遴选到制度与组织的两个方向的中央集权体制影响下的特色。清末立宪时刻是对入口开放秩序的探索时刻,清末开始出现的早期律师,是入口开放秩序雏形模式之下社会组织崛起的最典型事例之一。

第三篇 民 众

本篇是作者在"得到"软件之"名家大课"的第二篇讲稿,主要讲的是摩尔的《专制与民主的社会起源》。在摩尔的笔下,制度转变的一大枢纽是农民问题的处理方式如何。英美德日等国的近代转向,到了摩尔这里,所得到的"社会起源"的解释,就在于这个枢纽问题。

近代制度形成中的农民：

藉摩尔《专制与民主的社会起源》而谈[①]

一、诸神序列里的摩尔

明末张岱曾说："天下学问,惟夜航船中最难对付。"夜航船之所以最难对付,是因为夜航船是一个孤岛,书不好查。但夜航船又最易对付,因为夜航于江湖,波心荡漾,心事沉寂,也最能神交古人。摩尔的《专制与民主的社会起源》就是一部于夜航船中完成的著作。他的船上最多时放了 300 本参考书,搬来不少哈佛大学威德纳图书馆的好书。第二次世界大战期间,摩尔曾住在船上,此后他常在船上阅读写作,可以说是半日看海,半日读书,累了就去看看港口。人在船上,书在身边,少了张岱所讲的夜航船之难对付,多了夜航船之沉静。在水上,思考大地,在逝者如斯夫中思考历史。北美的河流荡漾出了列国的农民志。在船上洞察历史,摩尔有心渡过这片茫茫史海,谁谓河广,一苇杭之。

[①] 〔美〕巴林顿·摩尔:《专制与民主的社会起源:现代世界形成过程中的地主和农民》,王茁、顾洁译,上海译文出版社 2012 年版。本篇所引此书之文字俱见此版,故不另注释。

摩尔的本业应该算是苏联研究。在耶鲁大学取得社会学博士学位的华盛顿人摩尔长期供职于哈佛大学的俄国研究中心。他4岁时苏联成立，78岁时苏联解体，其生命完整地覆盖了苏联及其体制大转轨后的变迁。当苏联解体时，苏联专家摩尔曾盛极一时。但他观察和研究苏联，志不在解读苏联，他不是一位典型意义上的苏联问题专家，他甚至不愿意承认自己是所谓苏联专家。在摩尔看来，越是专家，越容易陷入偏狭和自负。摩尔把自己看成社会科学家。他身在北美，承接的是19世纪欧陆历史学家和社会学家雄心勃勃的学术传统。的确，摩尔生于1913年，逝于2005年，生命历程长达92载，在这个意义上，跨越整个20世纪的摩尔恰是18、19世纪欧陆学说的传人。

18、19世纪，甚至20世纪初的欧陆学人，仍是迄今为止的这一轮人类历史认知模式的塑造者。这群智慧的猫头鹰有古希腊罗马的学术继承人的使命感，也有工业化和市民社会兴起时人的尊严和自由信念的觉醒意识，他们重新认识历史，就是重新认识人类。为了通古今之变，摩尔的这些前辈们选取了哲学视角、法政视角、社会学视角。大体而言，哲学视角强调宇宙系统与人的关系；法政视角强调对权力的警惕和对人的悲悯与尊重；社会学视角强调社会结构、阶层与历史的互动，强调对事件和人物寻找社会经济动因。自然，这三类视角也都试图归纳人类社会中的规律性和独特性。摩尔便师承社会学视角。

人们常说"通古今之变"，一般认为，这是历史学家的理想。但统观中西,我们会看到,通古今之变岂仅是历史学家的理想?凡有历史感和关注人类命运者,都想达此境界。对历史的认识,就是人类对自身命运的认识。"天意从来高难问",通古今之变,就是对高不可问的天意的追问。通古今之变不一定是做一部人类简史那样的通论或通史,也可以是抓住某一个有意义的节点。社会科学家当然不认为通古今之变是由历史学家垄断的。傲慢的社会科学家把历史学家当成了他们的材料提供者,仿佛历史学家是切菜的,社会科学家是烹调的。社会科学家不是历史学家般的侦探,而是对侦探的成果进行分析的律师或法官。社会科学家关注于某一种理论视角之下的变迁、规律和重点。摩尔和他的《专制与民主的社会起源》,正此类也。

在探索古今之变的过程中,学术达人总是要找一把钥匙,以求成为永恒的学术招牌。于此,梅因找到的是"从身份到契约",萨维尼找到的是历史法学,摩尔在《专制与民主的社会起源》里找到的就是近代地主和农民。人类早期以狩猎和采食为生,但是收获太少,寿命的延长和繁衍的旺盛都要求更多食物,农民的重要性由此突显,此人群是农业文明国家的居民主体。作为人类最古老和最重要的职业之一,农民是辛劳的生产者、沉默的大多数,也是特定时期一系列暴动的主力。农民还是军人和工人的重要来源。在近代工业化、商业化和政治民主化面前,农民以及生活在同一个共同体当中的地主是被动接受还是主动影响?他们和国家上层有着什么关联?起着什么作用?又如何影响着历史走向?这就是摩尔关

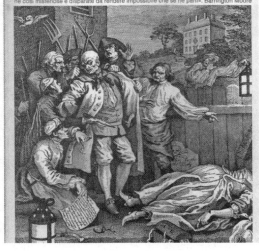

图 8 〔美〕巴林顿·摩尔著作:《论人类苦难的成因》

注的主题。

摩尔选择近代地主和农民为主题,当与马克思有关,表现在:第一,当他阅读马克思和马克思主义学者的作品时,同时反思:对农民和地主关系的阶级斗争的发现、阐述可否超越单一化和简单化?单一化就是以提炼统一模式的方式,把各地的多元情形化整为零;简单化就是压迫和反抗似乎一律呈现正比例关系。摩尔要做的是区分不同的近代国家来讨论不同的农民行动,以求与这种前辈学者不同。例如,针对农民革命,摩尔认为起因首先在于农村共同体中没有一场由土地贵族引导的农产品商业化运动,其次在于传统的农民被束缚于土地的模式未及改变,于是,在新的压迫面前农民便揭竿而起。在他看来,农民革命的效果也多样化,有的农民革命消解民主障碍,改善社会结构;有的农民革命只是一种治乱循环;有的农民革命则冲击到工商业成果。第二,当马克思把产业工人和资本家当作近代革命的核心要素时,摩尔反观地主和农民。在摩尔看来,对于地主和农民的安顿,以及由此带来的社会结构变化,于一国至关重要。总体而言,地主和农民在摩尔这里都可谓保守力量。收地租的地主如果没有积极推动农业商品化,则只会安于经济与政治的现状,成为中央层面专制主义的呼应者。即便工商业有所发展,当城市上层与乡村地主上层合流时,整个地区的民主空间也都会变小。农民,则需要转换身份。解决不好农民问题就给专制留下了空间。在此基础上,不同国家的不同表现构成了所谓"专制与民主的社会起源"。关于民主,摩尔归纳了五个形成条件:一是均衡态势,既要避免国王的强势,又要避免地主的强势;二是我们前面讲过多次的农业商品化;三是地主阶层削弱;四是避免地主阶层与城市工商业阶级形成联盟,当二者基于共同利益形成联盟时,就会共同对付工人和农民;五是一次"与过去彻底决裂的革命"。做到了这五条之后,民主在以下三个方面呈现亮点:制约专断的统治者;用公正合理的原则替代任意的原则;在制定规则时为底层民众争取到一定的份额。

图9 〔德〕维吉尔·索利斯作品:《白银时代》

在叙述了农民钥匙后,摩尔对个人标签的事继续孜孜以求,在其八十多岁完成的新著《道德洁化与历史中的迫害》中,他关注人类史上不同地域与时间里共同的道德洁化、道德污化以及相伴随的迫害,摩尔找到了他所认为的一个新的钥匙,这就是一神主义。农民之钥匙是偏社会经济的,而一神主义的钥匙是偏文化的。

摩尔不谦虚,自视甚高,可谓自恋。他说阿伦特的《极权主义的起源》是他不太能看上的作品,又说阿伦特对他的作品评价很高。摩尔在阿伦特和他的这两部"起源"里,更欣赏自己。

二、作为摩尔讨论中心的英国故事

在摩尔的著作中,他本人对《专制与民主的社会起源》和《道德洁化与历史中的迫害》两书最为满意,两书皆采国别比较之法。所不同者为,前者基本为同时期、同阶段的横向,讲近世之农村变迁,讲农村与城市、地主与农民、国王与地主、农业与商业;后者则选取史上不同地域的一神主义／一神教的典型片段,从旧约讲到法国大革命,又讲到亚洲文明中的一神主义。这种列国演义式的,而非概论总论式、问题式的写法,总体来说是在历史情境中展示不同的状况,也揭示共同的问题。但反过来说,一旦处理不当,此种做法就容易形成客观条件决定过程和结果的印象。也就是说,既然各地与各地的条件都不同,其走向不同也就毫不奇怪,这恰又是摩尔想要进行国别比较的原因之一。在他看来,重要的恰好是不同,若云哪里有反抗,哪里就有压迫,那么为什么压迫最重的地方,反抗不一定强烈?为什么有的地方,反抗之后又没有制度创新?为了回答这些问题,摩尔进入各国情境中,拎出观察者的解读方法和线索。

把自己的问题意识放置在国别比较的历史叙事中,韦伯是这么做的,摩尔亦然。韦伯的国别比较更加宏大,一本书谈一种文明;摩尔则一书含数国,从不同国家的不同条件中找到各自的根源和共同的公约数。在古典之世,一国以自己为世界中心,而近世以来,才知最多算是某一种文明类型的中心。比较国别首先是一种需求,并且存在一种可能,其次才成为一种方法,只是学术发达的欧陆更有条件觉醒,以及形成了学术的积累与传承。

图 10 〔德〕亚当·约翰·克莱因作品:《森德林乡村》

摩尔在讲列国农村演义的故事时,分了三种类型:资本主义、法西斯主义和共产主义。英国、法国和美国是前者,德国和日本是中者,苏联和中国是后者。但是,实际的情况是,德国和苏联,摩尔在书中没有专篇涉及,而美国在本书中也并非典型的农村故事,正如摩尔所言,美国没有农民的传统和包袱。英国幸运而巧妙地达到的农业商业化状态,美国从一开始就是,故而,其实,摩尔的列国农村演义,主要表现为英、法、日、印、中五国。所以,与其用资本主义、法西斯主义等词汇来归纳摩尔讲的列国农民演义,还不如用消解农民革命(英国)、不存在农民革命根基(美国)、农民非革命主力(法国)、少农民革命的军国主义之路(日本)、少农民革命但并不理想的民主政治(印度)、农民革命频发(中国)来描述这些被提到的国家。英国的羊毛幸运,是摩尔的重点和中心。

摩尔的英国故事从农村土地租金的上涨讲起。据说有的画家在画一幅战争场面时,从一匹马的眼睛画起,那么,当摩尔试图"通古今之变"时,英国的土地租金上涨,就是这匹马的眼睛。16世纪后期,都铎王朝时期,羊毛需求十分旺盛,英国农村的土地租金随之上涨,整个乡村弥漫着"羊大为美"的追逐感。如果在村里有一块地,养上一群羊,钱就来了,这是个最简单的算术问题和发财之道。于是,地主们不能不盘算养羊和种地哪个更赚钱的问题,因此原来高冷的地主们钻到了钱眼里。一批人想租地养羊,于是有些地主把地租给承租人,有些地主对外租地扩大养羊范围,没地的当然是盘算如何租地。还有一批自耕农盘算怎么把农民种粮食的公地用来养羊。羊毛激活了英国农村人群的分化,这就是摩尔描述的圈地运动的肇始。从这里,历史的水纹一点点开始泛开。当此时也,地主、租客、发财自耕农成为主导性阶级力量,他们圈地、驱农,从而发财、获得强势话语权,其力量也逐步渗透到议会当中,逐步形成与国王抗衡的势力。重要的是,这群人从开始就不依赖国王的保护,英国的地方机制也没有给国王压制这群地主提供足够支持。反过来说,失地的农民显得颇为落寞,显然,一块地,以前需要一群农夫,现在只要一个牧羊人,以前的农民可在乡村公地上种种庄稼,如今这地全被圈走。当农民向国王寻求帮助,国王对农民的保护措施便受到地主的抵制,双方冲突,结果却是议会做大,国王被限权。农民在圈地运动面前步步失守,一部分转为工人,另一部分转为农村里挖渠修路的劳动力。而当地主们把控的议会做大之后,圈地运动进一步扩大战果,农民转化趋势更加明显。

"天下大事,必作于细。"英国羊毛贸易催动的土地租金上涨,就是改变了天下格局的细小之事。归纳起来,依摩尔之见,英国的成功经验在于以下几条:(1)地主和农业商品化问题。农村的上层阶级,也就是土地绅士和土地贵族,简单地说就是地主,不必依靠国王的庇护,不必生活在国王的统摄之下,不必借助国王和中央权力来力挺其经济地位。这样一来,地主们不仅不会成为国王专制的帮凶或附庸,反而还敢于与国王对抗,从而形成一种结构上的社会对于国家的制衡。与此同时,新地主阶层的形成受益于羊毛贸易,当贸易和制造业阶层崛起时,地主更加催动农业商品化,所以英国的地主们既不反对资本主义,也不反对民主发展。也就是说,地主们没去充当新时代来临时的结构性阻力。(2)农民问题。英国农民阶级的根基,随着圈地运动而被打乱。农民迎来的是人群和职业的分化。当然,其实小地主和新地主也是农民,但是作为支配者的地主和支配权极小的农民还是有着根本差异,所以,人群和职业的分化是实实在在的。圈地运动后分化的农民实在是望新兴的民主政治之洋而兴叹,无力感很强。当工业越发庞大,商业化的力量又进一步摧毁了中世纪以来形成的农民社区。这样的英国农民,终究难再成为一场大革命的主角。(3)议会问题。在摩尔看来,议会的胜利就是新时代地主的胜利。议会是社会对抗国家在权力层面的表现。议会与国王权力的此消彼长,代表了民主、限权的力量与其对立面的实力较量。新地主们掌控了议会,又通过议会约束国王,这使得新地主们与国王政治权力的斗争总体较为和平。在摩尔以上三点基础上,我想根据他讲的意思增加一个第四点,即央地关系问题。摩尔指出,英国既有央地关系对英国议会壮大有明显的积极影响。看上去,是羊毛贸易催生了英国的社会分化和议会民主,但似乎好事没让同样羊毛贸易的西班牙遇上。西班牙也有羊毛贸易,但在皇家管制之下,羊群和养羊人成为反对地方独立的工具,反使得西班牙的皇家专制主义更加严重。而英国,宽松的、国王较难企及的地方管制以及乡村的商品贸易深化了圈地运动。英国国王渗透不下去,这为议会制民主的胜利创造了利好。这大致就是摩尔讲英国农村的"干货"。从全书表现来看,摩尔把英国当成了三农模范。除了美国本来就绕过了经典的农民革命问题以外,也就剩下英国既恰如其分地消解了农民革命的可能,又避免了缺少社会革命的乡村板结。

但我们也可以看到,英国虽然是摩尔眼中的模范,英国的去农民革命化实际上却是由圈地运动带来,以农民无奈失地为前提,还遭遇了强拆强撵式的暴力。于是摩尔以他的发明家式的口吻宣告:人们对英国的经验,总是以和平渐进概括之,而他看到的是"暴力对和平渐进的积极影响"。

三、法、俄、德、美及其相互比较

羊毛幸运的英国农民模式是摩尔的分析母体,对其他国家的分析,相当于都是与英国的比较。和英国形成比较的首先是英国的邻邦法兰西。就摩尔著作的相关主题来说,法英差异表现在三个方面:(1)法国没有充分实现早期农业商品化。英国地主以交易为赚钱的手段,圈地为羊毛,买卖为羊毛,出租土地为羊毛。法国地主则把赚钱手段局限在地租,万变不离其宗,只要从农民手上取得地租,地主过上好日子,万事皆安,在此之上,再来点佩剑荣誉,颇添光彩。由此,英国的地主收的是羊毛贸易型土地的地租,法国地主收的是粮食型土地的地租。英国的农民基于圈地运动发生了身份转化,法国农民还是稼穑农夫。尽管天助葡萄酒生意光临法国,带给法国巨大的商业化机会,但法国依然未按照羊毛的模式来运营葡萄酒,地主仍然把农民固定在农产品种植上。(2)法国大革命。法国大革命是近代法国的硕大符号,迥异于英国。摩尔引用马克思的话,把由小农民业主组成的法国乡村比喻为一堆土豆。土豆型社会的关键是缺少一种合作型网络,由此,法国的农民和地主问题就立基于这土豆型社会之上,没有纽带和流动,即使在工商业逐步兴起之时,农民社会仍处在一种新型的保守稳定当中,贵族和地主对农民盘剥如故。在摩尔看来,打破稳定的是法国大革命,"法国大革命终止了所有改革的希望"。在革命过程方面,大革命现场的主力是所谓无套裤汉,农民在巴黎表现活跃,但非主力。而在场外,无套裤汉们在巴黎的暴动取决于乡村农民的支持和供给,当农民不再支持城市暴动,甚至当农民也感受到革命风暴的压力时,城市暴动应声而落。所以,摩尔说,决定法国大革命能走多远的,还是农民。从革命结果来看,大革命直接导致贵族和地主优势大减,法国大革命完成了类似农业商品化这样的社会改造。(3)地主与国王的关系问题。在英国,国王护农民,地主反国王;在法国,地主和国王之间冲突不似英国明显,由此,议会在早期也没有成为一支抗衡国王的力量。这样来看,整个法国处在一种板结状态,这种板结,也让法国的民主推进不似英国般静缓而行。这种板结,也使得社会似乎需要一场风暴才能改变。总体而言,法国与英国似乎是欧洲农民转变的硬币两面。一种靠圈地运动引起的社会结构和国家权力比例变化而改变,另一种靠大革命而改变。

或许与摩尔本人就在俄国研究中心工作有关,在本书中,近代俄国没有被专门提及,而只是留下只言片语。(1)关于英俄政治结构差异带给双方的影响,摩尔颇为在意,当英国羊毛贸易早期拓展时,中央权力对其的约束颇为有限,这种灵活性,就难以出现在俄国,俄国始终呈现皇权专制与农业官僚制帝国的特色,其强大的统治者颇能有效控制广阔的疆域。尽管摩尔也强调,当条件成熟时,一个强大的中央政府会有助于推动现代化,但他同时指出,像近代俄国以及古罗马、古中国这样的强中央的国度,扩张的权力"船大难掉头"。(2)摩尔念兹在兹的时机、恰当的早期农业商品化,俄国当然呈现不足。不仅如此,正如众所周知,农奴制是俄国的显著特色,绵延数百年不衰。康有为戊戌变法中建议光绪皇帝学习俄国模式,且称彼得大帝为"大彼得",但改革家大彼得在农奴制的问题上并无大改革。农奴既然深深依附于地主,则地主的支配权与获得收益的机会皆极大。"地主可以充分利用国家机器,又可以游手好闲地收着地租。"在摩尔笔下,这种依靠地租而生存的地主状态越占据主流,则当然其推动农业商品化,进而使得农村通过商品流动的形式动起来的局面越难出现。自耕农的变化是催化英国农村新结构的枢纽之一,整合土地,改变农业技术,上则为新地主,下亦流动在社会中。于此,摩尔对比说,富农像英国的自耕农,但是自耕农在英国是英雄,在俄国被视为恶棍,俄国富农受着保守力量与革命力量双重打压的"夹板罪"。(3)摩尔注意到了俄国1905年革命前后出现的短暂的极端主义,这种极端主义被视为法西斯主义苗头的迹象在当时一闪而过。特别值得注意的是摩尔给出的解释中的这两条:其一,其部分基础可能在农业生活中已经奠定了;其二,其部分原因是推动议会民主发展的力量微弱。

图11 〔德〕莱昂哈德·贝克作品:《送鸡蛋的农夫》

德国在本书中同样是一个与英国形成对比的典型,其原因当然在于德国的法西斯历程让摩尔无法无视。在摩尔所关注的农村,容克地主当然是德国最核心的要素。(1)经济与政治生活中的容克地主。容克地主在乡村支配着农民和农产品,和农民小业主们一起形成了统一的农业战线,这是乡村结盟。当工业在德国兴起时,容克地主与大工业集团结为联盟,以钢铁与黑麦的联姻为其盛,这是乡村与城市的结盟。由此,当时的德国政府也就是这样一个被容克式力量深刻影响着的联合政府。容克地主利用国家政权来维持其经济地位,德国的民主空间严重缩小。(2)心态与精神层面的容克地主。容克地主有着作为统治阶级与生俱来的优越感,并对维护自身地位颇为敏感,20世纪初依然如此。这些观念逐步平民化、庸俗化,发展出了一套种族优越感的主张,吸引了德国全体民众。在摩尔看来,这种观念恰是德国20世纪三四十年代观念的渊源。

关于美国。在农业社会与农业商品化方面,美国与以上诸国的巨大不同就是它没有一个压力山大、尾大不掉的农业社会与农业官僚制支配的阶段,美国从建国革命开始就一步迈入较为成熟的农业商品化和民主状态。罗素曾有言,中国是一切规则的例外,这样的概括,恰适合摩尔重点关注的农业商品化话题之美国。美国与法国适可形成对比的是内战与大革命。美国之无农业社会阶段于摩尔所讨论而言虽不切题,内战却切题。法国大革命于法国是全局的,于美国是半局的,内战解决了作为民主障碍的南方的农业奴隶制问题,极大地推进了美国的民主与平等进程。在摩尔看来,尽管北方工业资本主义已经比较发达,但是,若无内战,则美国不无可能出现南方与北方的混搭。工业资本主义并不必然带来全面民主化,专制或混合体制的可能是存在的。内战胜负难分,若非北方获胜,则两种可能:一种是南方与北方妥协;另一种是南方获胜。若为前者,则南方种植园主与北方资本家或许会达成一个类似德国容克地主与大工业的联盟;若为后者,则南方影响力自然更加巨大,依摩尔之见,美国就将出现"一个大庄园经济,一个占主导地位的反民主的贵族制度"。种植园奴隶制下的地主们倾向于支持一个强有力的高压国家,强制推行不利于自由政治与舆论的整体气候,鼓励着乡村占据超越城市的优势。

四、亚洲故事与到民主之路

图12　清代《牧牛图颂》插图:未牧第一图

在同样的问题上,日本和中国也可以形成比较。日本的特质是,有一场看上去成功的明治维新、有一个工业化的历程,却转向军国主义;中国的特质是农民革命频发。比较如下:(1)日本和中国的近代化历程与英法迥异,日本和中国都是输入型近代化,而英国和法国是原发型近代化。在近代文明输入之前,日本和中国维持着本来的社会结构和古典社会样貌。不同的是,日本是一次输入,中国是两次输入。日本以明治维新的方式一次输入工商业和民主政体,以强君主弱宪法的形式出现。但是短期的大正民主后,日本转向极端的军国主义之路,在这个意义上,日本虽未走向对古典政制的回流,但在那时期表现出非民主的强烈样貌。中国两次输入是在同治中兴时期推出官办企业之后,一次是清末移植宪治与法治,民初构建宪法政体;另一次是孙中山与苏联牵手。(2)日本的央地关系是封建制,中国的央地关系是强悍的中央官僚制。日本以中国文化为师,但并不表明日本照搬中国的央地体制,而中国的央地体制也是在历史条件下逐步演变的。摩尔比喻日本的农村如同卫星,意指围绕中心,形成了一种包围圈,但这种包围圈并不似古典中国那样对中央呈现巨大紧密性。摩尔认为,日本的封建制是一种介于中国与欧洲中世纪封建制之间的一种央地体制,其中央对地方的控制程度较中国为轻。若此,则日本相较中国的中央集权对于地方的传导会轻了很多,而中国具有举国体制和一盘棋的特质。(3)日本的乡村较少农民革命,而中国的农民革命不绝如缕。摩尔在叙述中,引用了像芝麻籽一样多的农民,来形容日本的农民数量之多，但虽然如此，在有效的社会控制之下，日本却基本上没有出现大规模的农民革命。这是摩尔抓住的一个核心问题。在他看来，德国和日本走向法西斯和军国主义，原因就在于试图不改变社会结构而实现近代化。对中国，摩尔认为，如果清末没有近代工商业的进入和清末新政，基于人口形成的资源稀缺，同样会有一场农民革命引来社会和帝国的崩溃。摩尔和人们都能看到，中国的中央集权帝国意义大于朝代意义，朝代更替多由农民革命而来，如果不是外来条件的变化，清末必将发生旧模式的改朝换代。(4)日本和中国的共同根本点在于，两国完全不存在原生的从农业商品化开始自然过渡到民主化的问题。这个共同点，从摩尔以英国为中心的观察法来看，或许是因为当时的中日皆无走向欧美模式的核心。独特的日本道路和独特的中国道路，其中都没有独特的英国道路的关键元素。正因为农村依然是旧的农村，农民依然是旧的农民，所以当时的中国随时有倒回到改革之前的可能。根据黄濬的读书笔记，以守旧派知名大儒倭仁为师的年轻的同治皇帝，对于当时"同治中兴"中的欧风盛行颇为不满，他更想回归开放前的闭锁风格的典型中国体制。年轻的同治皇帝的想法，自然有着浓烈的乡村支持的基础。

中国和印度也可以形成比较。(1)两国都是典型的农业官僚制，而不是人们常说的所谓封建制。农业官僚制之下，商业空间被大大挤压，皇帝、官僚集团的权力难以被限制，地主对农民地租的收取完全固化。(2)中国和印度各有一个典型的身份制度，中国是宗法制度，印度是种姓制度。但种姓制度在印度的影响远较中国的身份制度为大。(3)中国农民战争频发,印度则由于种姓制度的原因,农民战争相当之少。对法国、中国和印度,摩尔是不是有点"此亦一是非,彼亦一是非"呢?法国之所以能建成民主,是因为有法国大革命打破了旧世界,那么中国的农民革命为什么不是打破了旧世界而迎来了法国式局面?为什么印度也没有农民革命?这又造成了什么问题?在摩尔看来,还是革命的条件与风格不同,法国可以说是改变型革命,改变的是社会结构,削弱的是土地贵族。中国则是回归式革命,反对压迫之后,回归的是不那么压迫的地租状态。印度却是因为缺少革命而缺少基层震撼。(4)印度建立了西方意义上的民主体制。但由于种姓制度的影响,其基层社会结构不能匹配上层的民主制度。表面上看,摩尔选取印度和日本时间的样本似乎不统一,因为印度在英国的影响下建立了民主体制,而第二次世界大战以后的日本在美国的影响下也建立了民主体制,为什么摩尔不选取结束了军国主义的日本为样本?原因就在于,摩尔想表达的是,日本战后的民主大体上还是工商业社会形态下的民主,而印度的民主或可归纳为板结社会下的种姓制度型民主和农业文明型的民主。

看得出来,摩尔对各国走向民主的叙述更像是"成功学"。当所谓的成功学的研究者研究所谓成功人士时,会把他的各种行为都归纳为成功经验,反之,对一个失败者,成功学也会说你这样就是错了,所以你的失败是必然的。更残酷的是,摩尔还像个巫师一样断言,你本来就很难成功,或是你本来也不易失败。摩尔的归纳就像表达

图 13　〔日〕浅野竹二作品:《农忙》

一种看法:打破一个旧世界,才能建起一个新世界,而这个新世界能达到何种新境界,要看旧世界被打破到何种巧妙的程度。但我们必须看到,恰好摩尔是因为始终在他把握的要素中叙述,才出现了这种"刚刚好",或许我们可以说,摩尔对民主成功和不成功的各自阐述,是从看山是山走向了看山不是山。看山是山,就是讲各国的成或不成;看山不是山,就是讲民主形成中的农村和农民因素。由于我们把摩尔的几十万字的书里的许多细致的历史叙述精简了,所以,在我们这里,农村问题在近代的重要性更凸显了。

我们大致可将摩尔的列国故事分出两类民主来,以此讲述两类民主各自与农村与农民的关系。第一类是原生型民主。英国、美国和法国大致如此,三者的共同点是消解了农民问题。原生型民主的民主程度深、社会结构合理,当封闭的农村共同体社区被打破时,也就意味着民主机制不会被农民革命打破。旧的皇权在新社会结构面前权力受限,皇权向议会低头。第二类民主是输入型民主。输入型民主之下,社会结构与民主不匹配,要么是农民革命足以打破民主,要么是无农民革命而乡村如故、地主农民关系如故。民主即使有,也只是飘在上层,或者并不稳固,随时被新的政治事件改变走向,或者不能穿透身份制度,渗透到乡村基层之中。输入型民主之下,皇权和官僚集团往往势力强大,议会即使有,也难以约束皇权和官僚集团。

不看工商,而看农民;锁定近代,瞻前顾后;观察民主,立足农村;列举各国,究其特征——这,就是摩尔通古今之变的方式。

五、四个悖论

摩尔此书出版后很快成为名著。洛阳纸贵,坊间出现以同样的句式命名的著作,例如,《专制与民主的经济起源》《专制与民主的意识形态起源》等,就像亨廷顿的《变动社会中的政治秩序》一书之后,坊间也有"变动社会中的法律秩序"等这样的讨论。

就中国而言,一方面,改革开放以来尤其是20世纪90年代以来,摩尔的影响不够大,远不及韦伯、哈耶克等;另一方面,《专制与民主的社会起源》又是一部人们不会绕过的书架常备书。两方面皆在于中国需求与摩尔供给的关系上。中国的需求是:要么需要一种解释力更强或更新的社会理论,要么需要一种对于自由和善治的理论梳理和指引,韦伯、福柯等属于前者,而哈耶克、罗尔斯则属于后者。摩尔的著作以阶级入手分析,其方法不是不好,而是中国读者相对熟悉,则以为震撼不足。但摩尔本书的问题意识,又让其总归要出现在中国读者的视线中。但是,中国读者看到相关主题,总是怀着某种期待,而摩尔的答案里,关切的是历史是怎么发生的,却少有对未来的关怀。

摩尔青年时生逢战乱,历经第二次世界大战战火;了解美英,查其民主今古;研究苏联,掌握苏联政情;关心亚洲,对两个人口大国(中国和印度)怀着兴趣。不同国家的不同走向呈现在他眼前,摩尔试图从农村找到民主与专制不同走向的原因,这就是所谓的"社会起源"。这是一本回溯和解释型的著作,它旨在梳理过往,却没有试图去发挥指南针般的作用。正因如此,在摩尔这里,更多地显示了历史走向中的冷酷,却没有揭示通向未来的温暖与希望。摩尔没有告诉人们改变的秘方,反而隐藏了一些悖论。

第一个悖论是农业商品化之有效与否的悖论。农业商品化是摩尔观察重点国家的核心词汇,如果说,农村、农民和地主是摩尔观察历史的一把钥匙,那么农村商品化是他观察农村、农民与地主变迁的一把钥匙。有没有发生一场农业商品化,简直成了摩尔在进行一些叙述时的不二法门。但是,我们又看到,农业商品化似乎只是原生型民主国家在近代早期的重要影响因素,至于晚了一个世纪以上的输入型民主的国家,即便实现了相当程度的农业商品化,从而比封闭的传统农业状态增加了人与商品的流动性,但并未催生与民主相关的历史进程。从第一个农业商品化过程开始,农业商品化在几百年里注定是一个潮流,民主的确没有与之形成正比例关系。农业商品化早来和晚来的效果不一样,这是摩尔藏着的一个悖论。至于在后者的情况下,什么可以构成一种变革的巨大变量,正如我们说的,摩尔没有提供指南针。

第二个悖论是农民与地主的正向价值与负向价值的悖论。在该书中,摩尔对近代地主没有什么积极评价,对近代农民,摩尔怀着关切,却也怀着警惕。摩尔把农民和地主看成一种影响历史的变量,其正向价值在于作为两个集团或阶层的这两个人群,是否可以在历史变局中实现一种权力改造和身份转换。地主是保守的,只是从简单收租行为中谋求财富;农民则是多面的,既是难被摧毁的保守农业与地主收租行为的农业共同体成员,又是转换身份后的工业参与者,还是可能危及秩序的革命参与者。更重要的是,在这种叙事里边,地主和农民本身似乎不能主导自身对于历史进程的正向与负向作用的发挥,尤其是农民不能。所以,摩尔把农民和地主当成了该书的"主角",当成了钥匙,但是又当成了近代前的那个时代的旧力量。他们显得重要,似乎不在于主动推进什么,而在于本身被历史进程带到了什么样的状态。

第三个悖论是民主目标与专制环境悖论。摩尔该书的题目讨论专制与民主,他这里的民主是一种宽泛概念,指的实际上是我们通常所讲的宪法之治的体制,这种体制包含着民主,也包含着分工制衡、法治和对人权的尊重。只是专制与民主更能构成一个对应概念,而善治状态的民主往往也伴随了刚才所讲的这些要素,故以民主称之。民主作为一种制度设计和观念,19世纪以来逐步蔚为大观,有的成为制度实践,有的则停留在口号层面。摩尔当然不会认为口号的民主就是民主,但是,又可以看到,在一些国家,口号民主或者把民主设定为目标,与专制环境是可以并行不悖的。这种并行不悖,可谓一种悖论,与摩尔所讲的经典的专制与民主的状况来说还是不同,历史越前进越明显。摩尔当然看到了这种悖论,相信到21世纪他的暮年时更能看到。这种情况下的专制环境成因复杂,有的是近代新观念的产物,有的属于历史包袱,摩尔试图归因于后者。摩尔懂得这种状态下的人们的焦虑,但是正如前述,他后来的一部部著作,大体属于解释之作,而非变革之作。

第四个悖论是暴力与温和悖论。我们在此重点讲讲这个悖论,因为认同暴力是该书中一个非常高调和鲜明的观点:"是时候开始重新辩证地看待事物,并提醒大家革命暴力在其中所扮演的角色了。这一暴力有很大一部分特征,也许是其中最重要的特征,都起源于西方民主道路上的农业问题。"当人们趋向认同渐进方式时(摩尔称为"渐进主义神话"),摩尔致力于驳斥对于暴力的"压倒性偏见"。例如,就近代英国来说,尽管圈地运动为英国带来了后续的好局面,但圈地运动中的暴力似乎不可避免,则英国的转型应当是受惠于此暴力的。所以摩尔似乎在描述他对于人类社会的巨大发现——他不赞成渐进神话。当人们普遍认同和平、宁静是英国的政治特质时,摩尔反其道而论。摩尔认为,存在一种值得肯定的暴力,即存在一种绕不开暴力的积极的社会变革。如果不是暴力,英国的农民仍将是一个影响英国进程的力量,英国的民主和中央层面权力格局都会不同,假如英国的农民与英国国王形成一种强大的合流,则议会能否形成强势都是问题。进一步说,在摩尔看来,民主不会轻易来临,本来也是靠了多种因素的角力和合力,英国的暴力已经算是少了,但暴力的因素却不能被研究者忽略。正如前述,摩尔觉得,没有暴力,就不能摧毁一种旧结构,缺少暴力型革命恰好是近代若干国家不能改变旧结构的原因,例如20世纪上半叶的日本。

可以说,摩尔对暴力的认同,来自他的结果主义。这里所说的结果主义,就是以结果论价值——因为一件事带来了好结果,就说这件事是对的、好的;因为一件事失败了、无效果,就说这件事情无意义。在摩尔看来,近代暴力革命中的暴力手段,如果带来的是好结果,则这种暴力值得肯定,就像美国和法国的各自的战争与革命,也基本上是带来近代法政秩序的必要手段。摩尔说:"法国大革命粉碎了土地精英群体的权力,这一群体主体上还具有前商业时代的特征。""美国内战同样粉碎了土地精英的权力,该群体掌握的权力是推进民主的障碍,但是在这一情形中,该群体最终发展成了资本主义的一部分。"

我们确信,摩尔对暴力的崇尚,是一种对历史的解释,而我们对温和自由理念的阐发,是一种对行为的倡导。在这个意义上,摩尔的确更像历史学家和社会学家,讲的是"为什么"和"发生了什么";而我们更像法学家和伦理学家,更强调"对不对"。

第四篇　法的门前

本篇是2020年4月中旬疫情期间我所带的西南政法大学两门法理学课程两个上午的在线课堂实录。两门课程：一为2017级本科生的法理学必修课；二为2019级硕士生的"法政变迁研究"选修课。在这两节课上，我请同学们在线讨论了卡夫卡小说《在法的门前》。讨论总体较好，这与卡夫卡小说的开放度和奇思妙想有关，从中亦可窥得"95"后们的思考状态。故，此亦"95"后找法记。收录于此时，文字做了小幅度的调整。

"不二法门"：
法理学课堂论卡夫卡实录

卡夫卡小说《在法的门前》

在法的门前站着一个守门人。有一个乡下人走到守门人跟前，请求进门去见法。

可是，守门人说，现在不能允许他进去。

乡下人想了想后又问道，那么以后会不会准他进去呢？

"这是可能的，"守门人说，"可是现在不行。"

由于通往法的大门像平常一样敞开着，而且守门人也走到一边去了，乡下人便探头透过大门往里望去。

守门人见了后笑着说："如果你这么感兴趣，不妨不顾我的禁令，试试往里闯。不过，你要注意，我是有权力的人，而我只不过是最低一级的守门人。里边的大厅一个接着一个，层层都站着守门人，而且一个比一个强大，甚至一看见第三道守门人连我自己都无法挺得住。"

这个乡下人没有料到会遇上这样的困难。照理说，法应该永远为所有的人敞开着大门，他心里想道。但是他眼下更仔细地端详了这个身穿皮大衣的守门人，看看那个又大又尖的鼻子，又望望那把稀稀疏疏又长又黑的鞑靼胡子，便打定主意，最好还是等到许可了再进去。

守门人给了他一只小凳子，让他坐在门边。

他就坐在那儿等待。一天又一天，一年又一年。他磨来磨去，希望让他进去，求呀求呀，求得守门人都皮了。

守门人常常也稍稍盘问他几句，问问他家乡的情况和许许多多其他的事情，但这都是些不关痛痒的问题，就像是大人物在询问似的。

说到最后，守门人始终还是不放他进去。这乡下人为自己出这趟门准备了许多东西，他不管东西多么贵重，全都拿了出来，希望能买通守门人。守门人一次又一次地都收下来了，但是，他每次总是说："我收下这礼物，只是为了使你不会觉得若有所失。"

在这许多年期间，这人几乎从不间断地注视着这个守门人。他忘了还有其他守门人，而这第一个似乎成了他踏进法的门的唯一障碍。

开头几年里，他大声诅咒命运的不幸。到了后来，他衰老了，便只能喃喃嘀咕了。他变得孩子气，长年累月的观察甚至使他跟守门人皮衣领子上的跳蚤也混熟了，他也求那些跳蚤帮他去说服守门人。

最后,他的目光变得模糊不清了,他不知道是自己周围真的越来越黑暗了,还是他的眼睛在捉弄他。

但是,就在这黑暗里,他却看到了一道光芒从法的大门里永不休止地射出来。

如今,他就要走到生命的尽头了,弥留之际,这些年来积累的所有经验,凝聚成一个他从未向这个守门人提出过的问题。

他挥手叫守门人到跟前来,因为他再也无法直起自己那僵硬的躯体了。守门人只好深深地俯下身子听他说话,因为躯体大小变化的差别,已经非常不利于这乡下人了。

"你现在到底还想问什么呢?"守门人问道,"你真贪心。"

"人人不都在追求着法吗,"这人回答说,"可是,这许多年来,除了我以外,怎么就不见一个人来要求踏进法的大门呢?"

守门人看到这个人已经筋疲力尽,而且听觉越来越坏,于是在他耳边大声吼道:"这儿除了你,谁都不许进去,因为这道门只是为你开的。我现在要去关上它了。"

(韩瑞祥译,课堂对译文略作改动)

图14 〔日〕秋元和也作品:《门》

引论·多维理解卡夫卡

吴涛(19硕):

老师,在查阅一些资料后,我想先来整理一下文本的一些设定以及隐含命题的理解问题,仅供大家参考。

第一,"乡下人"的设定:法律局外人。

第二,"求见法律":行为的神圣性、对法律的向往、对公平和正义的向往和追求(法栖身在无人知晓的内宫,虽然主宰着世间秩序,却始终神秘莫测)。

第三,"守门人"的设定:《诉讼》小说里的神父提到,守门人其实是乡下人的附庸,因为乡下人有离开的可能,而守门人却注定要在法的门前一直站岗。

第四,"在法的门前":乡下人始终没有到达"法"的中心,一直停留在"大门前"这个边缘上,这本身就是一个解答、一个判决,正如神父所说,"判决不是突然而来的,诉讼程序不断进展,最终才能过渡到判决",德里达在文本解读的基础上,指出:"法既不是五花八门的,也不想是某些人认为的,是一种普遍性通则,它始终是一种习语,它的门只关系到你——唯一的、特别为你注定、确定的一个门。"门是处于内与外、此与彼之间的屏障和界限,其存在意义却是双重的:一方面,它规制了乡下人的处境,将他限制在不能轻易进入到不属于自己的领域之中;另一方面,由于门的存在,乡下人不能以自己熟知的日常生活经验去体验隐藏于其背后的存在的真相。这样,"法"通过隐蔽自己可能是虚无的起源,从而获得了一种永恒的化身,但在形式上却显示出了一种应受绝对尊重的个性。乡下人一直到生命终结的那一刻,也未能获准进入大门,只在黑暗中看到一束亮光从法律的大门里源源不断地射出来。联系《诉讼》文本,这束亮光实际上代表着一种希望与拯救的可能。

第五,"法"的二重性:一方面,"法"具有开放性。"法"的大门始终向外敞开着,吸引着诸如乡下人这样的法律局外人走进去,一探法律的究竟。这种开放性也代表着一种奇怪的诱惑,越是不了解法的局外人,就越是想接近法、走进法。守门人的存在在某种意义上正是法律的一种象征,对于乡下人的问题,他给出的答案是魅惑性的,现在不能进去,但日后能否进去,却是一个不明确的回答。为此,乡下人耗尽了一生去等待。另一方面,"法"具有排斥性或封闭性。"法"是由层层大厅所构成,每一个大厅都有门警,每个门警都很强大,越接近法的时候,看守就越强大。"法"自身的内在和本质仿佛是一个不可被局外人看见的秘密,被层层包裹,隐藏在最深处。守门人一边说这个门是为乡下人而开的,一边又不让他进去并且最后关上了这扇门。"法"表面上为每个人开了一扇门,但这扇门注定是单个个体所无法进入的,它也拒绝为单个个体作出特别解释。

除了我在前面所列举的一些研究观点外,我自己也大致从两个角度对这篇文章进行了初步解读。

(1)局外人视角

毫无疑问,乡下人在身份上是一个法律局外人。这个局外人诚心诚意地前来求见"法",想走进法律、了解法律,进而成为一个法律局内人。但他未曾想到,敞开的法的大门前却有守门人在把守。守门人对于乡下人请求进门见法的回答是具有魅惑性的。他没有完全否定进门的可能性,而是以现在不行但将来也许有可能的回答来将乡下人"束缚"其中,而这种所谓的期望与可能实则是一种欺骗。从一开始,从守门人的角度来说,这已预示着进门的不可能。乡下人为了进门,耗费了时间和生命,尝试了种种方法,甚至送东西给守门人以希望买通他,但都无果而终,一直到他死在法的门前。综观全文,我们可以说乡下人有些怯懦和畏惧,也可以说守门人在编织着一个谎言,但不可否认的是,这扇门毕竟是为乡下人而开的。在这个过程中,作为法律局外人的他经历了一个思想和认识上的成长历程。从最开始的认为求见法律不会有任何困难到等待准许进入大门再到尝试各种方法最后到发出自己的疑问,乡下人得以知道法律之门的敞开是事实,而守卫的阻碍只是表象,走不走进去最终取决于他自己,他对法律的认识终于不再那么天真。在临死之前,他清晰地看见了从法的大门里投射出来的一束光线,这时,在某种意义上,他实则已求见到了一部分所希冀的"法"的"面容"。

"法"之门对于乡下人来说,就是一扇心之门。求见法律,如果不能摆脱对法律表面权威的畏惧心理,如果不能看清法律"守门人"的虚假蒙蔽,如果不能拥有破除障碍、挑战权力的勇气,结果就必定是一无所获、徒劳一场。其实,我们每个人心中都有一个属于自己的"法"之门。法的门前的第一道阻碍在某种程度上就是我们自己对自己的阻碍,是一场认知与心灵的博弈。冲破权威之"枷锁",阻碍也就迎刃而解。但悖论在于,对于一个一无所知的法律局外人来说,对权威和权力的畏惧之深是无法用语言来形容的,其破除之难以至于在某种程度上已然不可能。故而,属于我们每个人的法律之门的存在本身就是一个吊诡的产物。我们常说,"法律必须被信仰,否则就形同虚设"。诚然如此也。但要知道,在信仰之外,法律还身披一件名为权威的外衣。信仰和权威的冲突无时不在,但它们又互相增进彼此。因为权威,所以信仰;因为信仰,所以权威。我们一旦触碰到权威的外衣,法律就不再向我们开放,它的排斥性就愈发明显。

不知我们想过没有,即使乡下人进入了第一个大厅,他就能真正全面地了解法律了吗?法律是一个等级森严、结构复杂的层状物,越深入它的核心,所要遭受的阻碍和排斥就越巨大。正如文中所说:"我只不过是最低一级的守门人。里面的大厅一个接着一个,层层都站着守门人,而且一个比一个强大。"当乡下人进入其中后,置身于这个冷酷的权力世界中,他何以存在?换言之,进入属于他的法律之门还仅仅是一个开端,其嗣后的通往法律本质与内核之路远远没有想象得那么简单。可以说,法律之门的隐喻在某种意义上象征着法律的一种异化和矛盾:法律希望我们了解它,又不希望我们了解它;法律之门向我们敞开,又向我们关闭;法律允许我们接触它,又不允许我们触碰它。再进一步说,法律之门的存在就是法律自身的"意志"的存在,我们所做的唯有去理解和认识这个"意志",而不是试图去改变或左右它,这是唯一重要的。

(2)自然法与实证法、理性与权威之冲突

从法理层面出发,我们或许可以从自然法与实证法、理性与权威的角度来分析《在法的门前》。在文中,法门的背后是一个连着一个的数不清的大厅,它们实实在在地存在着,这可以理解为是一个完整的法律规则体系。乡下人前来求见法律,我们可以说他天真,说他质朴,说他是一个毫无法律知识的局外人。但有一点不可否认,那就是他是带着对法律的信仰而来的,是来追求所向往的公平与正义的,他至少是一个理性的个人。然而,这个理性的个人却被守门人拒之于门外。守门人在某种程度上可以看作这个法律体系的"代言人",或者说是执行禁令和命令的执法者和司法者。在实证主义者看来,"法律乃是主权者的命令"。在该文这个特定的背景下,守门人就是那个掌握和拥有权力的人。掌握权力的人自然就有滥用权力的倾向,这是亘古不变的真理。守门人对待乡下人始终是居高临下的态度,正如文中所说,守门人谈话的语气甚为冷漠,就像所有大人物和小人物谈话时的那个样子。乡下人为了进门进行了多次尝试,甚至还将出门时所带的所有东西都送给了守门人,但都无果而终。在文章最后,乡下人临死之时,守门人才告诉他这扇门就是专门为他而开的,但转而就要去把它关上了。这是何等的讽刺啊!综观全文,无助的乡下人与掌权的守门人形成了鲜明对比,这就暗含着法律的内在冲突:自然法与实证法之冲突、理性与权威之冲突。理性的个体寻求着法律的精神,但实在的权力却往往阻碍和限制了它。蕴含道德和"善"的自然法在实践领域往往"徒法不足以自行",而冷酷的规则和权力堡垒、盲目滥权的执法者在某种程度上更是恶化了这种局面。我们说,这种冲突是不可避免的。法律一直以来就是理性和意志(或权威)的战场,这场纷争自古有之。重要的不在于冲突本身,而在于深切地进行反思和求真。登特列夫曾说:"法的目的,不仅是使人服从,还要使人有德性。"现如今,我们"既不需要奠基于普遍的人类友爱,也不需要回溯教会的精神权威,现今的自然法一定要认可个人理性的权威,个人理性一定要得到主观权力结构的支持,借以作为堡垒来反抗国家命令的恶"。

  因此,只有当法律之门变得不再那么森严戒备,不再由玩弄权力、漠视个人理性和信仰的"守门人"把守而是由正确行使权力、认可并重视个人理性和信仰的"守门人"把守,这个"门"的存在本身才有意义,它才能成为引领每个公民个人走进法律、了解法律、认识法律的第一道"曙光",法律的权威和信仰才能和谐共进,而我们的"乡下人"才能不虚此行。

一、谁是法的守门人

季振鹏(19硕):

这篇《在法的门前》初读下来第一反应是荒诞。因为这篇文章描述了一个乡下人想要进入法之门窥视一下法为何物,但是进行各种荒诞的行径后,最终却没有实现的一个故事。

根据我个人的解读,卡夫卡认为法律是一种客观存在的事物或者是社会现象,对于每一个人来说法都是一座门,只有迈进去才能知道法为何物。如果说我们一辈子都无法进入法之门,法律就无法发挥任何作用。

而且这篇文章中那个永远不会老的看门人很有意思。我认为这是一种隐喻。因为卡夫卡提到不止一个看门人,第三层也有看门人,但是第一层的看门人却是最基础、最基本的。谁是法律的"看门人"呢?在我看来,第一层看门人是法律的权威性,抑或是不可接触性。法律必然有权威。但是我们仅仅畏惧权威而不去接触法律,抑或是运用法律,就如同那个乡下人一样,那么我们永远就无法迈入法之门内。法律或者有许多深层次的看门人,比如说正义、公平等,但无论是什么法律,第一个守卫法律的便是其权威性。所以法律的权威不能被挑战,不能被"贿赂",它不会给你"允许",也不会给你"不允许",能做的就是勇敢地面对它,那么我们自然而然就能进入法之门,去面对它、感受它。

我一直有个疑问,卡夫卡本人是如何看待这个看门人的性质呢?到底是想讽刺法律拥有看门人,还是讽刺这个乡下人的愚钝呢?他是想批判法律拥有看门人这个现实,还是认为法律看门人就是个无法改变的客观事实呢?

吴佳悦(19硕):

《在法的门前》出自卡夫卡的《审判》,这篇小说讲述了一个"有罪者"寻找法的故事,那个人叫约瑟夫·K,是一个银行职员,在一个晴朗的早晨,他无缘无故地被捕了。在这之后的一年时间里,约瑟夫·K不断寻找着被捕的原因与解决的办法,但法律若隐若现。就连逮捕约瑟夫·K的看守员也不知道约瑟夫·K犯了什么罪,甚至不知道自己真正的使命是什么。

在这之前,约瑟夫·K认为国家正在蒸蒸日上,法律在其中发挥了强大的作用。而在这之后,他逐步见识到法律的虚无本质,比如在这个国家,法律往往是那些高高在上的人偶然蹦出的一句话。更让人绝望的地方在于,你甚至永远接触不到那些能用嘴行使法律权利的人。

由此我认为,守门人是个负面角色,他阻碍了农夫对法律制度的了解,也阻碍了普罗大众对法律制度的了解。只有公开了的法律才可以发挥法的预测、教育、评价作用。如果我们根本不了解法律制度规定,又从何而来守法与违法之谈,这样的法律制度不如说是统治者们的随意意志。

陈莺(19硕):

乡下人在询问是否可以进去的时候,守门人的回答是"但现在肯定不行",既没有给出一个明确具体的可进入时间,也没有告知强行进入会有什么不利后果。第一,这扇门是只为乡下人而设的,他拥有进去的权利,但他只是一味地守在门前,并没有采取任何行动,未能进入到法律当中,这是不是也就是"法律不会保护躺在权利上睡懒觉的人"?第二,文中所述的守门人是最基层的,他对自己拥有何种权力以及上级拥有的权力,并没有明确告知乡下人(或许连他自己也不知道?),只是一些普通的夸张的描述,让人望而生畏。在这里,于守门人而言,他拥有着特殊的职责,但是却没有公开他的权力清单,让法外之人无所适从;而对乡下人来说,死守法的门前一则反映他对法律的向往,二则折射他对未知权力的畏惧。

申洲倩(17本):

我没有看得很明白,但是因为守门人并不会老,而乡下人一直没有反抗,所以我觉得守门人是不是代表了法律制度,只有当乡下人违反了法律才能知道法是什么,而乡下人一直遵纪守法,所以至死都不知道法是什么。

李大洁(17本):

我认为,在这个小说中门卫代表的是法的本身。法不能告诉你怎么做合适,它只能通过法条规定明确告诉你不能做什么(即那些禁止性的条文),因为授权性的权利当事人的自治意思也更强,法律无法穷尽规定。而绝大多数中间的民众所能从事的行为的尺度以及范围仍依靠人民自己去把握,法律不可能把每一个具体你所能做的都一字不漏地亲自告诉你。我们从文中可以看到,门卫有一定的权利且略显谦逊,由此可推知法处于中立地位。司法并没有完全拥有绝对权力。但是结合当时的背景来看,那个年代,毕竟司法处于中立位置,它也确实保护到了普通民众的利益。

同时对于文中所提到的三个守门人,这也说明了在我们寻求法律帮助的时候,并不是完全一帆风顺的,仍然存在许多的制约。在当时那个背景下,人们也许对法律也没有太多了解,而法务从事者对于法律的适用来说,不是为天地而立命、为生民服务的心,他们更多的是把他们放在了一个更高的地位。但是在当今这个强调法律面前人人平等的社会,我们现在仍存在这种对法限制的问题吗?我想这个问题的答案应当是否定的。我们强调的人人平等是实质上的平等,这种所谓特权的存在在当今司法社会就是不被允许的。所以我觉得这篇文章对于当今的法治建设其实仍有意义。

综上,我认为,门卫就是法本身,而法的门和乡下人,是指法与普通人的距离与关系。同时我觉得小说中的"这道门只是为你而开的",是指法律存在于社会,当我们受到侵害的时候正是我们需要诉诸于法的时候,法的大门是开着的;但对于那些没有所求的人来说,他们可以不来法的大门。这篇文章对于我们研究法理思想有极其重要的作用。

黄林羚(17本)：

我也没太看懂。我觉得守门人代表的是权力，而不是法律，因为它说了里面还有很多跟他一样的人。然后权力制度的弯弯绕绕，导致了乡下人、普通人终其一生，也只是在法的门前。

刘斯婷(17本)：

守门人不让乡下人进去，但是也不告诉他怎样才能进去，而在乡下人死去的时候却说这个门是专为阻止乡下人的，感觉就是故意给法律蒙上神秘不可预知的面纱，是统治者玩弄法律的手段。

苏雨莹(17本)：

我觉得这篇小说以隐喻的形式，通过对主人公探寻法的真面目过程的描写，写出了当时法不为公众所知悉的现象。守门人守在法的面前，意味着权力对法的把控。乡下人想知道法是什么，就要闯进去。而乡下人一辈子都没有闯进去，所以他不知道法是什么。因此，这部小说说明了当时法律不为人所知的样子。百姓没有勇气去查看法的存在。

何曼(17本)：

我觉得守门人也代表了法律的神圣、不可侵犯。同时守门人的最后一句话代表了每个人在求见法时都有一道门,是法律面前人人平等的表现。

贾钰洁(17本):
　　感觉小说很有荒诞派的特点,看到结尾那一句的时候似乎前文的一些问题有了解答,但又让人返回去观察一些文章的细节。例如,如果乡下人代表个体,门里是属于每个人的法律,那么守门人比喻的到底是现实中的什么?为什么这个守门人有时显得主动而亲近,有时又高高在上且不耐烦?而他在开头所说的"第三个守门人"是否真的存在;如果存在,又代表着什么?每个人的法律之内对个人还有别的限制吗?所以问题多了之后觉得文章是在引导着思考以"法"为中心的很多问题。例如法是什么,社会普遍的法和个人内心的准则有什么关系,个人和法律之间又是什么关系,法的执行,等等。

王雅琪(17本):
　　小说中时而存在、时而飘然于外的法可以指向法理学中研究的一个基本问题,即法自身究竟是存在还是虚无?法存在,所有人都知道它就在门的背后,而门也只是求见者与法的唯一屏障。不仅如此,通过那不可逾越的门阀,也向它的朝拜者展现了它永不熄灭的光线,以证明其存在性。可法又归于虚无,小说中包括守门人在内没有人真正见识过法的存在。小说中的法犹如柏拉图的真理一般高居于理想国之中,人能做的只是接近,却永远无法触碰它。

守门人和乡下人处于同一时空背景,暂且不提他在乡下人到来之前经历过多少岁月,在乡下人已然垂垂老矣,僵硬的身体再也站立不起来时,却没有任何关于守门人老化的描写。这个看似不合理的情节,实际上表现出守门人因作为法的一部分,具备了与法这一结构性的存在保持一致的稳定性及恒久性,超脱世俗的空间和时间达到永恒。法使得守卫体系(包括守门人以及在门之后的无数个守卫)得以不朽,而守卫体系守卫法至永恒。

随着时间的推移,乡下人逐渐老去,但是他的眼中已全然无法的意识,忘记了自己的本意是求见法、想要请求跳蚤来帮助他说服守门人改变主意等,也表明了乡下人的目标不再是"求见法",而是"通过法门"。

申帅帅(17本):

我认为守门人属于统治阶层给下层人的枷锁,法看似很近可以寻到,其实只是水中之月,不可能得到。

何曼(17本):

我觉得守门人就是法律的门槛。乡下人知道法的存在但却不知道如何进入,说明虽然普通大众虽知法但不会用法,法律对于他们来说还是一个比较虚幻的存在。

方晓航(17本):

乡下人终其一生都在寻找法,守门人一边暗示乡下人在没有得到守门人许可的情况下走进去,一边又用自己的权力,以及通向法的道路上还有更多的、更严厉的守门人的理由阻止乡下人进入。结尾守门人又说除了乡下人以外，没有人能获准进入这道门，这道门专门为乡下人而开。守门人自己就很矛盾，是不是意味着法本身自相矛盾、荒诞。

胡欣怡（17本）：

我觉得故事中守门人是连接法和普通百姓的纽带，放在现实中我们可以姑且将其定位于基层法院，即既可以是法的维护者，也可以是民怨的激发者，再联想到《秋菊打官司》《我不是潘金莲》这样的电影，如何柔化"守门人"的形象，使他成为法与民众亲近的桥梁才是我们如今亟待解决的问题。

钟诗蓓（17本）：

"法"的门前的守卫只是"法"存在的一个证明，并且是"法"对想了解它的人的一种拒绝的姿态，而不是"法"的真貌。"法"的真貌被完全地"遮蔽"在守卫的身后，隐藏在"无限的台阶"之后，"法"的意义不在于显示，而在于隐匿自身，也就是我们所谓的，只有当有非法事情出现时，才会真实体会到法律的作用。

朱镜帆（17本）：

我觉得守门人只是统治者的工具，像"刑不可知，则威不可测"，守门人会在乡下人想跨过这道门进去时，提醒他里面有多么可怕，让乡下人产生退意，而守门人也说"连我自己都无法挺得住"，则证明他也是不知道法律的,守门人和乡下人都是在统治者的控制之下无法去探求法律的人。

图15 卡夫卡

二、谁是找法的乡下人?

张荣义(19硕):

福柯的"权力微观物理学"曾指出,权力不是发生在决策的中心,而是发生在权力发挥作用的毛细血管处。这篇小说就是体现这样的问题。权力的张力淋漓尽致地体现在守门人和乡下人之间,法律面前人人平等从某个角度来看只是一种美好的愿望,法律的实现无疑受到各种因素的限制,这些美好的愿望是胜利者的口号,却不一定是处境艰难者内心的感受。

文中的乡下人是可怜的,当他面对来自法律或者法律的执行者的刁难拒绝时,他没有办法通过其他的方式来主张自己的权利。法律是一面盾牌,但并不是人人都可以掌握举起的盾牌,举起这样的盾牌要有力量要有技巧。我想在面对这样的场景时,每个人也只能祈求自己不是那个乡下人。

谈一谈我的感受,这篇文章很短但是意义很深刻,从关注客体的法(法律实现的条件)到关注人自身的主体的法这样的观点引人入胜,法不仅仅在外在的实现上有困难,就连在我们自身也存在着乡下人和守门人之间的分裂,看到这里我想到一个问题,即是应该去弥合这样的裂痕,还是只能去接受。我觉得从一种悲观的心态去看,这样的裂痕无法弥合,这不仅仅是法的结局,也是人生的结局。

张驰(19硕):

看完《在法的门前》,我对于文中乡下人的作为感到困惑,如果说守门人不让他进去,那么他是否可以选择离开或者从其他路径进入,为何要一直待在门口等待,而不去救济自己?

乡下人这样一个身份的限制显然具有独特的意味,他对于法陌生,对于法的权威性屈服,对于未知的东西恐惧,因此在法的门前,他无所适从,无法去直面守门人,只能选择等待,我是这样理解的。

吴剑峰(19硕):

卡夫卡是一位存在主义的作家,存在主义关注的是如何面对生活的荒诞,如何面对必将到来的死亡。

所以我认为乡下人指代我们,守门人指代我们的生活,而法的门前指的是死亡的门前。我们也像乡下人一样一生都在渴望某种东西,有的人渴望金钱,有的人渴望权势,有的人渴望爱情,有的人渴望知识。为了这些渴望,我们会付出各种代价,而生活,也就是这个守门人,并不会阻止我们做任何事。生活所做的就是把死亡和我们隔开,把我们付出的任何东西都收下,但永远不会满足我们的任何一种渴望。"我收下这礼物,只是为了使你不会觉得若有所失。"也就是说,我们即使做了该做的事,也无法去了解门背后也就是死亡的真谛。但在漫长的日子里,我们还是会懂得一些事情的,我们将得到一些生活经验,但这些都是生活的"跳蚤",这些"跳蚤"是无法让生活给你让路的,在生活中,你必然要受到各种挫折甚至苦难。面对苦难,你开始会诅咒自己的厄运,但最后也只能孩子气地耍些任性,无法逃避苦难(当然,我们很大可能一生平安,不会遇到什么苦难,但一旦碰到了,我们的行为就会如上所述)。

而乡下人最后问的那个问题"可是,这许多年来,除了我以外,怎么就不见一个人来要求踏进法的大门呢",指的就是在通往死亡的道路上,我们总是孤身一人。

用海德格尔的话来说,我们是被"抛入"这个世界的,赤条条来、赤条条去,孤独地生活于世。只有在将死之际我们才能深刻地体会到我们是如此地孤独。但我们在活着的时候很少去思考死亡，一直以来，我们都以为死亡是别人的事，听说别人死了，我们会有种"庆幸"（不是幸灾乐祸），"还好，是他死了，我还活着，死亡这次错过我了"。而实际上，死亡就在每个人面前，或者说，每个人都在死亡的门前，意外有可能就在下一秒降临在我们身上。"死亡如风，常伴吾身"，诚哉斯言！托尔斯泰的短篇小说《伊凡·伊里奇之死》描写的是小官僚伊凡在从生病到死去这一段时间里所经历的一切。这位小官僚在临死前才知道自己以往所做的事是如此地无意义，托尔斯泰淋漓尽致地描写了临死前伊凡对医生的不信任，对妻女外出的嫉妒，对疏离的绝望无助，到最后对死亡的接受。伊凡在临死前才知道他只能依靠他自己。家人可以在病床前陪着我们，但最后我们只能一个人面对死亡，我们再怎么害怕也只能接受死亡。

所以"这儿除了你，谁都不允许进去，因为这道门只是为你开的。我现在要去关上它了"。死亡只能是个人的事情，死亡的直观意义就是关闭现世的大门。

那为什么要用法来指代死亡呢？因为死亡是人无法违抗的法则，是宇宙为人类制定的法则。

把守门人说成生活是简化后的说法，通往最后的宇宙真理需要穿过许多道门，死亡仅仅是第一道门，光是这道门我们就无法穿过，我们只能被生活这个守门人挡住，而我们就更加无法想象后面的守门人具有多大的力量了。

但我想，卡夫卡还是给了我们一点希望的，因为这位将死之人竟然在死前看到法的大门向他投来一束光线,这是否意味着在死前我们也能获得彻悟,从而能勇敢地面对死亡?这个问题在目前是无法得到回答的,因为从来没有哪个死后之人能向我们讲述死亡的故事。

各位见谅,我不是从法学角度进行解读,可能是有点跑题了。

孙雪晴(17本):

我没太看懂,感觉是乡下人想进入法的大门代表他想了解法律,守门人代表了权力,守门人没有完全禁止乡下人进入,但是乡下人却被守门人说的门后有更厉害的人吓住了,于是放弃了主动了解法律,等待守门人的同意就是等待权力的同意。

王露(17本):

我的观点是最后守门人说只有乡下人一个人来到,且只为他开放这里。乡下人看似十分努力地在争取进门,但他的手段都是诸如贿赂一类的行径,所以我觉得对于想真正走进法,这扇门究竟为乡下人打开了没有,乡下人没有做过比较强势的争取。

陈佳(17本):

我的理解是要敢于探索法律,不能像故事的主角那样踟蹰不前,终身停留在法的门前。门象征的是自己心里的障碍。

王俊英(17本)

乡下人,就好比普罗大众。他们信仰法律、畏惧法律,但不敢触摸法律。中立的法官希望大众能够"见到"法律,但偏偏他只能做一个缄口不言的守门人。我认为如果普罗大众能够放下畏惧,勇敢且努力地向前迈进,就能够接近感知法律。如果仅仅还是等待,那么曙光就永远只是曙光,守门的卫士也只能固守职责。因此,要鼓励民众了解感知法律的世界。

刘浪秀(17本)

整篇文章在讲的无非"找法——找到而不得进入——死亡后关闭"这一过程,但奇怪的就是法的大门虽专为乡下人而设,却不允许他进入。另外,为何使用"乡下人"而非"城市人"?

宁哲(17本)

在秩序当先的社会,统治者都会竭力培养人们对法的忠诚,并努力将忠诚变成习惯。在法的门前,乡下人习惯了等待和恳求,而守门人习惯了与乡下人对峙,甚至未考虑向门内通禀一声。乡下人为何去求见法?又何以知晓可能永远见不到法,在痛苦的煎熬中终其一生徘徊在法的门前。深居简出的"法王"可能根本不知道有人守在他的面前,更没想到看似位阶低下的守门人会背靠权威决定入门之权。在权利关系充分内化后,权威便达到了极致,无权者的卑贱意识也达到极致。法的诡谲、人的彷徨,浓缩在这则寓言里。

三、法的第一扇门

朱家顺（19硕）：

既然这个门是专门为乡下人开的，那么为什么乡下人来的时候却不让他进去，为什么神父说这是一种特殊的欺骗，守门人欺骗了乡下人吗？

刘雅楠（19硕）：

法的大门向所有人敞开，任何人都可以去"求见法"，但是正如那位乡下人一样，穷其一生所能做的也只有"求见法"而已。如果说法律的第一个大门代表的是法律不容忽视的权威性，那么对于法律系统之外的人来说，接触法、理解法、求助于法如此困难，就会让乡下人狐疑法律到底是否存在以及法的存在到底是为了什么？富勒提出法律内在道德的八项原则，首先要有法的存在，其次法律必须是公开的。法律的权威性来自它的道德性，人们遵守法律不光是因为害怕受到惩罚，更重要的是人们知道什么行为是正当的和道德的。正因为法律有道德性的存在，所以人们才愿意去相信去服从。不公开的法律对统治阶级来说最大的好处就在于可以根据自己的意志擅自更改、无限制地使用权力。对于乡下人来说，法既是存在也是虚无。法是存在物，有稳定的秩序，有严格的等级划分，有守护它的人。法存在于高阁之上，拒人于千里之外。拒人于千里之外的法律不会让人相信，更不会获得出于信仰的服从。

朱广杰(19硕)：

关于小说对法的大门象征性的描述,我的理解是这样的:在文章中,我们不难发现门外人与守门人都受到了法的大门的欺骗与约束,我认为欺骗与约束的根源不在于门外这个表象,而在于门外的人在生命的最后阶段看到了从法的大门里射出的亮光,并且这个亮光只被门外人看到而没有被守门人看到。这里还可分为两个问题:一是亮光的象征含义;二是门外人为何能够看见亮光。对于第一个问题,如果将法的大门当作法的形式,那么从法的大门中射出的亮光或许可以被看作法之本质的象征。在这里主要有两个原因:首先亮光是从法的大门里发出的,这意味着亮光来自比法的表象更深的地方;其次这是一束亮光,而明亮本身就有美好与透彻的含义隐藏其中,也可以让人联想到法的深层之处。这样一来,小说里法的大门为何不能被关闭的问题又可以有另外一层理解:在此处法的大门不再是一种障碍而变成了一扇真正的门,在这扇门的背后有真正的法的精神和绝对真理,而这样一扇开启真理的门是永远不会关闭的,这里有自然法的理想性因素。简而言之,法的大门蕴含了法的两层含义,即法的表象和本质精神,后者又有得以存在的条件,虽然小说本身并没有给出确定的答案,但这值得我们深思和探索。

王丽(17本)：

我也没太看懂,最后揭露这个法之门是专属乡下人的,但他却被阻拦在门外,有点像现实中,很多人寻求诉讼保护自身的权利却失败的例子。

邹雨航(17本):

我感觉,门前警卫的角色很有意思,他一直都在阻挡那个乡下人进入法的大门。如果我们把这个大门理解成法院或者其他像仲裁机构这种可以运用法律帮助乡下人的部门的话,那么警卫其实一直在拒绝乡下人的合理请求。做两个角度分析:第一个,警卫是出于恶意阻挡,不希望乡下人寻求法律救济,那么可能就寓意着底层民众寻求法律救助的艰难;第二个,警卫是出于好意,即可能是警卫知道寻求法律救助的耗时长、耗费资源财力的特点,以乡下人的经济实力以及年龄撑不住,所以不想让他进去。那么就可能是反映法律救济的耗时长,对穷人不利的社会现状。

每个读者都是哈姆雷特,这篇小说应该就属于仁者见仁、智者见智的类型。

陈怡玮(17本):

相对于这道门,和乡下人一样,守门人也是被法的大门所威慑和禁锢的人。甚至相比较而言,乡下人至少还是一个行动自由的人,而守门人却是一个被职权控制的人;乡下人主动放弃了个人选择,而守门人根本别无选择。所以在"门"前,无论是乡下人还是守门人,都不代表法,法隐身在门后。门既是一个范围的限定,也是这个限定的缺口,对这个门存在意义的肯定是通过否定建立起来的。通过门展现了法的建立,即"门只是为你开";同时门又不为个体而开放,所以"我现在要去关上它了"。

唐涓(17本):

什么都不守护的守门人守护着法律,这扇门一直开着,向虚无开着。法律本身就是门,法律是没有立场的立场。它是向你一个人开放的,它的生成是由正义去生成的,它也是人们想要追寻的真理和正义。

向萍萍(17本):

我认为守门人和乡下人一样,他并不懂法,不了解法的内部,他实质上是被权力控制的人,乡下人穷尽一生想要找寻法律,但是最后还是没有踏进法的门槛,是因为他一直遵纪守法。门为乡下人而建代表法律给予每一个个体的权利与义务,当我们违反义务时可能就会见到法律,受到法的制裁。法的本质在于对于单个的个体来说它是不可接近的,这个门的意义其实就相当于法律的界限。

李金洋(17本)

第一次阅读时,自己从这篇短文中读到的是一种对权力的讽刺,在乡下人的眼中,他将法视为公平与正义的象征,视为自己伸张正义的工具。法的大门为他敞开,但是他至死都没有进入那扇门,加之守门人最后说的话,这无疑可以将其认为这是权力在愚弄人民,给予希望获得正义和公平的人民可以看见,但不可触及的美好幻想。再结合作者卡夫卡生活的年代正处于奥匈帝国统治时期,以及自己作为犹太人的身份(其实奥匈帝国对犹太人的态度,相较于同属德语文化圈的德国而言要好很多)。同时小说设定的背景是哈布斯堡王朝统治时期,哈布斯堡王朝的统治中心位于维也纳,由于远离宗教改革的德意志北部地区,其天主教封建势力异常强大。种种的一切都指向了权力对于底层群众的压迫,法律也沦为了欺骗民众的工具。

但是在第二次阅读后,我认为并不能仅从法律作为掌权者的统治工具的角度去理解,在现代社会的背景下去解读会有不同的结果。个人认为,其实这篇短文很好地解释了法的核心。故事中"守门人"才是故事的核心,他知道门后的一切,但却在乡下人临死前告诉其真相,故事以悲剧结尾,而悲剧可以认为是守门人造成的,或是认为是从他口中说出来的。"守门人"象征的是司法,他是执法者,在法是良法的前提下,我认同"法的尊严在于执行"的观点。

四、对第一扇门及其背后众多的门的解读

周安兴(19硕):

我认为界定法律之门的"门"很有必要,到底是进入第一扇门就算进入法律之门,还是说法律具有很多扇门,第一扇门后面还有门,也就相当于还是没进入法律之门。

图16 〔捷克〕帕维尔·西蒙作品:《在布拉格的卡尔桥工作》

这种界定关系到我们应该把那些门认为是法律还是通向法律之路,若把进入第一扇门就算作进入法律之门的话,那么那个乡下来的人面对的就是整体的法律,它是确定在那儿的;若把进入法律的第一扇门后看作还有门,那么法律就是并非确定的,我们走进一扇又一扇门,而最后到底有没有法律的存在呢?

所以说如果理解成第一种意义,那么也正如振鹏所言,可以把每扇门看成是法律的性质。而若理解成第二层意义,那么我们就可以从法律的确定性或者法律的实施上去探究法律。

王静(19硕):

如果从内核化的角度来讲,那么我个人认为是可以从一个法律价值的角度来看的。法律价值是否有优先性我们不得而知,但是法律的生命周期我们却可以排出一个顺序。法律首先必须被公布、承认,其次被实施,最后被信仰。毫无疑问的是卡夫卡提到了里面必然有更深层次的看门人,这个看门人使得底层看门人都不敢说话。所以我们是否能这样理解呢?第一层次的看门人便是一个对于法律的了解或是承认。越往后我们越会发现,其实法律的价值不仅在于被承认,更在于被信仰,这个信仰就包括了公平正义等一系列我们所提倡和讲述的法律内核。不仅对于法律,对于我们个人来讲,如果不能承认法律、面对法律,那么怎么能去探讨法律更深层次的内核呢?

彭双杰(19硕):

通过对小说的分析,我们或许可以发现隐藏于小说中的法律悖论。一方面,"法"以守卫系统的话语为载体,作为"主权者"的"话语"且依托于数量庞大且手握实权的守卫系统的制定以及执行等行为使得小说中处处皆"依法而定"。然而,法律之所以为法律,其核心在于确认社会秩序以及维护社会的稳定发展。因缺乏权力制衡及阐释系统,我们不由质疑守卫系统的"命令"究竟是为了守卫门后的"法",还是为了维系自身的存在而对处于下层的"他者"所设下的禁锢。若是为了后者,那么法之能指与所指相分,这一加之下层阶级的束缚很有可能导致整个守卫系统遭到颠覆,法这一本该稳固社会秩序、推动社会平衡发展的存在则又归于虚无。工业文明一方面给人类带来无尽的福祉,但它同时也导致人逐渐异化。因此,我认为卡夫卡的这篇小说具有一定的批判和讽刺色彩,法应该作为捍卫平等自由的手段,以维护社会的稳定;应该对权力施以一定限制,以维护人们的权利。

王梓铖(17本):

卡夫卡以寓言的方式,描述了一个乡下人被权力玩弄于股掌中的悲哀。在乡下人眼中,法的大门敞开着,法代表的是公理与正义,他只要想办法进去就能伸张正义了。不幸的是,他不知道这道门之所以敞开着,是权力和他玩的小花招,只是为了让他产生希望的幻觉,从而按部就班地去等待、去央求、去贿赂。但守门人告诉他,这扇门后还有无数的门,每一扇门的背后都有一个更威严的守门人,他现在不过是万里长征第一步。乡下人为了这第一步,就用尽了自己的一生,最终倒在法的门前。从我的角度来看,文中的"乡下人"并不是指的某一个人,而是代表当时的整个被统治阶级,"法律"则是统治阶级用以统治被统治阶级的工具。卡夫卡借此暗嘲当时的社会现状,即权力的体系庞大,无所不在。个体的血肉之躯永远无法对付幽灵一般的权力,它冷血无情,杀人于无形,让人产生希望,又在这种长年累月的等待中消耗生命,直到最后,也摸不到它的皮毛。

万唯(17本):

我觉得守门人以及后面还有很多的拥有权力的人都是代表权力和不可触碰的法律底线,一旦想要触碰第一道底线,后面迎来的将是更加严厉的惩罚。每个人都想要去见到法,想要知道它究竟是什么。

徐嫣婕(17本):

守门人不会老,是虚构的形象。法的门后是公平,一层层关卡是寻求公平路上的阻碍。守门人鼓励乡下人去追求公平,但他不会告诉乡下人应该怎么做,只能告诉乡下人什么是禁止的,就像法列出什么是禁止的。

任智强(17本):

在法律门前站着一名卫士,一个乡下人来请求让他进到法律门里去,可卫士没有允许,于是乡下人就坐在大门旁边一直等待卫士的允许,一直等到了残废之神将他带走。这就是20世纪以前,专制的政府高高在上,而平民百姓求助无门的残酷现实的真实写照。按说法律门前人人平等,法律之门向所有的人开放,随时都可以进出,可是乡下人连第一道门都没能进去,还能指望别的什么呢?权力,因拥有而强大,就因为卫士拥有管理第一道门的权力,才使得他变得如此强大。"被那些我们不知道的法律所统治是一件非常痛苦的事",这与前面所述的问题,即法律被少数特权集团所把持的现象休戚相关。法律越是神秘、不为人知,越能突显他们权力的正当性,于是就出现了"刑不可知,则威不可测"的旧传统以及"朕即国家"的人治思想。

五、法律之门为什么专为乡下人而开？

程海瑞（19硕）：

看门人在我看来其实是乡下人自己意识的某种对象化或者说异化，就像吴涛同学所说，二者存在一种附庸的性质，他们是有某种同源性的。从某种程度上讲，法的出现原本始于人的建构，是出于人本身的，但人在将"法"客观化、普遍化之后，却和法有一种渐行渐远的悖谬的疏离，而这样一种疏离可能并不仅仅是因为法自身或广义的法律群体的缘故，更大程度上，每个人自身对法的理解与认知，会因诸多因素而泛化、扭曲，因此每个人都会面临一个守门人，他是我们内心深处关于法的自为的设定，这种自为的设定就是横亘在每一个人与法之间的守门人，由于人是个体化的，所以守门人也是个性化的，因此每个人一生只会见到唯一的、独属于自我的那个守门人，而这个守门人归根结底还是从属于我自身，因而这扇门也专为我而开，如果我自己不先破除对法的这种自为的，多少有些悖谬的意识，那么我肯定也无法进一步踏入法的本原的领域，所以进门的方法其实在我们自己这里，关键就看"我"如何先将那个外在化于"我"的守门人收归自身了。

邓明霞（17本）：

法的大门是因人而异的，每个人在寻法的时候都会遇到一扇门和一个守门人。从守门人最后的话可以看出,这扇门是属于乡下人的,乡下人之所以没能进入这扇门,是因为没有进入的勇气。我想,卡夫卡这篇文章,是为了鼓励民众去追寻法。

蒋茜(17本):
没有太懂每个人都有一扇专属的门的意思,我猜想是不是因为那时候的法不具备现在的一些基本的要素,比如规范化、普遍化等,所以每个人只有触及社会秩序、违反社会秩序的时候,才会产生法的适用和对法的解释,所以门的专属性是不是有意指这种不规范、不公开的法可能会导致因人、因事释法的一种局面。

六、法的神圣性和权威性

王安怡(19硕):
我看到乡下人用尽一生追逐"法",但是却没能踏进法律之门,这是他一生的悲剧。但是守门人却告诉他,这扇门就是为他而开,这又好像乡下人拥抱了"法",充满矛盾的结局,是不是预示着"法"的神圣性和人对"法"的理解的差异性。法是什么,是每个法律人一直在探索的问题,从古至今,法的定义总是有着不同的解释。乡下人在法的门前苦等一生,是不是预示着在他心中已经有了"法"的定义,即法的约束性,守门人仿佛一个执法者对他的告诫,形成了他内心的约束,这可能就是守门人最后给乡下人的答案的理由。然后乡下人到死都没跨入法律之门,连作者卡夫卡都不知道法究竟能用什么确定语言来解释，不同人有不同的看法，所以这可能是作者抛给每一个后来法律人思索的问题，永远没有最终的答案。

翟茜茜（19硕）：

乡下人对于法律充满着敬畏，但一直不能靠近法去窥探法的真相。现实中，除了法律的制定者、裁决者等法律的守卫者，我们都在一边敬畏法但做不到了解法的真相。而正是因为这种距离，法才得以发挥它的权威性和震慑力。不然知情祛魅，法的权威性降低，人人都可以通过漏洞操纵法律，所以法律本身的价值不仅体现在运用过程中，更表现在权威的象征上。

冯辽（17本）：

既创造出法，又将法律置于高处，使得没有路径和方法来通向法，所以法最终就是乡下人理想中、幻想中神圣的样子，始终没有触及，最后守门人说法就是为乡下人而设的，显得更加荒诞、讽刺。

官源松（17本）：

守门人代表捍卫法的公权力，公权力对每个公民都打开了法律的大门，也就是去了解与知情的机会，但是很多时候会通过恫吓的方式让民众对法产生一定畏惧，从而保持法的尊严。与其说是让每个公民对法了如指掌、认为走进法律的大门是对的，还不如说是想公民能在法的门前有自己的稳定生活、保障法律真正的秩序才是最好的。《礼记》中的最高境界是"天下大同"，法律的最高境界应该是有法而似无法。法律的门对任何人而言都是打开的,社会共同体中的每一个人都有权利走进,只是有时也不得不提高威严保持法的崇高,牧民之官,更应如此权衡利弊。

七、法的理想与现实

孙雪(19硕):

这篇文章以寓言的形式讽刺了法律与现实的差别。

"法律面前人人平等"这句话在农民心中一定有着神奇的力量。

乡下人看到,自己被这句法律格言所承认,至少理论上承认,他的个人权利与地主老爷的权利相同。不管这个法律会怎样,至少它许诺对地主和农民一视同仁,声称在法官面前富人和穷人是平等的。

这一许诺是一个谎言,今天的我们知道了这一点;但在当时,它是一个进步、一种对正义的效忠,只可惜是虚伪的。所以乡下人想进去,但是却有着重重阻碍,也或许正是这重重的阻碍让乡下人连迈出第一步都心存芥蒂。

当一种权力关系充分内化为无权者的心理时,有权者的权力便达到了极致。

法律是特殊的力量源泉与合法性的标签,是暴力的栖息地和遮羞布。暴力巩固了合法性,而合法性又掩饰了暴力。

法的本来面目应该是什么样的?有些内容在篇幅中没有阐释出来,但也正因如此,才留下了思考的空间,留着让追逐正义的后人不断去给出自己的答案。

八、乡下人为什么会被挡在法的门外？

费奔(19硕)：
　　我认为《在法的门前》这篇文章在某种程度上彰显了法的阶级性，说明了法在那个年代是为一定的阶级利益所服务，而其自身却被特权阶级包装成为所有人都能接近的东西，但是对于一般人来说，穷其一生也未必能触碰到法律、使用法律维护自己的利益。这种现象在当前来说仍然也是存在且极难被改变的，这是由于法律的性质到今天仍未改变。作为法学生的我们，最多只是比一般人更了解法律的性质、法律的运行，在我们成为权力阶级以前，也可以说是未进法律之门的。那么，对于多数人来说，进入法律之门的途径唯二：一是自己跻身为权力阶级；二是接受权力阶级的权力让渡（这基本是很难发生的）。

李冠程(17本)：
　　我觉得这个小说表达的是人类事业对真理的默默求索，真理是虚幻的，但是我们敬重着真理。也可能是昭示着法是个无形的枷锁，它对于乡下人而言就是一个束缚，让其一生都留在法的面前。也可以说是法的作用不在于被探知，而在于被追求。

孙艺伦(17本)：

在这篇文章里,法之门是守门人工作和生活的核心,他在职权的限制下,奉行着旨意性的原则,于是他对乡下人入门见法进行了限制,而乡下人抱着接近法或是与法交流沟通的初衷,通过各种手段与守门人的限制进行了频繁的对抗。

首先从守门人的角度而言,守门人拥有权力,正是因为他的权力的存在,才使得乡下人不敢随意进入法的大门。同时,他是一个忠于职守的人。他多年坚守自己的岗位,从来没有离开过一步,也没有半句怨言,终始如一的敬业精神使其直到最后一分钟才把门关上。我们可以认为,守门人是法律的执行者,是法律的践行者,对于法律而言,他必须严格执行法律,而不能有主观变通的思想。而且,从守门人的话语中可以得知,文章中的守门人只是最低一级的守门人,在他之上还有一个又一个比他更强大的守门人,甚至在看见第三个守门人时他自己都无法挺得住。在我看来,正是这样一个又一个等级森严的执法者共同构成了权力的行使体制。

从乡下人的角度而言,我更愿意认为乡下人代表着普罗大众。乡下人及其所代表的公众群体在强大的特权及行政权力下处于弱势,这也就在一定程度上决定了乡下人在与守门人的对峙中处于消极、被动的境地,导致乡下人终其一生也没能见到真正的法。但法其实也是在期盼着能够见乡下人以及乡下人代表的公众群体一面。正如文章最后所说的:"这儿除了你,谁都不许进去,因为这道门只是为你开的。"法律也为乡下人开启了一扇门,然而,由于诸多守门人的存在,于是成了法与乡下人之间永远难以跨越的鸿沟。因为重重守门人的存在，乡下人最终没能见到法，法律也成为少数掌权者统治人民的工具。掌权者通过设立守门人的岗位和驱使守门人执法，可以随意地、粗暴地扭曲法意或是作出不符合常理的法律解释，从而愚弄被统治阶级。在这种情况下，实际上文章中的第一个守门人也是受害者——第一个守门人所遵循的原则是由最深处的守门人将对法的解释通过命令的形式、通过一个又一个守门人所传递出来的。第一个守门人并不会去质疑命令的正当性，他只会单纯地将其视为法所下达的神圣的昭示，并绝对地服从。而乡下人所见到的也只是法的假象，其实质仅仅是位阶最高的守门人的指令，也就是统治阶级的意志。

法律只有由人民制定，由人民选择的统治者管理，并由人民监督，才能真正体现公众群体的意志；只有在这种情况下，乡下人才可以窥探法的本身。

王宏秋月（17本）：

整个故事都似在说主人公在"找法"，他也一直没有弄清楚"法"是什么。他以为法律应该人人有份儿，随时都可以进入它的大门。他也一直说他要进去看一看，但并没有说明"看法"的目的和诉求。这就是他一直被挡在门外的原因，即法律是抽象的，要以实践的具体性为前提。所以门卫说的是将来"有可能"让他进入，而不是拒绝他进入。

李妍洁（17本）：

我觉得这篇小说主要表达了法对于普通人来说是神

秘的、高高在上的,不能实际保障他们的权利,同时普通人也没有足够的意识去寻求法。

吴海磊(17本):

我的理解是,卡夫卡认为法律是一种统治术,而非一种定分止争的解决社会问题和治理的方法。因此,在法律是统治术的大前提下,刑不可知,则威不可测。被统治的人,虽然一生处于法律之下,可实际上不过是权力之下的棋子,一生不得窥见其门。

朱珍谊(17本):

法的大门虽然为所有人敞开,但乡下人是穷人,运用法律保护自己需要时间、金钱、精力等成本,会避免打官司,以至于最后也没有进入法的大门。因此法律之门很大程度上是为富人敞开的。

梁钰林(17本):

法律是束缚人的工具,乡下人一生都被法的枷锁束缚于门前,让他一生都留在法的门前。同时,乡下人一生都未走进法律之门也代表了法的价值可能不在于被探明,而在于被求索。

向玫(17本):

结合作者所处的时代背景,法对"乡下人"来说是遥不可及的,对于普罗大众来说有层壁垒。个人认为守门人就是法律本身,法的大门永远敞开,但是法是中立的,普通人想要探寻法需要经过努力斗争,只有抛掉畏惧才能触碰,否则就只能远远看见那一丝曙光。

赖常诚(17本):

我关注的是小说中展现出来的法的"技术壁垒"的一面。我们知道法制史的发展经历了一个从秘密立法到公开立法的阶段,但公开的立法并不意味着每一位普通民众都能够运用法律维护权利。相反,高度复杂化下的法律体系客观上建构了一个坚不可摧的"技术壁垒",使得"行外人"承受着信息不对称的严重后果。这也是乡下人终其一生也没能跨入法律之门的原因之一。此外,这篇小说似乎缺少了一个"律师"的角色,不知道是作者有意为之还是怎样。

江玮(17本):

我认为是在讽刺法的存在是服务于统治阶级,既营造出民众生活在法治社会中,又不想让民众真正了解法。门卫对乡下人的暧昧态度表现了统治者明面上给予民众法,但又故布疑阵,将民众阻挡于法的大门之外。

杜欣(17本):

没太看懂,我认为是不犯法可能这辈子也很难明确感知到法。

叶智心(17本):

我认为法是每个人都想要去探索和追求并且每个人

都应该能得到的,因为每个人都有一扇法的大门为其敞开,但是在当时的背景下,象征权力的守门人却用自己的言语等阻止民众真正到达法的面前,只有阻止他们窥见法的真貌才能更彻底地利用权力统治他们。

张样(17本):

乡下人作为底层劳动人民,在卡夫卡的年代,用尽一切办法也无法打破阶级的壁垒。

孙翌哲(17本):

在这个寓言中,一个乡下人来到法的大门前,想要进入,但是遭遇了门卫的阻挠,无论他怎么努力,门卫都不让乡下人进去。最后乡下人快要死了,门卫将门关上说,这个大门是为你而开的,但是你永远也进不去。我认为如果从法律角度去解读的话,是不是可以认为,有些法律表面上是公平正义的,但是在适用上永远不可能保护弱者,法律仍然是强者统治的工具。

吕超(17本):

法律对于乡下人而言,是不可探知的存在,因为文中守卫明确告诉过乡下人,进入不仅需要授权,而且私自进入还可能承担不利的后果。法律在这里是统治者的工具,普通民众不需要去知道法是什么,法的门前的守卫只是法存在的证明,并且是法对想了解它的人的一种拒绝的姿态,而不是法的真貌。

王瑶兰(17本)：

我没太看懂，感觉守门人代表的应该是当时统治阶级的权力，然后法的大门向乡下人敞开，看似法对普通人而言是触手可及、可以追寻的，但实际上因为有权力阻碍，所以法律离普通人是很遥远的。

何佳乐(17本)：

在这个故事中，主人公一直想进入法律的大门，我认为他代表了普通人对法的追求和探寻，而文中的守门人则是统治者的代表，将法律"神秘化"，以此来维护自己的利益。普通人想追求公理和正义就必定要受到现实的阻挠，以此反映各个阶级、阶层之间的矛盾冲突。

谢宏雁(17本)：

文章最后一段说，此门专为乡下人而设，但乡下人穷其一生也没有能够进去，是因为守门人的阻止，尽管乡下人央求、贿赂却仍旧被阻挡在这个本来就应该能够进去的门外，因为守门人拥有权力。文章不止一次提到了"权力"二字，让你产生希望，但终究是镜花水月。

何璠璠(17本)：

法律对于乡下人而言可能只是一种形式的存在，而法律的意义到底是什么？上位者到底是希望人们去探索，还是不希望？为什么设了门却又不能进？

彭琳钦（17本）：

个人觉得这篇小说是在讽刺统治者牢牢地掌控着"法"，一边告诉民众法律面前人人平等，一边不让民众知晓法。小说中的守门人一边不让乡下人进入法的大门，一边告诉乡下人他有可能进去。直到小说的最后，乡下人也没能进入那扇敞开着的法的大门，而守门人在乡下人死的时候还在忽悠乡下人说，这门是为乡下人而开的。那扇为乡下人敞开的大门，其实永远"关闭着"。

汪田榆（17本）：

结合了一下卡夫卡的家庭背景，他的父亲对其的影响非常大，强硬的教育方式让他和父亲之间有距离感，就像这篇小说中的乡下人和法有一个自己无法跨越的隔阂、障碍，我的理解是卡夫卡也可能是想通过这篇小说来形容自己与父亲的代沟。

林思琪（17本）：

法对于乡下人来说始终只能徘徊在其门前，表明那个年代法律对于大众还是保持着神秘性，法律只是少数贵族阶层统治的工具。

邱君旺（17本）：

应当是鼓励民众去追寻法，层层阻碍只是一种表象，而突破这种表象，就可能见到法。

李琴(17本)：

它描述了一个乡下人试图求见法,却终其一生被守门人挡在法的门前。读这篇寓言,只感受出法的诡谲和人的彷徨。这会让人产生现实思考:法究竟是什么？我们穷极一生找不到"法"门的钥匙,但拥有敲门的勇气,这是现实中我们应该做的。结合现实来看,如何推进法治进程与社会特性相适应需要法律人穷尽一生去追求和探索,这个时候,我们都站在法的门前,等待它真正为我们开启的那一刻。

冉悦(17本)：

《在法的门前》大致讲述了一位乡下人试图求见法,却在守门人所谓权力的"震慑"下,终其一生也只能在门口徘徊。他试图见法的愿望极强,以至于愿意将手头的一切都送给守门人,这对"乡下人"而言可谓是极大的牺牲,不仅如此,他甚至忘却了自己"社会人"的身份,忘记了一切,将余生都消耗在与守门人的拉锯战上,但显然,他输了,至死他都没能如愿。还来不及为这位偏执的乡下人惋惜,守门人的回答让我陷入了更深的困惑——既然这道门是专门为他而开的,那为什么这位看似对法有着极度热情的人却始终不能进入呢？

从我自身观点再结合现实来理解,乡下人其实就是普罗大众,对于约束并保障我们的法有着天然的好奇心,忍不住想要去探寻它的真身。而守门人就像是维护法律运行的司法机关,它拥有超乎常人的权力外衣,惩罚犯罪,捍卫法律,且系统内部也有着高低位阶。

乡下人来求见法,也即普通人试图了解法律抑或利用法律的过程,而司法机关之所以是这个过程的一道"坎",大抵是因为它们是普罗大众眼中与法关联最紧密的群体,也是群众了解法律施行的重要来源。对于常人而言,法院是神圣威严的,人们的权利会因其被限制,这也是乡下人恐惧的缘由,他怕这把权力的剑会对准自己,所以即便有着巨大的好奇,为了维护自身的安危也使他驻足不前,使他甚至想到了"行贿"一事,这也是现实的一种缩影,面对强压与未知,选择继续探寻、追逐正义真相的人少之又少。很多人选择了谄媚,将人情这一社会生活惯用的伎俩渗透到法治之中,让自己擅长的事进入这一陌生的领域并寄予其愿景,试图获得解决。但也正是因为这副"乞求"的态度使得他永远无法进入这个专为他而开的大门,因为它违背了法律设立的初衷。法律不仅是约束人们的准绳,更是保护人民的武器,乡下人满眼只看到了守门人的权力,却无视了自己的权利,他眼中的法虽"高"但不"贵"。就好比普通人对"官司"的理解,大家都觉得涉诉是件颇为严重的事(即"高"),但又觉得"不光彩",觉得可以通过一些手段来加以干涉(即"不贵")。这矛盾的态度在乡下人身上表现得淋漓尽致。

横亘在乡下人与法之间的从来不是什么守门人,而是他的误解,这无法用人情来解决,岁月也不能改变丝毫,这取决于乡下人自己。或许在他自己看来,他已经为见法付出了所有,但实则终究是错付,即便守卫真的放他进去,他也无法了解到一星半点的"法",甚至可能会加深对法的误解,将错误传递给他人,我想这大概也是守门人一直不愿放他进去的原因。

金文杰(17本):

法律事件的发生是个人行为与法律的摩擦,根本意义上的法作为对罪进行禁止和处罚而存在的东西,对于没有意识到它的人而言,就是一个抽象的东西,这篇小说应该是想要让更多的人去认识法到底是什么,法的本质是什么。(没看太懂)

陈星樾(17本):

乡下人终其一生在门口等待,并实施了讨好、贿赂等手段试图打破守门人的"原则",但都是徒劳的,守门人虽收受好处,却仍然将乡下人拒之门外,那道门成了不可逾越的鸿沟,使得乡下人没有信心冲破第一道门,从而不可能走向后面的门。这也就暗示着下层人民对法的那道门的无知和敬仰,讽刺权力的至高无上。

覃红艳(17本):

卡夫卡以抽象的形式,把"法"既看成是他所处的时代的法律,又看成是人们所追寻的公理和正义。而这两者对乡下人来说,又永远都是可望而不可即的。这样,乡下人只能孤独、痛苦地等待,直至死亡。这篇小说在实质上是悲观的,但作者正是以这样的悲观,表达了对现存制度的失望和抗议。

蔡咏仪（17本）：

我认为小说表达了当时秩序当先的社会都竭力培养人们对法的忠诚，并且努力将忠诚变成习惯。在法的门前，乡下人习惯了等待和恳求，根本没想过还有其他出路；守门人则习惯了与乡下人的对峙，甚至没考虑过向里面通禀一声。当权力关系充分内化后，权威就达到了极致，无权者的卑贱意识也达到了极致。

熊小镕（17本）：

乡下人一直在"找法"，但法始终是隐藏不出现的。法律事件的发生是个人行为与法的一般、普遍性要素的摩擦：根本意义上的法作为对罪进行禁止和处罚而存在的东西，对于没有意识到它的人而言，仅仅是一架古怪的机器。

项可诺（17本）：

忠厚老实的乡下人想要去见法，指的应该是想要寻求法的救济。看起来是每个像乡下人一样的个体都可以到法的门前去试图见到法，也都拥有一扇自己的门，代表其表面上被赋予了法的权利，但实际上，由于像守门人和那扇门后其他守门力量的干涉，乡下人终生见不到法，表明当时法律实际上还是为特定的人服务的。

刘钊川（17本）：

从不一样的角度讲，仅以探求法律的角度去认识法律是很困难的。法律只有在被适用的时候才最容易被诸如乡下人等社会公众所认识,单纯地在法的门前徘徊无济于事。当然也有讽刺特权法的意味在。

鸣谢:王雅琪同学对全部课堂讨论进行归类,拟定了各部分的标题;吴海磊同学和王雅琪同学对课堂讨论进行了整理。

第五篇　法律人

韦伯无疑是大陆法系的歌颂者,法律人问题即是他歌颂的重要内容。一方面,探寻法律人问题是探寻韦伯法律思想的一把钥匙;另一方面,从韦伯的法律人讨论当中,我们可以找寻到理解当代法律人问题的钥匙。在现代国家建构的过程中,法律人问题殊为重要。法律人连接立法与司法,在很大程度上是法治的具体化。中国的法律人问题基本思路虽已厘清,却仍然需要通过阅读韦伯式智者之文本,方可从思索中演进。

如何讨论法律人：
读韦伯《法律社会学》札记

一

有社会斯有法律。学法律出身的韦伯，早先以法律家视社会与历史，晚后又以社会学家视法律，真是一位穿梭高手。生于1864年的韦伯，曾于海德堡大学学习法律，于柏林为律师，拿到法学博士学位，复获罗马法、日耳曼法和商法之大学任教资格。可以说，早年的韦伯，是个地道的法律人——从法科生、法律实务者到法学教师。其后，韦伯关注领域甚多，从农业、农业史到经济学、政治学及宗教理论——当然，更不用说他一统诸理论而开创了他个人的社会学帝国。虽说后世记住韦伯处远不是法学——人们越简单地介绍他，就越不说他是法学家，但是，韦伯在世时对法律的兴趣却未止歇。他是社会思想家，但他仍是出色的法学家、法律史家、法律社会学家。他仍关注和参与法学研究，从法律史到法律社会学；仍关心法律实践，从私法层面之个案，甚至己之个案，到公法层面之国是。或者说，如伯尔曼在《法律与革命》中所言，"他的社会学理论总是借助于法律史，他最重要的著作中有一本是法律社会学"①。

在韦伯关心的法律理论里边,他曾干过的行当——法律人,是一项重点。事实上,法律人这样一个社会中的特殊身份群体,也确是法律社会学的关键节点。正如老生常谈的一句话,研究法律人的重要性在于:规则之治,徒法不足以自行。无论是研究法学和创制法律的大脑,还是说出法律的嘴,或者是亵渎法律的收受贿赂的手,都是人在起作用。在其总结性作品《经济与社会》中的法律社会学部分,即康乐、简惠美所译的《法律社会学》②一书中,韦伯对法律人的讨论甚多,但并未就此单列一章而散于各部分。本篇旨在对韦伯的法律人讨论做一梳理。

概括起来,在《法律社会学》里,韦伯对法律人演进的讨论可以归纳为两方面:"理性化"和"职业化",韦伯对这样一种理性化和职业化的阶段的讨论,既有集中叙述的清楚思路,有时却也散落于书中,总体是线条明快、简约而具洞见。我在下文里,将先按照韦伯所言的理性化阶段作出一个"一般的法律人演进史"的叙述,同时也摘梳出其所讨论的法律人的职业孤傲特质及其与社会的互动。法律人"理性化"和"职业化"的演进中,韦伯以为有成者为罗马法和英国法。他最喜欢的罗马法——欧陆法一系,展现出法的规则形式理性与法学家的学术理性

---

① 〔美〕伯尔曼:《法律与革命:西方法律传统的形成》,高鸿钧等译,中国大百科全书出版社1993年版,第652页。

② 除特别指出外,本篇引文都出于康乐、简惠美译《法律社会学》并简称"康、简译本"。〔德〕马克斯·韦伯:《法律社会学》,康乐、简惠美译,广西师范大学出版社2005年版。

图 17　〔德〕大汉斯·布克迈尔作品:《法官们》

世界,而大学的职业培训经历增进了法学家学术理性的形成。韦伯不那么喜欢,但也相对肯定的普通法——英国法一系,则尤为重视法的司法技艺与法律实务家的实践理性,其职业人的养成亦强调职业熏陶。对两个法系中法律人与理性之法的重要性,韦伯讨论甚多,例如在讨论可预期之法学①的时候他就说,真正"职业的",依理性而行的"法律家"的活动当中最古老的一种,正是此种活动。在市场经济持续发展的条件下,强制机器的机能之可计算性,对可预期之法学的法学家的发明能力而言,不啻是技术上的前提条件,同时也是原动力之一。透过其个人的创发,可预期之法学的法学家无论何处皆为新法律成立的一个独立的要素,然其最为蓬勃发展且身影最

---

① "康、简译本"译为预防法学,"可预期之法学"是我的译法。

第五篇　法律人

为明晰可见之处,即为罗马法与英国法。我也对这两个法系法律人之史按韦伯阐述做一勾勒,并将以较少笔墨讨论韦伯着墨不多的其他法系之法,简短讨论韦伯对中国传统法的论断。最后讨论韦伯的法律人思考与所谓本土资源的关系。

二

在韦伯这里,早期的法律,当然不是现代意义上的法律,而是古老的卡理斯玛型的法,是一种基于绝对神圣性的惯行规范。法律的发展则在于,基于这种惯行规范,人们根据新形势创设出新的规范。相应地,早期的法律人,当然不是现代意义上的法律人,而是具有卡理斯玛资质的人,他们最多的是巫师或领受神谕的祭司或先知,也可能是最年长的氏族长老,他们基于卡理斯玛资格,基于对于巫术的专门知识,基于对规范最年深日久的认识,而拥有对惯行规范的解释权、创设权和发展权。当这些古老的法律人参与到规范创制与纠纷解决中时,巫术为诉讼的进行引入极其严格的程序性。当事人必须按照巫者指引,套用一系列既定巫性程序,否则即告失效。但程序之外,这些老法律人们做出的实体决定并不合乎"逻辑的理性基础",对于他们来说,其创设法律的过程在于其昂扬的"迷醉"状态下的体悟而远非严肃的法律思维。历此过程,其创设的法律或判决被认为是神祇旨意。韦伯说,在他那个时代,非洲的祭司仍然具有"吓人"的力量,乃在于其不但为通灵者,而且对部族居民的生命财产有生杀予夺之权。不过,尽管如此,祭司的威望仍然在世俗化的过程中逐渐消散,而有资格宣法者的范围亦逐步扩大,不太完全是祭司体悟到的神的启示,也可是部族权威人士的协议。日耳曼的《判例汇编》①可以说是卡理斯玛之法世俗化和宣法者扩大化过程的一个典型,彰显司法与立法不分,彰显从解释法律到创设法律的过渡,也彰显出立法技术的严重缺乏。其宣法者,有前述卡理斯玛人士,也有资深的部族士绅和官员。

以日耳曼法为例,伴随着发展,卡理斯玛型的法仍然保留,但法庭上的裁决机制却导致了法律士绅②开始一显身手。裁判长主持法庭秩序,卡理斯玛的宣法者进行判决,判决结果将化为其法律,本地的自由人则被指定为判决发现人进行审判。宣法者,这时既具卡理斯玛之资格,例如祭司,有时亦为法律士绅阶层,后来又经选举与任命,变成正式官吏——这是一种国家化的过程;判决发现人,则由国王从法律士绅中选任。法律士绅的进入,自不意味着卡理斯玛的退出——例如宣法者本身仍

---

① 康、简译为"睿智",此处从林荣远译法。
② 法律士绅一词是韦伯屡屡提及的一个重要概念,但含义并未明示,基本上乃指有名望而具专门法律知识的社会阶层人士,并形成一个交往圈。此词康、简译为"法律名家",林荣远译为"法律绅士",林端先生在《韦伯论中国传统法律:韦伯比较社会学的批判》(三民书局2003年版)中译为"法律名望家",高鸿钧先生在所译的《比较法总论》(法律出版社2003年版)中译为"法律名流",薛张敏敏女士在所译的《法官、立法者与法学教授——欧洲法律史篇》(北京大学出版社2006年版)中译为"阁下"。按"名望家""名流"较"名家"和"绅士"为佳,"阁下"似较不确。我愿译为"法律士绅"或"法律名士",是欲借用中文词汇的明确意义。此处用"法律士绅",在于表达一种社会阶层的意味。之所以用"士绅"而非"绅士",是试图避开"绅士"一词太过惯常的含义。

具较强的卡理斯玛属性,同时其宣法仍以启示形式作出,但法律士绅的进入,显然部分地打回了法创制与法发现的非理性性格。

战争频繁。战争令人们感到,习以为常的事情并非永远适用,亦非因具神圣性而不可改。在战时"安全第一"的要求下,立法与司法的理性化得到加强,而诉讼中各个程序的担纲者,其关系亦重新洗牌。备战的需要,令由此形成的政治团体具军事性,他们对法律产生决定性影响,长老和卡理斯玛的公信力相应就大为下降。有意思的是,在和平的地方就不这样,还是卡理斯玛的宣法者说了算。

在日耳曼打仗较多的部落,有"枪杆子"的部落审判大会①成员法律热情甚高,每个人对判决有责难之权。人们破除卡理斯玛宣法者的垄断,显示自己的高见。审判过程中,还有"见证人"观审并鼓掌欢呼。此时,通晓法律的人,包括宣法者,在按启示作出判决的同时,必须考虑能说服这些周边的人,于是,他们在法律上的公正感增强,他们开始按照理性的规则思考问题和作出判决,这样,法律既展现出它"法学家的法"的一面——由于法律人开始按照法律本身的思维而不完全是神启的思维思考问题,也展现出它"平民法"的一面——由于不具法律知识但有权力的周边人士的参与、关心和质疑。

随着作为法律实务家的参与人越来越多,有官方选任的裁判长,有法律士绅,有宣法者、判决发现人和审判

---

① "康、简译本"译为"司法人集会团体",此处从林荣远译法。

人,还有早期的祭司,可以这么说,这些老法律人是越来越像专门化的法律人。不但如此,随着法律实务越来越讲求经验,讲求专门知识,利害关系人的私人顾问和代理人也都登场——毕竟利害关系人的商品交易额越来越大,他们越来越把打官司当回事了。在此之时,职业教育以及职业教育的不同路径便都呼之欲出,从欧陆法一系来看,最后乃有接受法学教育者之制定法律与奠基于文献和形式逻辑训练的专门化的司法审判。但韦伯也谈到,法的理性化也有各种方式,未必都朝着"法学"的性质转化。以上有理论建构起来的合理性阶段,从时间与空间来看,各地史上皆非依此理性化的顺序展开。在韦伯看来,决定这种转变之不同方向的有三点原因:(1)政治权力关系的不同,即各种政治力量的权力对比关系;(2)神权与世俗权力的对比关系;(3)对法律的形成具有决定性力量的法律士绅结构的不同,而法律士绅的不同也被政治权力的不同所决定。

欧陆诸大学,例如波伦亚大学和巴黎大学的法学院传授罗马法而带来罗马法复兴,最终促成大陆法系的形成,其法律人也形成体系化、抽象化之思维模式;伦敦的律师公会讲求律师养成的学徒式训练,其法律人形成经验式思维。在大学和律师公会的"烤制"下,近/现代法律人终于正式出炉。韦伯屡屡强调,这是西方特色,并且他更喜欢罗马法。

近/现代法律人一形成,就既表现出某种孤傲特质,也与社会形成一种动态的互动——体现为某种迎合、妥协与协调。法律人的思维异于法律的各种利害关系人,纯粹专门的法学逻辑,总使私人的利害关系的期待落空。专门的法学逻辑,以抽象的法律命题为依据,按照其职业中支配性的学理,将生活事实在法律上建构起来。利害关系人则以经济上的、实用的、功利性的目的为出发点,或者出于极具情绪性、不稳定性的"感情",在法律人看来这些都属于非理性,从而双方形成某种对立。韦伯说,除非放弃法学家内在的固有的形式品格,否则法学家的法与群众期待将不会全然合致。法律人与社会利害关系人的这种斗争,可以说是形式的法之理想与实质的法之理想之间的斗争。

从操作上看,利害关系人的声音直接或间接从"下面"和"上面"两方面说给法律人听。面对呼吁社会理想的民主制下的各种声音,以及强调福利关怀的官方福利政策的家父般政治权力的调控,法律人一方面冷冷面对,另一方面却也断然做不到"虽千万人吾往矣",而会在某种程度上因应社会与利害关系人呼声。这厢的法律人会适应和妥协,反过来说,社会也会接受法律人建言,或者说,法律人、利害关系人和公权力在某种程度上也有利益的一致性。例如从法典编纂而言,法律人追求法典的理性主义与形式主义性格,利害关系人追求可预期的稳定性,公权力追求法律的普遍统一性,三者自有可结合处。长期来看,法律正是被接受法律人建言的利害关系人和越来越职业化的法律人两方面所推动。后文中也会提到,在罗马法继受①的开初岁月,法律人在阻却了

---

① "康、简译本"译为"承袭",此处按通译译为"继受"。

利害关系人对法律建构的控制权的同时,也还需依靠对利害关系人的服务而得以发展。

与利害关系人、权力的关系以及法律人的社会角色。具体来说,对律师而言,其与利害关系人有直接关系,作为受雇于当事人并为其竭力效劳的私人营利人,整体而言,他们适合为作为大多数的非特权阶层代言,吁求形式上的法律平等,从而在市民革命里扮演突出角色(一起发生作用的当然还包括法学家)。他们的理性品格,对于革命中的激情与激进形成一种制衡,正如韦伯在别处所说,近代律师与近代民主进程,密不可分。[①] 同时,在民主制下,作为精通各种法律可能性的技术人员和士绅阶层,作为当事人的代言人,律师也逐鹿于政坛。对法官而言,出于法律人身份阶层品位感的意识形态的原因,出于身份上的连带感,某些时候甚至出于物质上的考量,有时也形成家产制的反对力量,最根本点在于,对他们来说,依循规则明白无误地确定权利义务关系,能做到此点,夫复何求?从而,这种市民化的、资产阶级式的思考方法,让他们站到抵制世袭与专制权力的恣意与恩宠的对立面。当然,权威主义的权力也会竭力将作为反抗者的法官阶层争取过来。

三

如果说前述是一法律人理性程度演进的一般性描

---

① 参见〔德〕马克斯·韦伯:《学术与政治》,钱永祥等译,广西师范大学出版社 2004 年版,第220 页。

述,那么具体到各法系之情况则各有特点。此处述说从共和时期到帝政时期,罗马法上法律人的嬗变过程。

早期,罗马亦为宗教与世俗事务交织不分,但罗马宗教中有一相对较为理性化的特质,拒绝一般宗教惯有的"迷醉"状态,与此相应,罗马的神官与祭司阶层尽管以其特定身份垄断司法,但已然以其"对宗教问题高度理性的、法学的处理方式"而产生出一种抽象分析方法。其后,罗马法律逐渐从宗教性的法发现中解放出来,此经历了两个步骤。第一步,政令官从平民的审判人名单中,选出市民审判人,对其发出指令(与卡迪司法的人民裁判方式不同的是,罗马法这里"官吏的诉讼指挥,以及官吏与审判人之间的权力划分,仍然维持"),市民审判人根据指令,作出法律与事实的判断与判决,再由政务官对此种诉讼指令,作出告示。第二步,"罗马的程序迫使实务家不得不对日常的法律概念作出严格且尖锐的区别与界定",于是法律解释乃得发展,在此情况下,法律技术的实际发展首先即广泛地委之于"可预期法学",亦即托付于法律顾问家的活动上。"他们不仅为当事人起草契约范型,同时也在政务官的'顾问会'——罗马的任何官吏于草拟告示和诉讼范型时都典型采用的顾问会议——以专家的身份参赞,并且最后,也为负责审判的市民在处理政务官所交付的问题上和解释政务官的诉讼训令上提供意见。"起初,此种顾问活动掌握在神官手中,后来,平民法律士绅参加进来。"专门的训练和职业性的法律活动也随着需求的增加而逐渐扩展,并且,学徒也获准参加这些法实务家的顾问活动",从而"法律思维的形式的严格性"得到发展。韦伯点名表扬盖尤斯,这位并非法律士绅者,代表了那个时代法律体系性上的成就。

到了帝政时期,司法终成专门化的行当,罗马法乃逐渐发展出技术越来越具合理性与学术精纯性的法律体系。

部分法律顾问,借着奥古斯都的特权授予,亦即其解答对法官具有拘束力,而在司法上拥有官方的地位……与一切纯然的律师业务经营问题划清界限,法律顾问们就此全然专注于鉴定法律判断是否必须提交的事实,以及由律师和法官或其中任何一方预先整理好的事实;这确是做出严格的法律概念建构的良机。

关于法律概念的发展。最初,实务发达,而理论训练尚在其次,故法律思维虽已抽象化,抽象的法律概念却无进展,但尽管如此,由于在诉讼形式里,事实关系无不以一种法律概念来表现,法律实务家们还是"有机会将各种极为不同的经济形态统摄于一个适当的概念之下"。进入帝政时期,法律概念越来越被赋予强的抽象性格。"对新经济需求的适应,接着老概念的理性诠释和延展而大多得以实现。以此,法逻辑和法建构的工作被提升到法律在纯粹分析性方法的基础上力所能及的最高境界。"

由此,韦伯对罗马法与法学家的肯定实在可谓溢美了。不但如此,韦伯还夸奖以罗马法律解答者和他们的弟子们的创作产品最终取舍选择而成的《学说汇纂》"世上无与伦比"。我读韦伯的夫人玛丽安妮的《马克斯·韦伯传》,知韦伯18岁那年,刚刚进入海德堡大学,便迅速与罗马法发生"恋爱"。他迷上了《学说汇纂》,钻研

《国法大全》,还喜欢并且带着爱地批评罗马法权威学者贝克尔"缺乏有力的论点"①。看得出来,直到晚年撰写《经济与社会》之《法律社会学》,他仍然保持着对这份法学初恋的偏爱。这是一种感性,而这种感性,其实来自韦伯对理性与发展和展现了理性的罗马法学家的强烈认同。尽管罗马法一系就法律职业而言的最终形成要到罗马法复兴及更往后的后来,但罗马法学家却早已在古罗马的时光里,将法律人的理性十足地鼎盛一番。

韦伯说,任何一种法典编纂都无法比拟罗马法的继受在法学思考变革和实体法编纂变革上的意义。而在罗马法继受的开初与之后的发展中,大学教育是训练法律思维的至关重要的节点。大学教育里边的各种概念,具有十足抽象规范的性格,它们"严格形式性地、理性地经由逻辑性的诠释"而建构起来,系统性强而相互间界定分明,并以其直观的外表"背离生活",将法律思维大幅度地从法律的利害关系人、当事人的日常需求中解放出来,使后者无法成为法律建构的推动力。但是,经过大学法学院训练有素的专家,却获得社会认同——尽管开初还不是十分认同。认同的原因在于:(1)通过专门训练而取得的能力,令法律专家能将复杂事实加工成法律上明确无误的陈述方式;(2)诉讼程序的合理化对利害关系人有利,更何况律师们本来就服务于当事人——无论是市民还是贵族。这样,凭借形式上的优势,罗马法在法

---

① 〔德〕玛丽安妮·韦伯:《马克斯·韦伯传》,阎克文、王利平、姚中秋译,江苏人民出版社2002年版,第78页。

律经营的专门化的过程中取胜。进而,从司法和立法上,在大学中受训于罗马法的法律人登堂入室,成为法律官员,从而确立了欧陆司法裁判中的形式性格,也支配了近代早期所有的法典编纂,令其成为罗马法理性主义的产物。

这样,逐步地,罗马法的继受建立起一个法律士绅的新阶层,这就是以修习罗马法文献而获得大学法学学位的法律人,他们从事法官、公证人和律师的职业,也参与立法或著书立说,并引领法律继续朝逻辑化方向发展。在欧洲,只要是缺乏有组织的法律人阶层的地方,罗马法和法律人就胜出,彻底征服了自西班牙而至苏格兰和俄罗斯的广袤欧洲。韦伯在别的地方指出,罗马法对后世最为显著的影响在于:"不论在何处,政治经营以理性国家为发展方向的革新,都是由受过训练的法律家带动的。"①

韦伯批评英国的普通法,认为它与欧陆法比起来,其法律在合理化方面呈现不足,而且其合理性的学术形态在与欧陆异样的同时,亦不发达。在他看来,直到奥斯汀时代,英国的法学研究也还算不上是"科学",人们如果以欧陆为参照物,会发现边沁试图让英国法法典化的理想实无可能。有意思的是,他对英国衡平法的态度与普通法不同,他以衡平法的努力清除巫术与人民裁判残余的文字叙述爱德华三世的法律事业,几句话而已,却带

---

① 〔德〕马克斯·韦伯:《学术与政治》,钱永祥等译,广西师范大学出版社2004年版,第219页。

一种欣赏之气。

不过,韦伯对英国法的律师培养体制也很欣赏。他认为,由实务家进行的经验型的法律教育,作为一种"工匠式"或"行会式"的做法,与大学的法学教育是两种对立的培养类型,却同等重要。尽管他分析此种制度根本性地阻碍了英国法律的合理化努力。

本来,在早期英国王室法庭,担任律师的是一群神职人员,其后法律素养提高的世俗人员逐渐主导了法庭,并进一步将法庭彻底世俗化,神职人员不再担任律师。这些世俗的律师出身"四大公会",从包揽律师业到入侵法官职业与需法律知识的官方职位并终于如愿以偿,俨然已经垄断司法,组建新的法律士绅阶层。出庭律师们组建了生活工作的共同体,共同生活在律师公会,法官从他们中间"出线",出线后还要继续共同经营其共同体。逐步地,加入共同体形成完善的自律性规则:见习期4年,其间必须在律师公会就读,授予律师资格,赋予上法庭辩论之权。共同体相当重视行规之信守。此种教育,纯为实务经验型,如手工业行会中一般。律师工匠化的结果,产生出形式主义的法律处理方式——拘泥于判例和模拟,他们无意于体系化的理性思考努力,而只瞄准有用的契约和诉讼模型,只以当事人的个案需求为出发点。于此,虽亦产生"可预期之法学",但整体性的法的理性化却无从产生。不但如此,律师还阻击在英国试图进行的体系化、法典化推动,阻击来自欧陆的理性的大学法学教育——事实上从一开始,"四大公会"也就在阻击大学教育在英国的推广。与经验性的判例制度相应,英国的司法过程中法官的卡理斯玛倾向也较为严重。并且移植英国法模式的美国尤甚,这种卡理斯玛性格的司法,强调法官的个人权威,甚至把判决看成法官的个人创造。韦伯引用布莱克斯通的话说,英国的法官真是种活生生的神谕,判决作为不可或缺的要件而使普通法以具体姿态实现出来的角色而言,亦与神谕形式无疑,神谕只不过在内容上欠缺理性理由而已。

韦伯考察英国亨利二世民事陪审制改革的起源,指出最初陪审制里边的12位宣誓过的邻人,是作为对巫术性的宣誓或决斗程序的替代者而出现,随后制度化。此种陪审制,虽作为神谕的替代而在形式上有进步,但与神谕上有共同点,即其决定缺乏理性根据。起初,在陪审的裁决里,法律问题与事实问题交代不清,唯有法官方能将法律部分从不能识别的状态中抽离出来,最后制度化。陪审团做判断时,只能依赖具体的"法感",在韦伯看来这当然是典型的非理性。

对他那个时代的陪审制,韦伯进行了批评。(1)陪审团被利害关系人束缚甚多。如阶级意识,陪审团成员以有产阶级者居多时,劳动者不满;以劳动者居多时,有产阶级者又非难。甚至如性别意识,德国男性陪审员几乎不认定男子犯强奸罪的指控,尤其是在受害女子被他们认为"不正经"的时候。(2)平民担任裁判,在法律上往往站不住脚,且提不出理由,也无实质批判的可能,韦伯再次重复,"简直像非理性的神谕"。

在批评陪审制时,韦伯提出,他反对这样一种观点:法律只不过是纠纷的和平解决手段而已。他站在维护法律的形式理性的立场,质疑那些试图将法律推向反形式轨道的势力:来自阶级利益和意识形态对实质正义的追求;来自独裁或民主的对法律的支配统治;来自平民的平民化主张,即认为审判应当能被他们理解;来自法律人对权势的屈服。

以上可知,韦伯对英国法与英国法律人尽管认同,但也多有批评。这不是出于他的民族主义。从政治主张来讲,如美国社会学家京特·罗特所言,尽管身为他那一代民族主义情感的有力代言人,但是韦伯对于英国的清教和自由主义传统却有着强烈的共鸣,他发出的声音有时犹如半个英国人。① 韦伯对英国法律人包括陪审员的态度,只是在强烈地展现他对法律与法律人的两种根本取向的认同,如我们已经领略和归纳过的:"理性化"和"职业化",也展现出他作为曾经的法律人对于当时反形式甚至反理性主张的忧虑。

四

韦伯对其他法系的讨论,主要集中在《法律社会学》的"法的形式理性化与实质理性化、神权政治的法与世俗的法"这一部分。对其法律人状况,韦伯多概括为卡迪司法和家产制之法,其法律人或为法律先知、祭司,或为世俗的非专业法律官员,其中不乏渊博者,于其自身法学建

---

① 参见〔美〕哈特穆特·莱曼、京特·罗特:《韦伯的新教伦理:由来、根据和背景》,阎克文译,辽宁教育出版社2001年版。

设有所建树,但总的来说既无现代意义的法律教育,亦缺乏现代意义上的法律人阶层。韦伯既对此论之不多,此处便亦不多讨论。值得指出的是,同韦伯对英国法之非理性的论述令众多治英美法律史者不苟同一样,韦伯对教会法的重要性也论之不详——事实上他是那么地关心宗教问题。在我看来,与其他学人相比,这只是视角不同而已。韦伯的视角,就法律人来说,主要还是守定了理性化这条主线,并尤为注重法律的形式理性。在此标准下,不能企及的法律在他这里只能先靠边站。同时,不能因他对别的法系的论之不详,就说他在这里存在"西方中心主义"①。关于西方中心主义,基本与韦伯同时代的同样是百科全书式学者但治学路径决然不同的中国学人章太炎在写给友人的信里对此提出批评。他说,以往中国以为自己是天下中心,这是谬误,但现在西方人又觉得自己是天下中心,不也谬误?② 章太炎是一位极为坚定的民族主义者,但此论也可见他较具一种开阔心胸。我在此愿特别指出,同样是民族主义者的韦伯,也更是一位朗费罗所讲的"地球之子",具天下主义之胸怀,其对于法律人的讨论,尽管详略有异,却是从问题而非地域的优越感和中心感出发,事实上他对西方也同样并非全部认同。不过,韦伯的失误也许在于其过于武断和简练的某些论断,例如他对中国法律人的讨论。

同其他法系比较起来,韦伯在《法律社会学》中对中

---

① 〔美〕黄宗智:《民事审判与民间调解:清代的表达与实践》,刘昶等译,中国社会科学出版社1998年版。

② 参见马勇编:《章太炎书信集》,河北人民出版社2003年版,第266页。

国的讨论文字可谓惜墨如金。其对于中国法学教育与法律人的论述仅是:"那儿也没有解答法律问题的专家阶层存在,并且,相应于政治团体的家产制性格,亦即对形式法律的发展毫无兴趣,所以似乎根本没有任何特殊的法律教育可言。"

对这段话,中国学人自有反击,较为详尽的反击例如黄宗智的《民事审判与民间调解:清代的表达与实践》和林端《韦伯论中国传统法律:韦伯比较社会学的批判》,后者尤为系统。二者的共同点是从清代法律史出发来讨论,并引入司法档案进行考察。其实,清代法律史固能来得细致扎实,其他断代史的材料却也同样不乏反击之例,就培养职业法律人的法律教育而言,历史学家著作例如李弘祺在《宋代官学教育与科举》①中引《宋会要》对宋代法律教育进行的讨论和柳诒徵在《中国文化史》②中以《唐六典》为例对唐代法律教育的称赞,都可视为与韦伯此一论断的对话。不过,显然反击韦伯的某一论断,尤其是寻找事实来反击,以证明对方"不堪一击",这件事情意义甚小。真正有意义的事情,是在于寻找中国法律史、中国史上法律从业者的根本性格。于此,韦伯的讨论并非结论,而是刺激人和引人寻味的开始。

结尾了,我想先扯远一下,先谈一篇19世纪中期一位德国法律人写的小说,再回到法律人与韦伯的讨论。

---

① 参见李弘祺:《宋代官学教育与科举》,联经出版社1993年版。
② 参见柳诒徵:《中国文化史》,上海古籍出版社2001年版。

文学史家勃兰兑斯在《十九世纪文学主流》里讲述德国作家伊麦尔曼的一部小说《欧伯豪夫》说：

> 这部有着普通人的情节的作品却是发生在他以法官的身份生活和工作过的威斯特伐伦。威斯特伐伦很少为人所知，当时还是一个没有工业的地方，它保持着宗法制度和健康的风俗习惯。①

在那一地区，从远古和半被遗忘的时代流传下来的习俗仍然十分活跃，有诸多秘密法庭、秘密宣判，也有查理大帝的宝剑以及对古老习俗的迷恋。

关于秘密法庭：

> 夜间，他们秘密地在一个僻静的地方或偏远的小山丘上集会，通过判决来解决他们的争端。做出的判决受到尊重，并保证能切实执行。但他们对判决除了给以一种开除的判决外，并不进行另外的惩罚；可这种判决却是十分严厉的，他与国家的某种直接判决一样。②

关于查理大帝的宝剑：

> 这个老村董保存有一把宝剑，这是他的权力和尊严的象征。根据传说，这就是查理大帝的那把

---

① 〔丹〕勃兰兑斯：《十九世纪文学主流·第六分册·青年德意志》，高中甫译，人民文学出版社1997年版，第229页。
② 〔丹〕勃兰兑斯：《十九世纪文学主流·第六分册·青年德意志》，高中甫译，人民文学出版社1997年版，第231页。

宝剑。①

后来,有人偷走了宝剑,于是"秘密法庭和宝剑所具有的神秘性都荡然无存了",老村董在国家法庭接受了审讯。

吴宓先生曾云,小说比历史更真。② 伊麦尔曼是1819年被任命为威斯特伐伦的明斯特城的法律官员,小说描写其熟悉的题材和地区,其信度可见,可以诗证史。他比韦伯只早几十年,大约就是萨维尼著书立说的那个年代,其所描述的明斯特,与韦伯生活过的夏滕堡和调查了解过的易北河地区,相距亦不可谓远。从而可说,他所叙述的这些德国19世纪乡土社会的法律现实,也是韦伯理论的一个现实背景或者"本土资源"。

正如林端先生归纳的,韦伯的法律社会学有两大面向:一方面阐述法律的理性化过程;另一方面则阐释法律为一个社会行动的过程③,强调理解、经验,将习惯和习惯法纳入法律社会学的考察范围,体现为一种法律多元主义。在《法律社会学》里,韦伯更多展现的是其第一个面向。如何理解韦伯的这两大面向及其产生原因呢?我想,从法律史和因应资本主义经济生活的角度,韦伯做出前一种论述,旨在强调一种"除魅"与理

---

① 〔丹〕勃兰兑斯:《十九世纪文学主流·第六分册·青年德意志》,高中甫译,人民文学出版社1997年版,第231页。
② 参见吴宓:《文学与人生》,王岷源译,清华大学出版社1993年版,第41页。
③ 参见林端:《儒家伦理与法律文化》,中国政法大学出版社2002年版,第48—62页。

性计算的历程与重要性,而他的后一种论述,不无我在这里不厌其烦地引用伊麦尔曼小说所描绘的现实原因。也可以这么说,韦伯的第一个面向,在洞察历史与学术思考的同时,还在于表明一种立场,而其第二个面向,则在于理解一种现实。

李猛先生指出,韦伯的理论里,有相互抵牾之处。① 就这两个面向来说,似确亦如此,给人们理解他的思想制造了难度。我想,这种矛盾,在某种程度上可视为学术人的思考甚至理想与现实生活之间的矛盾。但这里有矛盾,也有统合的地方。就法律人的思考而言,韦伯坚决地奉行其形式理性与职业训练的立场,断无疑义。可以说,正如法学院的毕业生伊麦尔曼前往明斯特地区就职一样,韦伯一方面尊重第二个面向,另一方面决不放弃对于第一个面向的信念,尤其是对于法律人专业素养的重视。对法律人职业特质,韦伯的阐述里,没有向"本土资源"妥协。甚至可以说,法律人专门和理性化的思考以及对于非理性的拒斥,具有对第二个面向的某种专业上的引领意义。

事实上,即便是先于韦伯的萨维尼,在相当强调民族精神的同时,也还是承认"法律的双重生命"②。也就是说,法律一方面是整个民族生活的一部分,另一方面则属

---

① 参见李猛:《除魔的世界和禁欲者的守护神》,载李猛主编:《韦伯:法律与价值》,上海人民出版社2001年版。

② [德]萨维尼:《论立法与法学的当代使命》,许章润译,中国法制出版社2001年版,第11页。本篇此处关于萨维尼论述亦参考了林端:《由萨维尼的历史法学派到韦伯的法律社会学》,该文作为附录载于:《韦伯论中国传统法律:韦伯比较社会学的批判》,三民书局2003年版。

于法律人对于民族信念的专家建构,是作为一种特殊科学而存在的专家生活。相较于萨维尼,韦伯显然更加强调,法律人不但在归纳民族生活,而且在思考和专门训练的过程中形成一种甚至乖违于大众的东西,但即便如此,这种专家生活只能坚持。这是一种骄傲,也是一种吁求和捍卫理性与责任的坚定和勇敢。

第六篇　中国法

古典中国法本身并未如正义一样长了一张普洛透斯似的脸,并不变幻莫测。作为布罗代尔笔下的已呈现"历史结局"式的博物馆藏品,古典中国法本身已然是发生了的历史事实,但是,如何认识古典中国法,至今仍然众说不一。如果说,在古典中国社会,本身似乎不存在如何认识中国法的问题意识,那么,近代以来,国人就一直在认识、转换认识、模糊、争议古典中国法的面孔问题,与之伴随的则是如何迈向法治的未来式问题。韦伯为如何认识中国法提供了重要的镜鉴,韦伯对形式理性的追求驱使他从有限甚至偏颇的材料里勾勒中国法的脸。于是,认识中国法又可以从辩论韦伯的论断来展开。

摸龙之道：
例以韦伯与中国法之相遇

一、古代法之龙

认识中国古代法，殊非易事，不仅如此，还可能无法做到通透了解。假使我们想到盲人摸象这个比喻，会发现认识中国法的难度大于盲人摸象，差不多是盲人摸龙。象，只是腿粗、身躯庞大，有奇特的长鼻子，只要给盲人一点时间、一些想象力，或可识之。龙，是连孔子都说不上来的一种动物——或许是动物。但龙恰好是中国的符号和图腾。① 中国人的自我界定和异邦人士的旁观，皆以中国为龙。只是，这里有个误差，中国人的龙是龙腾四海的漂亮的样子；异邦人画出来的龙，却更像是恐龙。当然，这种误差，也表明了认识龙的难度。想想看，当我们试图认识中国古代法时，像不像"摸龙"？

认识中国古代法之难，非难在具体知识。研习和讨论古代法的具体知识相对单纯一些，沉潜斯可，若章学诚之言"沉潜者多考索之功"，则不会陷入难解的迷雾。尽

---

① 参见董彦斌：《早期中国政治的形成：龙图腾之后的尧》，载《原道》2015年第4期。

管有许多迷雾尚未厘清,许多重要史料依然阙如,以致难以连贯起完整的法典、法律制度,更难以还原法律场景,但是,毕竟又有许多新史料给了我们惊喜。更何况,在现代法律史学科诞生之前,古人已给了吾辈一些知识方面的梳理和记录。在这方面,关于具体知识,有时倒难在对新旧文献的掌握不似古人纯粹熟谙。但无论如何,总体而言,关于古代法的具体知识总是勤奋和睿智可以达致的。

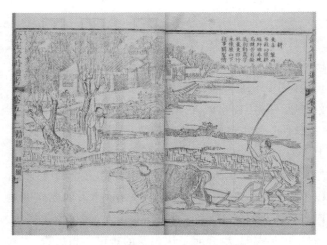

图 18　(清)《钦定授时通考》插图:《耕织图》

认识古代法之难,大难于近代法。中国的近代法、当代法,虽深处于中国古代法的笼罩之下,但作为移植而来的法律体系、法律技术、法律知识,加上基本上接受了近代以来法学教育的法律人对其的拓展,其作为近代化风暴之一种的文本与实践,内容、气质、样貌已知。尽管由于政潮的不断影响、财政的颇为艰窘、法律急速转型的人

168　法的思想世界

才荒和社会茫,近代法在中国的建立显然亦如筚路蓝缕,但是,对近代法及其成绩的理解,对近代转型之后又不断转型、试验、反复的实践的把握,在超越政治化、宣传式"研究"的基础上,还是有基本的共识。尽管对近代法认知,也就是近20年来才逐步超越了政治化遮蔽,但是,只要从基本材料出发,就不难取得成绩和形成积累。

认识古代法之难,大难于古代史。中国本来正史发达,史学脉络清晰,到清代更兼考证勃兴,辅弼了整体的历史认识。20世纪,史学长期为显学,虽说有新理论和新方法带来的兴奋和歧见,但人们对古代史已形成整体的认知和判断,即便是辩论,亦知对方之意。镶嵌在古代史中的古代法,在这个意义上自然有相对好谈的一面,但古代法毕竟不是古代史。古代史完整、宏大,街谈巷议亦可明之,古代法在古代史里边却有些单薄、另类。和古代史比起来,古代法连研究范围何在有时都是难题。胡适曾说,"几个权臣的兴起和倾倒,几场战争的发动和结束,便居然写出一部'史'来了。但这种历史,在我们今日的眼光里,全是枉费精神,枉费笔墨,因为他们选择的事实,并不能代表时代的变迁,并不能写出文化的进退,并不能描出人民生活的状况"。反而不如范仲淹在文集里记录的五代江南米价有价值[①],古代法类于此而更甚。当古代法的具体知识终于各个击破时,古代法在古代史里仍显模糊。

---

① 参见胡适:《中古文学概论序》,载徐嘉瑞:《中古文学概论》,上海亚东图书馆1924年版,序言。

认识古代法之难,非可以中华法系一词以概括之。20世纪基于国族自我认同和国家名称的原因,一系列关于"中华"的概念先后诞生,从中华民族,到中华民国,后来又有了中华法系。中华法系概念的提出,自然有三个方面的意义:一是比较法上与世界主要法系得以并列进而形成比较;二是自我认同度提升,促使学人向内探索;三是得以成为东亚相关的法律意义上的文化影响力的总归纳。但是,此概念亦有不足。其一,静态叙述与探析多,动态的政经法文社的互动关注少,中华法系的提出似乎意味着一种确定性,此确定性促使研究定型、思维固化,把对古代法的尚不早熟的成绩早早转到对具体知识和静态文本的关注上,似乎早就有了一些"定论"。其二,既然认定中华法系非中华独有,而有若干追随和移植的粉丝之邦,则中华法系又把人们并不成熟的注意力拉到"影响"和文化输出上去。其三,既然是一种法系,则总需要"总结经验",但我们知道,洞悉、思考和概括式的研究与"总结经验"是大不一样的。

认识古代法之难,在于我们面对的是一个似显渺然的龙,神龙见首不见尾,寻龙与"摸龙"都难以清晰言说并形成共识。直到今天,我们还没说清,还没说全,还没说透古代法的印象、特质和完整样貌。虽说通古今之变的事,本来就"永远在路上",根本难成定论。但是对古代法的认识,百年以降,更在路上。我们固知,千年以来,百年以来,自有若干解释和概括,已卓然有范,但是,这些不同的解释和概括,形成一人一面和仍不够通透的样子,而未画出整龙。陌生感和不确定感某种程度上笼罩着中国古代法。

就解释和概括的方法来说,新传统史学派、中国本位历史学、社会史、人类学、语境合理主义、自由主义,诸种学说在中国古代法方面是做了许多开拓的。郭沫若、翦伯赞等人开创的新传统史学派及由此衍生的新传统法律史学派试图参透经济和阶层斗争对于法律制度形成和演变的影响,这一学派在20世纪能够获得影响力,除了政治上的原因以外,其在当时得到了认同的解释力也是原因之一。但是,如果"六经注我",以及把世界说成一种通例,则中国古代法就仅仅变成了与经济发展程度和生产方式有关的不断翻演的斗争。在这个意义上说,农民起义史会成为显学,但是法律史则难,因为法律史不触及其学派的根本处;法律史里边的惩罚技术会被重视,因为这也算是斗争的工具。中国本位历史学强调中国本位,这是因其在欧风东渐时深感中国文化的危机,"温情与敬意"照耀着中国史,也照耀中国法。儒家法等制度在中国本位学派看来,既是天命所在,也是不二善治。中国本位历史学按照中国逻辑去解释中国古代法,梳理渊源和变迁,便有制度沿革的支派,但用于古代法时,有时陷入一种分类的难题,以古而古,不易得系统;以今而古,例如以今天的刑法、行政法、民法、经济法之类,则难以相融。社会史和人类学从社会和人类行为出发,自生新意,但解释出的常为独特性。此种独特性,与别国独特性并存,迈向法律多元主义。但法律多元主义是世界范围的视角,相当于给世界的教室留了一套中国的桌椅,还不能切入中国古代法的悠长。语境合理主义切入小传统中，是为人类学的分支，也加入了一些杂糅的"社科"方法，语境合理主义易读易懂，但是其深入进去的是行为在环境下的合理选择，有时成为一种合理想象，但难与考证的细节相对应。往往是越实的古代法材料，越得不到合理解释，反而是越粗泛的材料越有解释和想象的空间。自由主义法学是威权之下的一种公民在学术层面不服从的表现，代表一种基本正义感和人的尊严与自由观念的觉醒。但是以自由主义视古代法，有时也会有一种"皆乡愿也"的概括，但这是一种"论"，却还不是更细致的"史"。如何以自由主义视角完整观察古代法且宏大细密，还需期待。

图19 （元）朱玉作品：《太平风会图》（局部）

以上诸种学派，皆呈现"摸龙"的可敬壮举。但就解释和概括的结论来说，所描述者皆为龙的一部分。中国古代法的面孔于是呈现各种不同。曰专制集权，分为两类：一类强调统治阶级对于被统治阶级的残酷镇压，以及治乱循环的无解；另一类强调专制集团对于自由的限制和对于法治规律的无视。曰良法美意,亦分两类:一类强调国家与社会的分离以及地方的乡绅自治,在自治之地形成礼法交融;另一类强调儒家的良好政体属性,强调儒家法政系统的协调性,形成一种优良"综治"的效果。莫衷一是乃学术常态,但是模糊而无共识则表明挖掘和认识还不够透彻。

这样来看,我们还需要继续"摸龙"。为了"打鬼",借助钟馗;为了"摸龙",请来韦伯。

二、韦伯"摸龙"

"起个大早,赶个晚集"的韦伯,著作出版早,在中国形成的反响却至少是半个世纪之后。韦伯是有自己视角的学者和思想家,野心勃勃而有公认实力。说起来,他对中国古代法的具体知识毕竟不如当代学人纯熟。他的著作表明他注意到了《文献通考》并从中筛检出现代社会学的元素,但受限于语言,也只好转引法国汉学家毕瓯的著作。[①] 韦伯对中国近代法的认识也较少,对于清末修律和辛亥革命的大致情况都不熟悉。这种对古代法后续走向的不熟悉,毕竟也影响他对古代法的洞悉。但是,无疑,韦伯以比较方法察看世界文明,在他的对比之下,中国古代法被理了个他所认为的基本样貌,故亦为"摸龙"。韦伯说了什么?请看已故的法律史学者林端先生

---

① 参见王水涣:《韦伯〈儒教与道教〉引用有关中国文献略考》,载《浙江社会科学》2016年第2期。

给我们做的梳理归纳。

韦伯论中西法律文化异同表(林端先生编制)[①]

法律文化的类型/比较点	欧陆法	中国法
法律发展的阶段	实定法(形式的—理性的法律)	传统法(实质的—不理性的法律)
法律贯彻的程度	国家法律深入民间	官民各有所司,公权力只到县衙门,县以下是宗族邻里自治
法律与行政的特色	理性的国家与理性的法律	家产制的国家与家产制的法律(有时候称为家父长制的国家与法律)
司法审判的特色	完全依法审判,专家的法官	自己裁量的、不可预计的"卡迪审判"(非专家的审判)
行政与司法的区分	行政官与司法官二分,司法官独立审判	行政官与司法官合一,县官兼任法官
法学教育	专门的法学教育(大学教育)	毫无法学教育可言(县官在职进修,或者依靠懂得法律的师爷)
法律人阶层	专业的法律人阶层力量庞大,垄断法律的职业	缺乏专业的法律人阶层(如绍兴师爷等都是业余的、非正式的训练出身,无法形成一个有力的阶层)

---

① 参见林端:《韦伯论中国法律传统:韦伯比较社会学的批判》,中国政法大学出版社2014年版,第9页。

(续表)

法律文化的类型/比较点	欧陆法	中国法
法律规范的特性	重视个人自由权与私有财产权。换句话说,民法与司法的规定相当完备	行政法与刑法为重,缺乏个人自由权与私有财产制度的规定。换句话说,缺乏民法等私法的法律规范
法律思想的特色	强而有力的自然法思想	缺乏(西方意义的)自然法思想
法律的形式逻辑	法律的形式逻辑沛然大备,理想的法律完全没有漏洞,法官只要依法判决就可以	法律不重视形式逻辑,重视的是实质的公道,伦理教化的色彩很浓,法律处处漏洞,法规范不够完备
法律的程序性	程序法不管是刑事诉讼法还是民事诉讼法都相当完备,以程序正义来保障实质正义	缺乏完备的程序法规定,民法缺乏的情况下,民事诉讼程序更是缺乏,给予法官很多自由裁量的空间
法律冲突解决的主要手段(审判或调解)	法院审判重于民间调解	民间调解重于官府审判
法律与道德的关系	法律独立于道德伦理之外	法律深受道德伦理的影响
法律与司法的独立性与自主性	有独立自主的法律与司法制度	法律与司法缺乏独立性与自主性
法律的变迁与发展	由传统到现代,愈来愈形式化,愈来愈理性化,不断蓬勃发展	法律发展停滞不前,两千年中华民族的法律,由秦朝到清朝都是传统法的阶段,是一种实质的、不理性的法律

(续表)

法律文化的类型/比较点	欧陆法	中国法
司法变迁与发展	由传统到现代,愈来愈形式化,愈来愈理性化,不断蓬勃发展	司法发展停滞不前,两千年中华民族的司法,由秦朝到清朝都是传统法的阶段,是一种实质的、不理性的司法

韦伯对世界文明的观察,既提取公约数,也描述不同特质,但他同样有喜好偏向。虽是由林端整理,但是韦伯的语气已隐隐呈现。"缺乏""停滞""不重视""毫无",皆表明某种"看不上"。与此同时,韦伯又鲜明地表达他对西方法的"看得上":"我们西方近代的法律的理性化,是由两股力量并肩运作而造成的,一方面,资本主义更关心严格的形式法与司法程序,它倾向使法律在一种可以预计的方式下运作,最好就像一部机器一样。另一方面,集权国家的公务系统之理性化,导致法典系统与同构型法律必须交由一个力图争取公平、地方均等之升迁机会的、受过合理训练的官僚体系来掌握,只要这两种力量缺乏其一,便无法产生近代的法律体系。"[①]我曾指出,韦伯最喜欢的罗马法—欧陆法一系,展现出法的规则形式理性与法学家的学术理性世界,而大学的职业培训经历增进了法学家学术理性的形成。韦伯不那么喜欢,但也相对肯定的普通法—英国法一系,则尤为重视法

---

① 〔德〕马克斯·韦伯:《中国的宗教:儒教与道教》,康乐、简惠美译,广西师范大学出版社2010年版,第210页。

的司法技艺与法律实务家的实践理性,其职业人的养成亦强调职业熏陶。① 而中国法在这个意义上,具有一种"合乎现实"的合理性,而非合乎现代式理性的合理性。韦伯说,以伦理为导向的家产制,所寻求的总是实质的正义,而非形式法律。② 假使一个接受了当代法学教育的毕业生,去一个颇有神秘色彩甚至巫术色彩的旧部落观察司法过程,自然会质疑其缺乏法治观念和非理性。韦伯在大学时接受了基本的法学教育,以此视中国,因此有中国法律形式理性不发达之断语。正如林端所言,在海德堡大学和柏林大学接受了罗马法、日耳曼法浸润,熟读法律史和萨维尼、耶林作品的韦伯,重视当代欧陆法律所具有的形式的理性的特性,严格分辨法律解释是规范法学、法律社会学是经验科学的立场,与他出身法学,受过当时极严谨的法学训练有很密切的关系。③

萨维尼提出"外部法律史"和"内部法律史"的分类,我们借用这两个概念予以表达:对古代法的探寻,可以从"外部"和"内部"两路进入。进一步来说,受此启发,我提出"大古代法"和"小古代法"的概念。"大古代法"偏交叉,是讨论历史与时代中的古代法,讨论规则、秩序及其理论,讨论古代法与社会和国际秩序的互动;"小古代法"偏专注,是讨论技术层面的法典和司法制度,讨

---

① 参见董彦斌:《读韦伯〈法律社会学〉札记》,载《政法论坛》2006年第3期。
② 参见〔德〕马克斯·韦伯:《中国的宗教:儒教与道教》,康乐、简惠美译,广西师范大学出版社2010年版,第210页。
③ 参见林端:《韦伯论中国法律传统:韦伯比较社会学的批判》,中国政法大学出版社2014年版,第189页。

论文本、立法过程和司法过程,讨论程序,讨论立法者、法官,讨论规范与应用层面的法学理论。

在大古代法中,在巫魅状态与除魅趋势方面,正如我在第一篇中所讲的,此议题是韦伯对于人类社会发展的核心观察之一。巫魅和除魅,也自然深深地嵌刻在中国古代法当中。关于巫魅和除魅,我们需要区分韦伯对于巫魅的使用:一种是人类社会早期理性思维不彰而感性的幻想式拼图;另一种是社会逐步除魅后的巫魅残留。也就是说,一个是社会大趋势,另一个是局部小残留。中国在前者方面,由巫而史,除魅较早,人文浓厚;在后者方面,残留虽有,但表达更多的是敬神而非盲从。在家长卡理斯玛(及与此相关的礼制)与家产官僚制方面,二者在中国颇类似于宪法机制和行政法机制的味道[①],都可丰富韦伯的经典卡理斯玛与官僚制讨论。在程序方面,回溯上古之史,礼既标示等级,也规定程序。礼和仪,以至于乐,都对程序有着严格规定。在这个意义上,中国的各种古典秩序中绝不存在程序缺失。程序昭示秩序,但这种程序走向的是身份的约束,而不是面向法律的科学设计,但这的确也是一种与韦伯理论平行的存在。在自然法方面,无疑,中国的"天理"就是自然法,而且,自然法本身具有地域性,与地域化的"神"或"自然"有关,在此意义上,中国的自然法天然存在,也是天然事实,不需要接受韦伯的学术审判结果。

---

① 甚至作家与文学学者格非也注意到了这个问题,这表明非典型古典宪法体制已是一个思考古典中国的跨学科切入口。参见格非:《博尔赫斯的面孔》,译林出版社 2014 年版。

所以,就大古代法而言,中国呈现的是一种非典型韦伯的状态。也就是说,韦伯的典型理论是一种纯粹状态,而中国的大古代法表现既立基于中国的现实,也塑造了"中国特色"。就小古代法而言,这是根植于儒家大国逻辑中的法律及其运作机制,是其儒家系统中的一环,然而韦伯所讲的西方或现代意义上的理性和职业化不发达,或许细节仍可讨论,但总体来说也接近事实。在这个意义上,大古代法和小古代法,如同秦晖所讲的"文化无高低,制度有优劣"。

三、"机器"与人

在小古代法当中,以法律形式主义为统领的法典和法律程序议题,也就是韦伯所说的理想状态"像机器一样"的"机器"方面和以法律职业化为统领的法律人阶层和法学教育议题,也就是关于"人"的方面,是为韦伯论小古代法的两大重点。

如前所说,法律形式主义尤其是韦伯在小古代法中的核心议题,也是韦伯比较各国法律的标尺。除了在《儒教与道教》中提到"机器",他在《经济与社会》的"法律社会学"部分同样提到"机器"。韦伯说:"法律形式主义使得法律制度能够像一部具有技术理性的机器一样运转,因而保证制度内部的个人与群体拥有相对最大的自由度,并使他们得到越来越多的机会去预测自身行为的法律后果。程序变成了一种特殊类型的和平讼争,只服从不可侵犯的固定的'游戏规则'。"①当我们以这个问题意识来回溯中国古代法,会发现在儒家法的前世,中国本有一个法律科学化的过程。钱基博先生在讨论邓析时指出:"刑者形也,著其事状也;名者命也,命其事物也(《管子·七法》名也句注:'名者,所以命事也')。今按邓析书曰:'无形者有形之本;无声者有声之母。循名责实,实之极也;按实定名,名之极也。参以相平,转而相成,故得之形名。'此形名参同之说也,原不限于刑法。"②这段话对于我们认识"刑名"和"形名"之间的联系与转换极具启发意义。形,就是描述一个事物的基本情况;名,就是对其进行命名,赋予概念。从钱基博所引邓析对于循名责实和按实定名的讨论来看,邓析对逻辑和理性的思考相当到位,在当时的环境里,已然是一名形式理性的专家。我们还可以想到,法律中的违法犯罪行为与其罪名,也是这样一种"著其事状"和"命其事物"的过程,所以,刑名与形名两词的通用,表明了法律科学在邓析所处的春秋时代的发展甚至发达。即使邓析此书是晚出者托名所做,也不会晚于汉代。即使是汉代,也是记录了汉代的法律科学。这个事例,至少可以表明中国法律的科学化觉醒是较早的。但是这样一个科学的片段早熟,却没有在儒家法定型之后继续深入下去。韦

---

① 〔德〕马克斯·韦伯:《经济与社会(第二卷)》(上册),阎克文译,上海人民出版社2010年版,第946页。
② 钱基博:《名家五种校读记》,载傅宏星主编:《钱基博集·子部论稿》,傅宏星校订,华中师范大学出版社2014年版,第295页。

伯举了众所周知的邓析同时期的子产铸刑书之事。韦伯说,士人官僚的理性主义得以表现在法典的编纂上(将法令刻于金属板上),但根据史书的记载,当士人阶层讨论此问题时,叔向质疑子产,韦伯评论道:"有教养的家产官僚体系所具有的卡里斯玛威信似乎因而被危及,所以此等权势利益再也不容许这样的念头产生。"① 韦伯的评论语焉不详,而且归因较为笼统,但这表明他同样注意到了类似的早期成绩。

法律职业化的问题关涉到人。韦伯对中国古代法中法律人的问题,下笔简洁。在中国的家父长裁判下,西方观念中的律师,根本无法占有一席之地。氏族成员里若有受过典籍教育者,就成为其族人的法律顾问,否则就请一位略通文墨的顾问来写成书面诉状。② 在《经济与社会》中针对中国部分,他也惜墨如金。其对于中国法学教育与法律人的论述仅是:那儿也没有解答法律问题的专家阶层存在,并且,相应于政治团体的家产制性格,亦即对形式法律的发展毫无兴趣,所以似乎根本没有任何特殊的法律教育可言。③ 中国的法律人阶层在韦伯笔下呈现的是另一种样貌。韦伯说,在英国的显贵行政、旧中国的家产官僚中,以及在希腊城邦所谓民主政体时代的煽动家统治下,体现了教育所追求的目标和社会评价所依

---

① 〔德〕马克斯·韦伯:《中国的宗教:儒教与道教》,康乐、简惠美译,广西师范大学出版社2010年版,第153页。
② 参见〔德〕马克斯·韦伯:《中国的宗教:儒教与道教》,康乐、简惠美译,广西师范大学出版社2010年版,第155页。
③ 参见〔德〕马克斯·韦伯:《经济与社会(第二卷)》(上册),阎克文译,上海人民出版社2010年版,第954页。

据的口号,都是"有教养者",而不是"专家"。此处的"有教养者"是在完全价值中立的意义上使用的说法,意思仅仅是指,教育的目标在于培养"有教养的"人,而不是就某种专长而进行的专业训练……构成古希腊、中世纪以及中国教育必修课程着重点的内容,完全不是那些技术意义上"有用"的成分。中国的"有教养的"类型,韦伯称为"文学类型"①。没有特殊的法律教育,却有"文学类型"的"有教养的"士人阶层的塑造。这就是韦伯的归纳。韦伯举了李鸿章之类的士人的例子:中国的士大夫是——毋宁说从一开始就是——同我们文艺复兴时期的人文主义者类似的人物,他是在远古语言的不朽经典方面训练有素并科考过关的文人。韦伯说,各位读一下李鸿章的日记便会发现,他最引为自豪的,就是自己的诗赋和出色的书法。这个阶层,利用取法乎中国古代而发展出来的一套规矩,决定着整个中国的命运。如果当年的人文主义者哪怕有少许机会得到类似的影响力,那么我们的命运也许会和中国差不多。②

我在前一篇里说,对韦伯的这些论断,中国学人自有反击,较为详尽的反击例如黄宗智的《民事审判与民间调解:清代的表达与实践》和林端《韦伯论中国传统法律:韦伯比较社会学的批判》,后者尤为系统。二者的共同点是从清代法律史出发来讨论,并引入司法档

---

① 〔德〕马克斯·韦伯:《经济与社会(第二卷)》(上册),阎克文译,上海人民出版社 2010 年版,第 1141 页。
② 参见〔德〕马克斯·韦伯:《学术与政治》,冯克利译,三联书店 1998 年版,第 73 页。

案进行考察。其实,清代法律史固能来得细致扎实,但其他断代史的材料也同样不乏反击之例,就培养职业法律人的法律教育而言,历史学家著作例如李弘祺在以《唐六典》为例对唐代法律教育的称赞,都可视为与韦伯此一论断的对话。

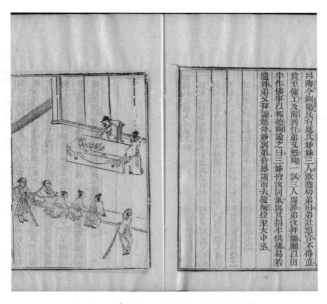

图20 (清)周士璧作品:《吕陶断案》

其实,关于韦伯的论断,与他同时期但绝不会形成相互交集的中国政治家张之洞是有呼应的。关于中国古典官员的法学教育与讼师的关系,张之洞曾作简要的分析,在他看来,"各官所治非所学""任官又不出专门"影响了律师的选拔。"中国各官治事所治非所学,任官又不出专门。无论近日骤难造就如许公正无私之律师,即选拔各省刑幕入堂肄业,而欲求节操端严法学渊深者,实不易得。遽准律师为人辩案,恐律师品格尚未养成,讼师奸谋适得尝试。"①这个逻辑听起来相隔颇远,实则距离较近。由于缺乏专门的法学教育,总体来说中国的官员在审案方面的技术与知识上都呈现欠缺,这给讼师留下了运作空间②,这让官员感到不敬和无奈。进一步说,讼师的这种活动不仅挑战了官员在知识上的不足,还影响了官员对社会的控制,正如林乾指出:"讼师所参与的法律活动远非帮助当事人写状词那样简单,而是在某种程度上影响乃至主导法律的天平向自己(的当事人)一边倾斜。当统治集团按照惯性维系这种统治,不愿意或者不可能对沿袭几个世纪的司法制度进行变革时,讼师因而被视为同贼盗一样的严重危害社会的群体而受到严厉惩治。"③在《清稗类钞》里就收了一位这样的"著名讼棍",这位湖南的讼棍竟然可以在诉讼过程中无往而不利:"湖南廖某者,著名讼棍也,每为人起诉或辩护,罔弗胜。"④我们可以想象,这位讼师实在是一位为当事人尽心尽力而又通达法律与人性的高手,这样才能每诉必胜。这本是社会的胜利,但某种程度上又显示了在政府和官

---

① (清)张之洞:《遵旨复议新编刑事民事诉讼法折》,载苑书义等主编《张之洞全集》(第三册),河北人民出版社1998年版,第1790页。

② 林乾指出,讼师甚至会对新来的官员实行近似"考试"的手段,来考考官员的法律素养,以判断自己在对方手下代理案件时的空间有多大。林乾:《讼师对法秩序的冲击与清朝严治讼师立法》,载《清史研究》2005年第3期。

③ 林乾:《讼师对法秩序的冲击与清朝严治讼师立法》,载《清史研究》2005年第3期。

④ 《清稗类钞·狱讼类》,商务印书馆1917年版,第305页。

员看来的失控,所以讼师群体竟然被禁,这使时人感叹:"天下必不能废之事,而上欲禁之,则其为害必有十百于不禁者!"①

如果说讼师站在社会和民众这边,则社会和民众应该信赖讼师才对,何以讼师在社会中也不受重视?这一半的原因可归于法治之不彰,也就是规则的不完善和不透明本身就影响着人们对于法律和诉讼的不信任,进而推进到对讼师的整体不信任。1926年,时任朝阳大学负责人石志泉说得好——人们连法律都不信任,又怎么会信任律师呢:"律师在东西洋各国,其为人民所信赖,不啻盲者之于导,病者之于医。而在中国,则社会之信赖心极薄,甚至为世诟病,几与旧日讼棍等量而齐观之。推其故,一由于国政尚未臻于法治,生命财产之保护未可以专以法律是赖。人且不能信法,何能信赖律师?"②另一半原因则可归于处在边缘地带的法律人即胥吏与讼师的关系。胥吏和讼师其实是一个共同体,但恰好二者的社会形象都不够好,于是形成事业上和声誉上的双重互相影响。在事业上,有世俗的"勾兑"一面,又有同声相应的法言法语业内沟通的一面。但其法律共同体的一面往往不被人理解,从而在声誉上一损俱损。这又和统治阶层中的结构不当有关。胥吏本承担统治阶层中的实务工作,却长期没有名分,在收入上也缺乏国家层面的保障,这既挫伤了职业积极性,也较难吸纳人才,甚至使其

---

① 唐文治:《西国听讼用律师论》,载《皇朝经世文编四编》卷五十一。
② 石志泉:《律师道德论》序,载刘震:《律师道德论》,商务印书馆1926年版,序言。

荣誉感下降,如此,胥吏在人们的相对不信任中更加艰难而边缘化地生存。讼师自然更等而下之了。民国中期的朝阳大学教师刘震对此做了一种颇具情绪化的分析:"所谓讼棍,往昔专制时代,专限于吏者始得习之,非一般民众所易知。刑名传授,几成秘袭,习之而不得为吏,则挟其一知半解之所得,舞文弄墨,缘以为奸,其不肖者,复勾结胥吏,无所不为。扛帮唆讼者有之,混淆是非者有之,此讼棍所以为人所痛恨也。"①这个分析,可以说是代表一种"群众"对于胥吏和讼师的基本看法,也印证了韦伯所讲的古典中国的法律人不彰。

梅因在《古代法》中提出了"变革型社会"和"停滞型社会"的划分,他的著名论断从身份到契约,指的实际上是"变革型社会""改革型社会""进步型社会"②的法律发展。有意思的是,中国恰好没有被梅因划到这部分,而是被划分到"停滞型社会"。而梅因这里所讲的停滞型社会,指的大致是儒家时代的中国,与韦伯所谈的时代也算契合。韦伯把他归纳的中国古代法的诸种特质,归因于家长制和家产制,如果结合梅因的看法,那就是停滞型的家长制与家产制。但是,在我看来,韦伯所说的家长制和家产制,没有做到一个小国与大国的区分。恰好是从春秋到秦汉时代,中国历经了从相对小国到一个中央型儒家大国的过渡。在此之下,家长制的统治技术不能不发生某种转换,于是形成大国相对固定但也"船大难掉

---

① 刘震:《律师道德论》,商务印书馆1926年版,第1页。
② 参见〔英〕梅因:《古代法》,郭亮译,法律出版社2016年版。

头"的儒家逻辑。对梅因的判断、韦伯的分析,以及韦伯对法律人的描述,我们不妨从"修齐治平"的转换来看看。"修身、齐家、治国、平天下"是古典时代中国儒生实现个人价值的路线图。我们对此路线图耳熟能详,也较少生发异议。在此路线图中,"家"直接过渡到了"国"——儒生告别读书生涯,经过选拔,可以直接进入政府体系。这属于学而优则仕的儒生的理想规划。

就归纳而言,"修齐治平"反映的是《礼记》成书时的上层社会政治结构和世袭社会的政治继承样态。若是秦代之前的一个世家大族,居于小国,又怀天下之志,那么"修齐治平"是一种自然而然的逻辑。扩展来说,血缘与家族并重于先秦,即便不是最显赫的世家大族,只要有一定的家族规模,那么,从家跨越到国,也属以政治为业的正常人生安排。恰如何怀宏所言,当时社会主要的资源(权力、财富和名望)基本上都是控制在世族手中的,春秋的世族呈现的是一个"血"而优则仕的情形:"血统或家世是取得精英地位的首要条件。世族的建立,尤其是其发展壮大,虽然还是要有赖于个人及子孙的德行、才干和机遇,但无论个人贤否,家族血统都是上升的第一要件。有限的选举是隔离的,分别发生在大夫与士阶层的内部,可供个人选择的余地相当之少。"[1]

《礼记》表达的"修齐治平",针对的是当时的情况。但"修齐治平"经过意识形态垄断而大行其道后,从世家

---

[1] 何怀宏:《世袭社会及其解体:中国历史上的春秋时代》,三联书店1996年版,第110页。

大族到国家的跨越模式的社会基础已经发生了变化。到科举制兴起,世家大族供给国家治理人员的模式已经转换为由中产阶级来供给,这时,"修齐治平"所指向的含义已经与《礼记》时代大为不同。普通家庭意义上的"齐家"与世家大族的"齐家"不同,即使是隋唐及其后的大家族,即使如唐代河东裴家一样的家族可以累代培养优秀人才,也和《礼记》时代不同。这时出现的,是一种吊诡的局面:一方面,"修齐治平"是一种道德命令,要求科举制下的儒生努力掌握并践行;另一方面,"修齐"未必可以"治平",家和国之间有了一个隔离带,要通过若干桥梁才能跨越,而科举是其中之一。更何况国家规模越来越大,人才供给相对充分,职业读书人要么必须通过艰辛的个人努力由少数人到达"治国"的彼岸,要么只能消失在社会的汪洋大海中。而且,"治国平天下"中的国和天下的边界也渐渐模糊。这种模糊直到近代中国以国族国家之体融入世界,才又清晰起来。

看得出来,后来的"修齐治平"总体是以《礼记》时代的模式规训儒家中央帝国时代的读书人,它具有一种道德命令的意义,但也展示出了理念和现实两方面的缺失——在"修身齐家"和"治国平天下"之间,缺了一块重要内容,即"社会"。假使我们做一个表示其意思而不注重语言美感的表达,那么,正确的方式应该是"修身齐家,服务社会,治国平天下"。

图21 〔法〕亨利·伯丁藏清代风情画:《切割银块的商人》

一个社会不可能没有"社会"。"修齐治平"中缺了社会,并不代表当时没有社会,而代表《礼记》作者和理念继承者、推广者的心中少有社会,代表对社会的不重视。如果说在《礼记》的时代,这还是在针对世袭社会的世家大族子弟的成长路线图的归纳意义上,那么,当它真的在后来成为一种道德指引、读书人的普世意义上的实现个人价值的人生路线图指引时,确乎呈现出了无视社会的不足。当然,不是说这句话有如此强大的作用,而是说作为一种理念和制度安排,无视社会带来了读书人的"寒士感"和社会层面的成就感缺陷。尽管有士绅阶层可以为社会提供许多服务,但是无论是文官系统中胥吏阶层的失意和失序,还是社会中坚无法参与国家制度安排的无奈,都表明了"修身齐家"与"治国平天下"之间社会缺失的结构问题。韦伯的法律人之见,正在于此。

进入近代中国之后,随着儒家中央帝国的逐步式微,新的社会力量各种浮动,律师自然是不容忽视的一支队伍。韦伯对西方世界法律人的分析于是与中国相遇。

古典中国尽管有本土化的律学教育,如韦伯所言,却缺乏显著而受尊重的法律家阶层,但又不可避免地设置许多法律类岗位,所以,在我们看来,这代表中国长期执行一种法律职业上的非正式的正式制度。而近代以来,同样修读法学的人,却选择或担任法官,或担任律师,这本身是社会力量强化的表现,也代表了社会与国家之间的新的流动模式。可以说,自从《礼记》提出"修齐治平",既发挥其作用,又显示其内容上的缺失以来,早期律师的兴起乃是对"修齐治平"的较好的补正。在从尧到先秦的古典联邦制阶段,有大的意义上的政治框架,但是法律相较而言尚不成熟或处于长期的成长成熟期中。律师意义上的社会角色出现在中国的春秋时期,也即古典联邦制阶段的晚期,邓析是其中的代表,但即便邓析是律师,律师作为一个阶层也没有形成。只是代之以并不正式且不受人尊重的"讼师"。

我们在前面提到,春秋时代是世家大族以血统来论执政的年代,社会不彰,律师的身影自然难觅,律师空间自然有限。到了立教时刻之后,中国的儒家式法律体系逐步形成,但"修齐治平"之少了社会的基本样态,使作为"讼师"的律师相当委屈而执着地存在于社会中。韦伯分析的律师,不是傲慢的西方中心,而是从现实的条件生成,他说,从我们今天的含义看,作为一个独立身份阶层的律师,也是唯独在西方才存在。从中世纪开始,在诉讼理性化的影响下,他们从日耳曼形式主义的法律程序中的代辩人发展而来。① 从古到今的律师转换,印证出直到儒家大国的逻辑及其基本模式式微而现代社会兴起时,律师才逐步变成了韦伯所说的典型的样子:律师在担当职业政治家的角色方面,占有很大比例甚至往往是主导性的地位。② 我们也可以说,这是中国法律人开始走进了韦伯时刻。

四、结语

我们提出中国古代法是一条难摸、难讲述的龙。

我们区分了"大古代法"和"小古代法"。前者是一种"文明",后者是一种具体制度安排。"文明"值得去理解,其难以被一种试图横跨所有的理论所覆盖,而往往具有个殊之处,恰如文明中的语言。具体制度安排其实可以分出好和不好,但好和不好也的确有其成因。

我们谈了韦伯对中国古代法的"摸龙"。我们感受到了韦伯的某种西方中心主义,但这种西方中心主义,是立基于他所认定的科学和理性。也恰因此,韦伯获得了一种问题意识。

老实说,韦伯真正谈中国古代法的文字并不多,他胜在问题意识。当韦伯以其特有的问题意识出发,得出诸多关于中国法的结论时,可以说,他对中国古代法的"摸

---

① 参见〔德〕马克斯·韦伯:《学术与政治》,冯克利译,三联书店1998年版,第75页。
② 参见〔德〕马克斯·韦伯:《学术与政治》,冯克利译,三联书店1998年版,第63页。

龙"工作,是粗线条而敏锐的。他对中国古代法的"摸龙",尤其是其中的"小古代法",可以获得某种直击要害的效果。

图22、23、24　(清)《缀白裘戏曲》插图:《写状》《看状》《会审》

我们可以对韦伯的讨论过程不以为然,因为他没有来过中国,不懂中文,阅读的中国材料不成系统,甚至于他的那些表达也还不够细化和复杂化。我们也可以对"韦伯看不上"不以为然,表示"我就这样""这样很好"。但是我们发现,只要读了韦伯之论中国古代法,我们就没法不把他的话不当回事。这的确是他的"简约而不简单"之处。而我们想要的对中国古代法的"摸龙",也就是出现更多的韦伯式的归纳总结。所以,本篇不是解读韦伯,而是对中国古代法的新概括的呼唤。

此外,我们需要看到韦伯对中国的期许:"对于近代文化领域里,在技术上和经济上皆已获得充分发展的资本主义,中国人大概相当有(可能比日本人更加有)加以同化的能力。……中国许多可能或必然有碍于资本主义的情况,同样存在于西方,并且在近代资本主义发展的时期里,也的确有其明显的影响。"①韦伯去世以来,中国的进程几经跌宕,但总体符合韦伯的判断。中国大变,而中国古代法在中国已然变成传统。

总之,对于中国古代法而言,"真正有意义的事情,是在于寻找中国法律史、国史上法律从业者的根本性格。于此,韦伯的讨论并非结论,而是刺激人和引人寻味的开始"。

---

① 〔德〕马克斯·韦伯:《中国的宗教:儒教与道教》,康乐、简惠美译,广西师范大学出版社2010年版,第326页。

第七篇　法　意

　　《论法的精神》是一部史理混杂的奇书,孟德斯鸠守住"法律到底是怎么回事""法律到底怎么样""法律到底该怎么样"这三个提问展开讨论,中间穿插了相当多的历史分析和制度辨析。一方面,孟德斯鸠很多时候不想把话说透;另一方面,他又天花乱坠地在书里放了很多散点,由此,《论法的精神》就成为一部值得挖掘的书,绝非一次读完就能把握彻底。本篇主要讨论了该书的第一卷,这是一个开端,以后当然会继续。

论《论法的精神》的精神：
第一卷笔记[①]

孟德斯鸠的宇宙视野

张雁深先生译本之孟德斯鸠《论法的精神》第一卷第一章的题目为"一般的法"，就中文来说，此词颇令人费解："一般"与"特殊"并称，难道"一般的法"之外还有"特殊的法"？非也。孟德斯鸠当然不是要讲一般的和特殊的、多数的和少数的、常规的和非常规的法，他是要在一个较大的视野中来谈论他所理解的法律；他要谈论法律的一般情况，尤其是他将在本书中经常用到的那些基本法律概念和理念。所以，本章题目，应为"法之通论""法之总论""法的一般解说"。

宇宙，这就是孟德斯鸠谈论法律时所指向的那个视野。

孟德斯鸠何以选择如此巨大的视野？或出于两个原因。第一个原因是他的理论雄心够大，他要把法律放在与人类并列存在的宇宙诸种事物中来谈，从宇宙谈到人

[①] 〔法〕孟德斯鸠：《论法的精神》，张雁深译，商务印书馆1961年版。本篇所引此书之文字俱见此版，故不另注释。

类。第二个原因是孟德斯鸠在思考上帝问题,或者说孟德斯鸠所处的法国环境当中普遍存在的基督教与上帝观念带给孟德斯鸠的问题意识。

兽类有兽类的法,神灵有神灵的法,人类有人类的法,而不是只有人类拥有法律,孟德斯鸠在这样的并列中谈论人类法律,当然不是故弄玄虚,也不是夸大其词,而是想从中找寻他所认为的"法的精神",尽管实际上后来孟德斯鸠在全书中主要还是讨论了"人类的法",但是,作为一种方法论,孟德斯鸠还是想借助一种较为宏大的视野。孟德斯鸠在全书中,惯用的方式就是比较,比较各国、各地区、各族群的不同气候、地理、性格以及法律等。然而,将人类与兽类、神灵以至于与物质比较,尤其是共同提炼和归纳出其中的"法律",这显然也是一种特殊的"比较法"。

孟德斯鸠说,法是由事物的性质产生出来的必然关系。所谓必然关系,我们可以理解为在发生联系的过程中必然要去遵循的规则。这样一种规则,孟德斯鸠又概括为基于"根本理性"而发生的联系。例如,在一座大森林里,必然有兽类相处的规则,尽管那是霍布斯所讲的丛林状态,但是丛林里并不是每时每刻都在发生着杀戮和撕咬,而一样有一种默契的规则力量在发生作用。兽类自然不同于人类,并不拥有制定法,但是基于感知力和欲望,兽类在一种自然法的作用下繁衍不息和共处于大地上。相较而言,植物缺乏兽类的感知力,但是,植物依然遵循着生生不息的规律性力量,这也是孟德斯鸠所认为的自然法。在孟德斯鸠看来,即使我们在现有的世界之外,再去想象另一个世界,那么在另一个世界依然存在着必然的规律和规则。

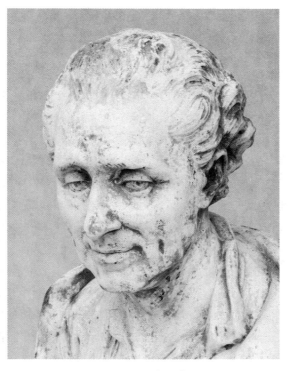

图 25　孟德斯鸠

当孟德斯鸠谈论这些与人类并列的生灵时,我们尚可说孟德斯鸠是在谈论这片大地,然而孟德斯鸠又引入上帝概念,这样,他所谈论的就变成了宇宙。在孟德斯鸠笔下,上帝是宇宙的创造者和维护者,于是,上帝也要根据一些规律来建立他和宇宙的联系,这也可以理解成是孟德斯鸠所讲的上帝的法。这些规律,为上帝所创造,亦为上帝所遵守。显然,这样一个上帝,并非孟德斯鸠基于当时的宗教教义而理解的上帝,而是一种自然意义上的上帝或造物主,我们可以理解,这是一种创造宇宙万物的力量。也就是说,是当时的宗教氛围启迪孟德斯鸠去思考宇宙中的创造和维护者,但孟德斯鸠并没有拘泥于教义的束缚。

有意思的是,康德在《纯粹理性批判》中也阐发了他所理解的"自然神学"及此概念下的"物理神学"和"道德神学"。康德说,在自然神学的观点看来,世界上有一个按确定的目的并由高度的智慧安排好了的秩序,它作为一个整体,在内容上无比繁复,在规模上无限庞大,显示出世界始创者的存在,呈现为最高智慧,当其呈现到自然界,即构成"物理神学",当其呈现到道德界,即构成"道德神学"。

《纯粹理性批判》出版于1781年,比《论法的精神》晚了33年,我们可以说,从宇宙视野和万物秩序来说,二者颇有共通之处。事实上,当我们想到古典中国的"天道"概念时,也觉得天道概念与孟德斯鸠和康德都是相通的。将孟德斯鸠和康德的宇宙论以中国概念名之,亦为天行有道。对于孟德斯鸠来说,这是宇宙视野,是"比较法",也是他对法之本源的找寻。

两个方向的自然法

我有一句表达:法律和法学,"上接天线,下接地气"。

所谓"上接天线",是指向上寻求自然法,承认有一种高于实在法的法则。所谓"下接地气",是指认为法律与高级版的"天"和"高级法"无关,总归是来自地上。关于后者,孟德斯鸠当然会强调地理风土对法律的影响,而另一种主张则会将法律的起源归总到人间与社会,这也就是《文子》以老子之名而道出的"天下几有常法哉!当于世事,得于人理,顺于天地,详于鬼神,即可以正治矣……法生于义,义生于众适,众适合乎人心,此治之要也。法非从天下也,非从地出也,发乎人间,反己自正"。后者作为老子学派的法哲学,强调法不是天下掉下来的,不是地上长出来的,而完全来自人类社会,即得于人理,生于众。

关于"地气",这是个漫长的话题,我们这里主要谈谈法律和法学的"天线"。

事实上,关于"天线",同样有两个方向,这也就涉及如何理解和界定自然法。一个方向是"理想型"的。此方向之观点认为,自然法具有相当的理想性和神圣性。自然法虽然不是反映天的意志的神意之法,但总归应当反映一种天道运行的理想状态的法则,关于这一点,我们在讲康德的"道德神学"时也大致予以指出了。

事实上,康德的词汇虽然有些玄妙,解释起来还可以更简要些,其实也就是讲自然界和人类社会,各自有一种运行良好的天然存在的规则,他将前者称为"物理神学",其实就是自然界的秩序;将后者称为"道德神学",其实就是人类社会的秩序,我们也可以称为"法理秩序"。对于法理,我有一种分类,分别是"宏法理""广法理""大法理""纯法理"。"宏法理",指的就是康德与孟德斯鸠试图揭示的自然界与人类社会共同存在的与世界的整体运行相关的"法理",即秩序;"广法理",指的是人类社会的秩序及其原理,也就是康德所讲的"道德神学",我们可以将这里的道德置换为法理,称为"法理秩序",强调人类社会的秩序属性,自然法即发挥其作用;"大法理",指的是我们所讲的法律之各个门类、各个分支学科所蕴含的法理,即各类法律的原理;"纯法理",即我们通常所讲的"法理学",即专门研究法理之通论的一门学问。我们理解康德之法理秩序观念和自然法时,可以将其视为"理想型"自然法的典型。

有意思的是,孟德斯鸠虽然与康德一样述及宇宙,具有一种宇宙意识,但是,显然孟德斯鸠更加强调一种自然法的现实性,我们可以称为自然法的另一种方向,即"现实型"自然法。应该说,《论法的精神》虽然"上接天线,下接地气",但主要还是谈论了法律是如何"接地气"的,而其对"天线"的理解,也牢牢守住现实的土壤,将其放在人类之本性的层面进行讨论。所以说,在这一点上,其与老子法哲学也是暗合的,同样强调"人理"和众。

事实上,我们所理解的"自然",本来就有"理想型"和"现实型"两个含义。有趣的是,老子之"道法自然"的说法,同样可以做这两种理解,一种认为道来自天,另一种认为道来自事物的本性和事物与事物的联系。显然,孟德斯鸠就在后一个方面来界定他的自然法。所以,尽管孟德斯鸠在讲自然法时,开始还谈到了"先于规律"、先于法则、"造物主"这样的理想型自然法的范

图 26 〔日〕《兔园小说》插图:《虚舟》

畴,随后马上"改换门庭",从人类之本性来归纳他所认为的四条基本的自然法。

第一条是和平,第二条是觅食,第三条是异性相吸,第四条是社会合作。和平,是为秩序之本,暴力状态只能导致无秩序(尽管有些暴力是为了造就一种新秩序);觅食,是为人类生存之本,甚至也是秩序起源的动力——人类在觅食当中形成了管理和约束;异性相吸,当然是人类繁衍的最人性的法则(有时候人们称为"天性",这里的天指的恰好是"天生""自然而然"的意思,却与"天"无关);社会合作,是人类社会存在的基本样态。

这就是孟德斯鸠的"天线",可以说风格淳朴,应该说这几条自然法法则,也是他诚恳面对人类社会的基本心得。

法的精神与法的原因

对于志在探究"法的精神"的孟德斯鸠来说,在自然法与实在法之间,他显然更重视实在法,张雁深译本称为"人定法"。但是,他所重视的实在法或人定法,又不是那些具体的条文——何况长时段来看,条文还处在无穷尽的修改当中。也就是说,与自然法相比,孟德斯鸠重视实在法;与具体实在法相比,孟德斯鸠重视法的精神,显然,正如书名所示,全书他都在讲法的精神。

法的精神,这个词汇多少有些抽象和不可一言以蔽之。什么是法的精神?什么又是孟德斯鸠所讲的法的精神?

照我们一般的理解,会把法的精神引向一些抽象的概念上去,例如,正义、平等、自由、权利、限权等,这就该是法的精神了,亦即法律之内在的精魂。又或者,权力欲望、纠纷与冲突、对权威的膜拜,这是另一个方向的理解,这也试图探究一些深层次的东西。但是,这都不是孟德斯鸠所理解的法的精神。孟版法的精神,应该说包含着两个层次:第一个层次是人的理性。这有点像我们刚才讲到的那些抽象概念,但更深入,同时也不那么确切,因为可以讲到理性的现象、文本与学科实在太多,何况他这里讲的理性,还不像经济学家所讲的自利本质的理性那样明晰直观。所以,他讲到了这个层次,但可以说是虚晃一枪,很快就转到了第二个层次,即理性遭遇了不同的环境、条件和关系。理性在不同的国家和地区有不同的表现,由此,各国法律也千差万别,同时又有一些公约数。

此寰球上,自然气候迥异,有的地方常年赤日炎炎,有的地方四季分明,有的地方四季冰封,炎热寒冷不同,四季如春者亦有之,于是,他们的法律会不同;地貌迥异,有的地方一马平川,有的地方高山险峻,有的地方河水流淌,于是,他们的法律会不同;谋生方式迥异,基于不同的条件,有的地方常年捕渔,有的地方是耕田世家,有的地方打猎为生,全世界的"渔樵耕读"在获得了全球视野和全球知识的孟德斯鸠这里展开,分布在不同的地域里,于是,他们的法律会不同;宗教、风俗、奴役方式、贸易方式等迥异,法律都会不同。说到这里,我想起司马迁在《史记·货殖列传》当中的一段话:"邹、鲁滨洙、泗,犹有周公遗风,俗好儒,备于礼,故其民龊龊。颇有桑麻之业,无林泽之饶。地小人众,俭啬,畏罪远邪。及其衰,好贾趋利,甚于周人。"邹鲁之地是儒家的重镇,始终有儒生在活跃。这里地少人多,耕田为业,民众颇为节俭谨慎,与此同时儒学盛行,我们会发现,司马迁也在用着同样的分析方法。司马迁曾行万里路,据他自己讲:"二十而南游江、淮,上会稽,探禹穴,闚九疑,浮於沅、湘;北涉汶、泗,讲业齐、鲁之都,观孔子之遗风,乡射邹、峄;戹困鄱、薛、彭城,过梁、楚以归。"假如说,孟德斯鸠是在他的时代里获得了全球视野,我们也可以说,司马迁在春秋之后、汉兴以来,也获得了观察历史的天下视野或者说大国视野。于是二人都能观察地貌和谋生方式,以此观察性格和礼法秩序,所不同的是,司马迁没有一以贯之地据此方法写成礼俗著作,孟德斯鸠却以此为主题了。

条件迥异,法律不同,这倒让我们想起"一生二,二生三,三生万物"和朱熹所讲的"一本万殊",一和"一本"就是"理性";万物和万殊,就是不同的条件和不同的法,而这些条件和法都处在变化当中。据此,孟德斯鸠谈探究法的精神;据此,我们似乎也可以说,孟也在探求法的原因。他所讲的法的精神,一大部分就是法的原因,从不同条件下的法的原因这个角度来观察法的精神,我们对孟版法的精神的理解,就不会到了抽象的方向上去。

自然法高耸入云或者深植于人类社会中。实在法条文万万千千,有许多法学家在皓首穷经和调查世情,同时又产生了不同门类的体系化法学教科书。孟德斯鸠独关注法的精神,而其一大实质是想找寻法的原因,这倒让我想起了作家迟宇宙基于多年调查记者的经验而落笔的一部中篇小说当中的金句,大意是一部好的报道,最好的不是人物、情节和事件,而是原因。在这个意义上,孟德斯鸠也像一个对万象法律有着浓浓兴趣的优秀调查记者,他试图抓住原因,进而发现精神。

国家与国家、公域与私域

国家与国家间的法、不同人民之间的法(即国际法)、政治法、民事法,这是孟德斯鸠在《论法的精神》当中主要采取的法律分类法,由此也成为他观察"法的精神"的总的法律框架。

分类是一门大学问,不止法学,各门类、各行业都需要分类。我今日思考,中国先秦时期的"名学",其内容不仅在于定名,也在于分类。分类也是人的天性,刚出生不久的婴儿,大约就能区分家里人和外人,这是认识世界的基础。进一步说,科学的分类才有助于人们进一步探索世界,否则就是一团混沌。就法而言,分类方式繁多,大皆出自不同的诉求。例如,人们常说中国古典的法律是"律、令、格、式",又常说"刑民不分""道德法律不分""礼法不分"等,指向的其实都与分类有关,也跟认识与反思的角度和深度不同有关。当然,相关问题都是见仁见智。西方的法律分类当然也是来自典型的分类法,例如罗马法上的万民法与市民法、公法与私法。严复在《法意》按语中指出:"西人法律,公私为分如此。吾国刑宪,向无此分,公私二律,混为一谈。西人所谓法者,实兼中国之礼典。"这就对比了罗马法与中国法。孟德斯鸠没有采取这些固有的分类方式,当然他也深度借鉴罗马法,而分之以国际法、政治法和民事法。

孟德斯鸠与古典中国人的巨大不同是,古典中国的观察视角总是放在中国这个广阔的疆域中,至于世界,我们总是以自己为天朝和中心,而四周都有些边缘。这种固化的认识,大约从传说中的炎黄尧舜时期就开始了。虽说那时,华夏尚未成为一个统一的国家,而是一个文明体,但先民总是以此文明体而自豪。先民对于认识外面的世界缺乏足够的耐心,例如,对与我们密切接触、多年纠葛的匈奴，我们就缺乏十分严谨的记载和研究。直到19世纪后期，天朝梦碎，先民才开始在一种惶惑不安中去看世界。孟德斯鸠迥然不同，他生活在大航海时代之后，他深深感受到万国林立、五彩缤纷，尽管偶尔有欧洲中心主义在孟德斯鸠的文字当中闪现，但是，他总体还是想认识完整的世界，认识不同的国家——事实上，他想做的就是这项工作，要从不同国家的不同法律当中找到公约数和差异，找到法的精神。

既然面对世界万国，国家与国家间的法、不同人民之间的法就成为他的关切。确实，人类社会越早，人群结为一个共同体的规模就越小，部落众多，部落与部落之间、部落的人民与部落的人民之间，就有了交往的规则。严复在翻译《法意》时增加了"我本善良"这样的表达，大约与孟氏所引用的"吃战俘"的事例做一个对比，"吃战俘"之类的残酷，构成了残酷版国际法，但是国与国之间总应该寻求善良与和平，并以此奠定真正的原则。

就国内而言，主要关系无非两类，国家与国民的关系（包括政府如何运转），以及国民与国民的关系。前者就是孟氏所谓政治法，亦可谓公域之法，还可以说是管治范畴之法；后者就是民事法，亦可谓私域之法，还可以说是生活领域之法。

自从国家诞生之后，就再也没有消亡过，政府亦然。孟氏有一句不太为人注意的话："一个社会没有一个政府是不可能存在的。"这句话的意思是说，无政府，则社会不立。这句话与一般认为的社会契约观念会有些微妙差别。显然，在这里的语境中，他只是想强调一个事实，在此事实基础上形成他对不同政府形态的观察。也正因他强调这个事实,所以他从差异极大的不同政府形态及其法律中来抓取其要点——从古到今,从东西到南北。

对于一个普通国民来说,他们常常会忘了公权力的存在。费孝通先生曾经戏称男耕女织是农业与工业的组合,耕是农业,织是工业,即使在这样的两个行业的组合中,相关人士也感受不到公权力在哪里。在牛郎织女的故事当中,公权力只是在天上,却不在地上——但尽管感受不到政治,他们依然受到孟氏所讲的民事法的约束,牛郎是租地而耕还是自有土地,等等,生活的背后都是法律,重要的是,不同的生活背后是不同的法律。

这些,都是孟氏关心的国家与国家、公域与私域,我们当然同样关心。

孟德斯鸠笔下的小镇式古希腊

众所周知,孟德斯鸠把人类史上的政体分为三种:共和政体、君主政体和专制政体,在其谈论共和政体时,归纳了几条基本法律:(1)确定选举权和投票权;(2)确定选举权人的方式;(3)确定选举的方式;(4)确定只有人民可以制定法律。我曾有一个观点,即法律原则比法律条文更重要,可以比照孟氏所讲的这几条基本法律。他这里讲的基本法律,也就是法律的基本原则。法律条文可以烦琐或粗略,可以依据不同的情况而调整,但是法律原则却几乎是确定而简约的,是不同地域和国家的法律之间的公约数或比较的基本点。孟氏所讲的这几条法律,实际上,就是关于基于古希腊而归纳的选举的几条基本原则。

法学家江平曾经回忆说:"在苏联学习法律期间,有两门必修课的设立很出乎我的意料,也是学起来很难的:一个是罗马法,另一个是拉丁语……罗马法却不是批判性的,是作为历史性质的课程必须掌握的。"改革开放之后,江平先生多次倡导重视罗马法,罗马法成为我国民法与法律史学界共同关注的重要领域。我想说的是,我们如此重视源头上的罗马法,可能会忽略11世纪至16世纪"罗马法复兴"的重要意义。事实上,在海上贸易兴起的意大利诸城市,商品的广泛流通促成了对罗马法的实际需求,这才把罗马法从书面的知识变成了现实中的知识和条文。可以说,罗马法的复兴与罗马法本身同等重要,甚至罗马法复兴更重要,因为罗马法复兴之时出现的巨大商品流动,其中对于市场主体之间的平等、主体的自由意志和产权保护的种种诉求,显然比罗马法更具现代性。我想表达的是,孟德斯鸠式的对古希腊共和与民主的简约的寥寥几语的概括,事实上也促成了对古希腊政体的高度重视——借用罗马法复兴的概念,我们可以称为古希腊政体复兴。当然,孟德斯鸠只是这个复兴过程中的贡献者之一。但他以思想引领潮流和启发思考的贡献仍然极为重大,理念往往是一道闪光、一道颜色,看到了也就记住了,看到了也就懂了。

在孟德斯鸠的笔下,古希腊的共和政体和民主机制,犹如在一座小镇里。当然,从古希腊诸国的状况来看,其人口规模确实也如一座小镇。在现代传媒方式出现之前,一件事情的传播自然主要靠口耳相传,我们常常见到"闻名乡里"这样的说法,指的就是一个人做了好事或者坏事,马上就会传遍全乡。在这里——例如小说《边城》或电影《芙蓉镇》那样一处地方,一个人在干什么、是个什么人、人品如何,以至于其家庭向上溯源如何,人们都颇为熟悉。而在《论法的精神》当中,我们亦可看到类似的描述:"他们很知道哪个人常出去作战,曾有过这些或那些功绩;因此他们在选择一位将领的时候,是很有本事的。他们知道哪一个法官是辛勤的,知道很多从法院回来的人对他都感到满意,知道他不曾有受贿的嫌疑。人民知道这些,已足以选择一位裁判官了。"对这段话,我们可做两个方向的理解。在第一个方向上,这表示市民掌握真实的情况,远比身居宅府当中的君侯更了解,这表明了市民的极大的正当性;在第二个方向上,这是一个小镇,在小镇上,人们才能有这么透彻的了解。人们无法了解一个远方的陌生人,但足够了解一个本地人,显然,这正是一个熟人社会的样态,是哈耶克所讲的从小群体过渡而来的"定居的生活共同体"所讲的那种样态。

在这样的小镇式状态中,古希腊孕育了它的共和体制和民主机制,其国灭而其事存。中国上古史籍中曾描述过的禅让,尽管遭受疑古派历史学家的质疑,却成为一种对给定的君主制之外的政体模式的启发事例。对古希腊之于孟德斯鸠来说亦是如此,古希腊像闪电一样照到了孟德斯鸠,孟德斯鸠再把这道闪电抓住,概括出来、写出来,参与到古希腊政体复兴的观念塑造和机制创立当中。

哈耶克曾引用贡布里希的话说："文明及文化的历史乃是人类从一种近乎动物的状态迈向礼仪社会的一部历史；而正是在这个历史的进程中，人类培育了艺术，采纳了文明的价值观，还自由地运用了理性。"真实的历史没有贡布里希讲得这样顺利和单一，总是跌宕起伏，同时又多种多样，罗马法及其复兴，古希腊及其复兴，正是当中的重要环节。

古希腊之后，世界变化数次翻天覆地，但是孟氏如老子所讲的"抱一""得一"一般地抓住了它的闪光，古希腊特有的小镇模式便被创造性地实现近代和现代转化了。

汪洋大海与白苇黄芦：权力制约的意义

一片汪洋大海，奔涌而来，眼看就要覆盖全部陆地，此时，却有一围水草挡住了大海的波浪，还有砂砾帮衬了水草的阻击，这些水草，严复翻译为白苇黄芦，增加了水草的色彩，也让人想起了杨万里的诗句："白苇黄芦尚带秋，长风远水几时休。"

这个画面，不是小说散文，也不是电影，而是来自孟德斯鸠对权力制衡的比喻性描述。孟德斯鸠是在谈及君主的权力需要僧侣集团制衡时，谈到了这个比喻，而实际上，何止君主的权力需要制衡，又岂止僧侣来制衡君主？一切权力均需要制衡，尤其需要合理的制衡。

共和、君主和专制，这是孟德斯鸠对政体的基本分类，我们早已觉得耳熟能详，可是，细究起来，实际上这个分类和我们的一般认知也有差异，尤其是当我们再结合张雁深译本中所讲的共和政体分为民主政体和贵族政体,我们囫囵则可以接受,细想则未必同意:共和当然没问题,君主和专制如何并列呢?而民主和贵族,似乎也并不完全对应。

事实上,孟德斯鸠想说的是,共和和君主中都有专制,也就是说,细分起来,专制共和、非专制共和、专制君主、非专制君主,这样可分四类,只不过,孟德斯鸠更想将专制作为一种类型单列出来,这样才能讨论常态下的共和、君主,以及缺乏权力约束时的专制政体。至于民主政体中的贵族政体,严复译为贤政,似乎还可以拓展为贤人政治,这样比较符合国人的一般感受。也就是说,常态下的共和分为民主和贤人政治两种,而常态下的君主政体,恐怕也少不了贵族和贤人政治作用的发挥。

我们这里讲到了"常态"下的共和与君主政体,那么,结合孟德斯鸠所单列出的专制,我们可以说,常态就是非专制,而这种常态之所以能成为常态——尽管民主政体、贤人政治和君主制之古今以来的表现各有不同——是因为皆有一条基本定律,即权力的制约。

乐于讲故事、乐于概括法律原则的孟德斯鸠是把制约的道理放在了不同的情景当中来讲述,但其原理在他那里是万变不离其宗。例如,在共和国里,如果一个公民的权力太大,他就有可能滥用权力,甚至于法律也还没有预见到这种滥用。又如,贤人政治应当接近于民主政治而非君主政体,以使其趋于完善;贤人政治之下,最怕民众成为奴隶,16世纪和17世纪的波兰农奴制常受到历史学家关注,孟德斯鸠也举了这个例子。同样,贤人政治、贵族群体、中间阶级对于君主的制约也都非常重要,而其举出的最好的例子,在于教会僧侣权力对于君主权力的制约。在孟德斯鸠看来,僧侣权力于君主国家颇为适当,尤其是当此君主国有了专制的倾向时。在他看来,专横只能专横治,颇有"负负得正"之感,这倒是让我们想起了《联邦党人文集》中麦迪逊的那句令我们耳熟能详的话:"野心必须用野心来对抗。人的利益必然是与当地的法定权利相联系。用这种种方法来控制政府的弊病,可能是对人性的一种耻辱……如果人都是天使,就不需要任何政府了。如果是天使统治人,就不需要对政府有任何外来的或内在的控制了。"

所以,孟德斯鸠像佛经里用各种比喻一样,用了大海和水草的比喻。假如我们用佛经式的表达,那便是"如是我闻:譬如大海,其水甚大,将没大陆。白苇阻之,大海遂止。权力制约,亦复如是"。

说到这里,有一个重要议题,既与我国相关,也和孟德斯鸠的政体划分方式相关,这就是中国古代之君主专制与否的问题。有意思的是,对这个不止是我们,也不止是孟德斯鸠关心的问题,吴晗在20世纪40年代也做过讨论。在吴晗看来,"过去两千年的政体……说全是君主专制却不尽然"。有意思的是,吴晗也用了常态这个词,"至少除开最后明清两代的六百年,以前的君主在常态上并不全是专制"。吴晗归纳了五种对于君权的限制:第一是议的制度;第二是封驳制度;第三是守法的传统;第四是台谏制度;第五是敬天法祖的信仰。这些大体上都可以称为吴晗版的白苇黄芦。

热爱:古典平民政治中的政治美德

孟德斯鸠提出了不同政体的精神(严复译为精神,张雁深译为原则),这些精神,指的实际上是一种情感。当这些不同的情感凝练为一句话时,就是我们所见过的那句孟氏名言:共和之国需要品德,君主之国需要荣誉,专制之国需要恐怖(严复译为刑威,亦即通过刑罚的高压形成的那种威严与民众的畏惧感)。当读者开始就着孟德斯鸠的品德一词浮想联翩地泛化到种种道德领域时,孟德斯鸠在一个小角落里揭示,他所讲的品德,实际上是政治品德而非私人品德。

需要注意的是,这里讲的政治品德偏重情感,而不是偏重品质。偏重情感,往往注重当事人如何与公共生活发生联系,典型者如热爱。偏重品质,往往注重当事人如何在诱惑面前约束自己,典型者如慎独。事实上,当这里讲的情感体现为政治品德时,当然是理性之爱。爱本来是感性的,而政治品德所要求的理性之爱,当然对一位国民的自我禀赋提出了要求。理性之爱的要求是,即使内心是狂热或者燃烧的,行动仍然应当审慎,这样才不会一惊一乍地影响公共生活;内心是夏天,表现出来的依然是春天,这样才不会烫伤公共生活。

尽管孟德斯鸠本人在讲到民主政治、平民政治当中的品德时,实际上出现了政治品德与私人品德的混淆,而且政治品德与私人品德本身有时不易清晰分开,但我们还是想依据其讨论来谈谈其笔下的政治品德之排序。

孟氏笔下政治品德中排第一位的是热爱共和国。他尤其欣赏其中的淳朴的平民之爱。在平民政治中，国家与个人互相成就，从根本上来说，国家属于这些平民，这种理念是：属于你的国值得你爱。古典时代的平民政治当然是稀有的，由此，平民对祖国的爱，恰能支撑起这种稀有。如何理解这种爱，或许我们可以想到一种企业文化极佳的高科技或创意类公司，这里人人优秀，他们展示才华，并深深热爱这个尊重个体的机构。这里的"企业文化"，在孟德斯鸠笔下表达为"纯良的风俗"，实际上指的就是形成了一种氛围、一种习惯，就像"琉璃世界白雪红梅"阶段的大观园，充满着元气、精雅的文化和恰到好处的欢声笑语。然而，爱是值得珍惜的，某种程度上，盛筵必散，一旦大家对热爱产生了基于某种投机心理的算计，热爱就会渐渐集体崩塌，恰如一种群体博弈，一旦人人不爱这公司，当然彩云易散，待之而来的就会是另一种模式。孟氏这里的金句是："当品德消逝的时候，野心便进入那些能够接受野心的人们的心里，而贪婪则进入一切人们的心里。"

由此，排第二位的便是热爱共和国当中的民主政治。也就是说，第二位要求的是热爱这个国家的基本机制。或许由于爱民主政治过于抽象，孟氏迅速将爱民主政治界定为爱平等和爱俭朴，也就是说落到了相当具体的问题上。由此，爱平等可以说排第三位，爱俭朴排第四位。

事实上，爱平等是与民主政治的本质相关，爱俭朴，则属于孟氏的读史心得，也就是说前者是理念的，而后者是经验的。平民政治中的民主政治是要从中选出优秀的人来进行管理，但是平等依然是重要的底色，这里的平等当然不是绝对平等，而是一种信念、一种心态。恰如一名男子爱上一名女子，当男子是极其高傲或极其卑微时，其心态便不是平等的；而当男子是平和快乐的状态时，其心态便是平等的。恰如我们读到的纳兰性德的悼亡词，句句都透着平等之爱。

爱俭朴，是基于孟氏看到了平民政治尤其是古希腊平民政治衰败的过程。这里说的俭朴，实际上是对于欲望的约束。值得注意的是，这是不是从政治品德跑偏到私人品德上去了？这还不是。孟德斯鸠关注的是从自己家里的俭朴开始，走向公共生活中的俭朴，走向与国家命运相联系的俭朴。例如，如何避免国家的支出过于奢侈，以及如何节约公共支出。这些爱俭朴的人，是懂得适可而止的人，在孟德斯鸠看来，这些理念应当写入共和国的法律，而这些懂得适可而止的人，必将是快乐和富有智慧的人。相反的情景呢？或者盛筵必散之后的衰败情景呢？孟氏写到，那就将是："人们把过去的准则说成严厉，把过去的规矩说成拘束，把过去的谨慎叫作畏缩。在那里，节俭被看作贪婪；而占有欲却不是贪婪。从前，私人的财产是公共的财宝；但是现在，公共的财宝变成了私人的家业，共和国就成了巧取豪夺的对象。它的力量就只是几个公民的权力和全体的放肆而已。"

所以，一言以蔽之，孟氏在古典平民政治中的政治品德的讨论中，强调的是：为了好日子和好状态，呵护你的热爱，守住你的理性之爱。

古典共和中的保守主义

孟德斯鸠是不少国家变革者们的精神导师和观念启蒙者。启蒙是一道光,照亮时就难以回转。观念不知所起,一往而深。接受孟德斯鸠的人,接受了而难改,往往坐而论道,起而改变,试图轰轰烈烈干一场。孟氏的学生可能是激进的,然而,孟氏的观念当中却有相当保守主义的内容。

于古典共和中的政体精神而言,除了平等与朴素,孟氏复概括了五个要点:用元老;敬父老;听官吏;尊风俗;守旧法。前三个要点可视为对长者的尊崇和服从,也就是对人的;后两个要点可视为对旧制度的遵守和信赖,也就是对既有的甚至古已有之的法律和制度的遵守和信赖。

用元老,是指启用一批真正德高望重的老人进入元老院。这群人被孟氏视为古希腊共和的定海神针。孟氏本来觉得均分土地是让民众俭朴进而使得民风淳朴的方式,然而均分土地谈何容易,于是,启用这种威望高的老人并使其长久在元老院里任职,就成为他所认为的有效替代方式。元老院被他理想化了,但这种理想化的机构很显有趣。孟氏视元老们如神灵,激励民众的道德感情,这种感情渗透到每个家庭当中。这是一群精神不会衰老也就是能够保持活力和触摸社会活力的人,这还是一群在元老院里立法遵俗,并能够成为国民表率的人。

敬父老是元老参政的社会化。一方面,年轻人要尊重长者和老年人；另一方面，家庭中的父权得到重视，这里的例子是共和制中的古罗马。基于父爱和家长权威，父亲可以训斥子女，要求子女服从。

听官吏则是这种服从在官民关系上的表现。在孟氏看来，国民服从官吏，也就是服从管理，也就是服从法律并显示出法律的权威和力量。

尊风俗，当然就是按照旧风俗和旧习惯来行动，而这些旧风俗、旧习惯的制定者和促成者，往往是朴素而严谨的前辈们，也就是说，尊重元老们，在于元老们本身就是风俗的宝库，而且风俗往往体现为更老的故去的元老们的观念。一个风俗的例子是音乐。古希腊人存在一个运动员和战士的孔武有力的社群，由此，音乐便得以柔软心灵，使心灵具有温和、仁慈、怜悯、爱情的感觉。守旧法的意义概与尊俗同，旧的良好的法律，来自开创者们筚路蓝缕以启山林的努力，尊重此种良旧法，胜于妄定新法。

对于饱受"五四"教育熏陶的国人来说，不免觉得孟氏这些话语格格不入。李敖的名篇《老年人和棒子》大约可以作为"五四"以来的青年们对孟德斯鸠的较为激烈的回答："对那些老不成器老不晓事的老爷们，我不愿再说什么，对那些老着脸皮老调重弹的老奸巨猾们，我也不愿再说什么，只是对那些以老当益壮自许、以老骥伏枥自命的老先生们，我忍不住要告诉你们说：我们不会抢你们的棒子，我们不要鸣鼓而攻我们的圣人的棒子，我们不稀罕里面已经腐朽外面涂层新漆的棒子。我们早已伸出了双手，透过沉闷的空气，眼巴巴地等待你们递给我们一根真正崭新的棒子！"

孟德斯鸠本来也是"五四"一代的遥远导师之一，可是他居然有如此保守的看法，实在让人感到悖论重重。应该说，就具体而言，他是因地因时而异，就他认同的好地方、好时代、好办法——例如他所认同的古希腊——强调保守主义。好东西形成并不容易，难道要打破？所以，好东西就需要守护者，元老们就被设计为守护者，风俗与法律亦然。就抽象而言，保守主义强调珍视旧的、审慎于变革，既是对于新方案的不够信任和对于秩序被打破的忧虑，也在于认同原有好东西。由此，其实好的保守与"激进"都有一种呵护好秩序、好方案的内核。相信孟德斯鸠并没有成为泛化的保守主义者，而只是针对好东西来个别化地讨论保守与变革的不同方案。由此，我们想起了那首关于旧鞋子和新鞋子的老歌：

> 旧鞋子派的老先生和老太太们认同旧鞋子和从前的生活："新鞋子还没有缝好以前，先别急忙着把旧鞋子脱。旧鞋子还没有穿破以前，先别急忙着把新鞋穿上。老先生老太太都这么说呀，从前的生活就是这么过。"

> 新鞋子派的小弟弟和小妹妹们认同新鞋子和青春的好年华："旧鞋子穿过了留它干嘛，还不如光着脚凉快得多。新鞋子缝好了不穿为何，等等等过两年又穿不下。小弟弟小妹妹都这么说呀，青春的好年华不能错过。"

看似孟德斯鸠是保守派，其实他更像是折中派：只要合适，"新鞋子旧鞋子都是过生活"。

贤人政治当中的适度精神

孟德斯鸠把古典时代共和国分为民主政治和贤人政治(贵族政治)两种类型,以平等为民主型当中的一大精神,复以适度为贤政型当中的一大精神。适度,在张雁深先生译本中译为宽和,然而,读孟氏之书,中文中的适度或更契合其意。或许更好的是中庸一词,惜乎中庸已被中文的惯常使用而固化了老好先生的意思。

为何平等与适度分属民主型和贤政型?盖民主型当中,一人一票为形式,自己为自己负责(也能够负得上责)为实质。此处负责,是为权利意识与责任意识之合一,此形式与内容皆指向平等。而贤政型当中,平等既难以出现形式,更不符合各方面之实质,故较为务实的适度反而契合现实之用。所谓适度,实际上就是防止畸轻畸重,维持一个贵族统治下的大体的平衡。也正因此,虽然适度还达不到平等之状态,却也必须杜绝严重的不平等,这里既包括贵族与平民之间的严重不平等,也包括贵族内部的严重不平等。例如,贵族与平民禁止通婚,显然就属于设置了两个阶层之间的鸿沟,只会加剧不平等。凡是规定了这样法律或惯例的地方,就算是违反了适度精神。

孟氏所讲的贤人政治当中的适度,总括起来为经济和法律两个方面。

在经济方面,要努力做到贵族也同样缴纳赋税,并极力避免贵族逃避纳税,避免贵族以俸禄为由侵占公共资财,避免贵族变相地向平民收取费用。相应地,为了提升平民的福利和福利感,孟德斯鸠提议向平民发放补贴,同时设立若干公共文化设施,让平民能够从公共设施中获得享受,也获得一种获得感。孟氏这些想法,都指向避免财富向强者贵族聚集,也避免贵族利用权力和便利而逃脱基本的赋税责任。孟氏清楚,财富向贵族的聚集,是因为贵族具有优势地位,所以聚集也算是难以避免,既然如此,就要强制向贵族收税,同时将财富进行适度的均衡化和公共福利化。

孟氏特别提出,贵族不能担任税官,此为有意义的具体建议。贵族收入作为社会中收入的一大块,是赋税的重要承载者。赋税的本意就是取用皆在于民,而且与资源和收入构成一定比例。但是缺乏责任意识的贵族当然不愿就范,于是想办法逃脱税责,当此时也,若再让贵族担任了这个税官,简直让他找到了最好的聚宝盆和保护伞,而且伞尖还要朝外。

在法律方面,孟氏提出,要建立两类制度,以体现适度原则。一类制度指向对于平民的保护,即设立护民官制度。贵族既然出于社会中的优势阶层,则自制者能呈良善,不自制者则不免骄横,甚至豪横霸蛮之贵族也是史不绝书。护民官制度设置之初衷和常规运行就是要打压骄横的贵族。孟氏有一句精彩的话:"如果法律尚未建立护民官的话,法律自己就应该是护民官。"此语指向立法和司法两个板块。既要从立法上限制贵族,也要在司法上追究贵族的违法犯罪之责。假使贵族犯罪而常能免受处罚,则社会危矣。另一类制度指向对于弱势之贵族的保护。基于适度的精神,孟氏表示,贵族不能太富,但也不能太穷。为了避免让贵族太穷,孟氏建议在法律上规定一些措施,例如不能没收财产。但为了避免让少数贵族太富,孟氏建议废除长子继承制,以使不同子嗣皆能分到一些财产,如此,贵族的规模是有的,但又不是少数维持贵族的寡头状态。

有意思的是,孟氏在这里讲了一句令人费解的话,他说,"要防止他们(贵族)的贫穷,特别要紧的就是要他们及时偿还债务"。对这句话,严复表示了不解和不满,也代表了读者的不解和不满——既然要防止贵族贫穷,那么为什么要让他们及时偿债?偿债不是让他们更穷了吗?我想,孟氏的原意可能在于,一旦贵族变穷导致偿债成为难题之后,如果不及时清偿债务,就会形成一个连锁反应,一个穷人不还债,实际上会让一条债务链上的人的经济都受影响。这也就进一步违反了适度精神。

严复在这里表示,孟德斯鸠关于适度精神的相关表述,"节短意长,义繁词简,故其难译,实倍他书"。这里讲的虽然是翻译,实际上也讲了孟氏适度精神的意义。虽说平等和适度在不同的社会类型里各司其职,但是实际上适度适用范围更广,相较平等是一种伟大的精神,适度更体现为一种智慧。相较平等往往遭致歧义和误解,适度则常常构成一种共识性话语。

法律诞生的两个方向

孟德斯鸠在《论法的精神》里有一段话,有助于让我们思考法律诞生的故事。

孟德斯鸠说:"一个政体越接近共和政体,裁判的方式就越确定;在拉栖代孟共和国,民选长官断案是武断的,没有任何法律作为依据,这是一个弊端。罗马初期的执政官们的裁判方式也和拉栖代孟的民选长官一样,但因感觉不便,所以制定了明确的法律。""专制国家是无所谓法律的。法官本身就是法律。君主国里是有法律的;法律明确时,法官遵守法律;法律不明确时,法官则探求法律的精神。在共和国里,政制的性质要求法官以法律的文字为依据……"

阅读孟德斯鸠的论述时,我想到,法律的起源,实际上可视为司法和立法两种起源,而人们以往常忽略这种区分,认为二者是一码事,或者认为二者同步进行。细分起来,有关司法与立法的两种来源,仍可细分:第一类,集行政与司法权于一身的官员在裁决时所依据的法律或所创设的法律;第二类,专门法官所依据的法律或所创设的法律;第三类,立法者订立但与司法关联不大的法律;第四类,立法者订立的司法亦作为依据的法律。

所谓行政官,在法律起源年代,就是行使社会管理职能的酋长或能人一类的人物。他带领大家干活,进而行使分配权。当他亲自处理本部落的纠纷时,他扮演着法官,也就是裁决者的角色,当此时也,他便兼行政权与司法权于一身。他既然掌握了双重权力,就容易让裁决形成权威,如果遇见新的纠纷双方,他便会复制或图省事地用起他用过的规则,这便是第一类司法式法律的诞生。

但他也可以委托他人处理,而受委托的人可以是一个巫师,因为他掌握神意,可以根据神意作出裁决;可以是一个长者,因为他德高望重、社会经验丰富,所作的裁决易被人们信服;可以是一个公道的人,因为裁决无非要求得到公道的结果,这样才能息事宁人;可以是一个专家,因为他有知识、明事理,能够充分地给纠纷的双方讲透道理。当此时也,这个受托的人便成了专门的法官——至少不是集行政与司法权于一身的那位酋长式部落负责人。假使这个受托的人再找两个助手,三个人就组成了一个专门的机构,他们专门思考纠纷解决的原理,从一件事情有一个解决方案过渡到一类事情有一种解决规则,这便是第二类司法式法律的诞生。

而假如部落负责人为了管理大家伙儿,自己明确一些理念,制定一些规则,这些规则,有的有惩罚条款,有的未必有,但都可以称为他所制定的法律。但这些法律未必需要专门的法官来适用,而有可能直接由部落负责人自行适用,亦即和纠纷解决时的那类法律不太一致,这便是第三类之立法而不太关联司法之法律的诞生。

假如部落负责人召集了若干有经验的人一起参与制定一些规则,这些规则用于管理部落,同时也可以让专司纠纷解决的官员来适用,这便是第四类立法者制定的司法依据之法律的诞生。可以想象,在第四类法律诞生的场景中,部落负责人面对的是一个较大的人群,这个人群里出现了较多的陌生人,出现了诸多复杂的事务,甚至出现了混乱的局面——例如,洪灾来临时,抢食物的人多了起来;打起仗时,投降的人多了起来;几个部落联合,想必都不太服气,这些复杂局面,部落负责人一时不好独自面对,便有了一个议事机构改革,机构会制定一些规则,以希图能够统一施行,遇到纠纷时统一适用。

我们能够设想老子的理想场景——小国寡民。在这里,不需要高度发达的法律,而只需要愉快的相处。(很可能)针对老子提出的这种模式,孟德斯鸠说:"中国的著述家们老是说,在他们的国家里,刑罚越增加,社会就越临近于革命。这是因为风俗越浇薄,刑罚就越增加的缘故。"然而,无奈的是,随着觅食能力的增强,人类社会的规模只能越来越大,法律只能走向越来越细致和复杂——法律的复杂折射社会本身的复杂。然而,当法律越来越多时,我们不能忽视法律起源时的前述分类,因为四种分类里,嵌刻着不同的智慧、理念和风格,与公道有关,也与对人的行为形成的激励或畏惧有关。当然,四种分类里,主要表现的还是两个方向:一个方向来自司法,另一个方向来自立法。

君主国里的平衡论

孟德斯鸠早已指出,君主国的原则是荣誉,这里的荣誉包括待遇和名爵。怎么理解孟氏的这个论断呢?他是鼓励在君主国里建功立业争荣誉?还是通过若干案例研判出荣誉在君主国当中的重要性?若是后者,他又是怎么和基于什么而给出了关于荣誉的判断?在我看来,这是出于孟德斯鸠对于君主国及其运作状态的理解和观察。

无论孟氏是赞成还是反对,也无论我们是赞成还是反对,人类史上,君主制确乎为国体政体之一大样态,此确为在历史中形成,且已为数千年史籍所载。正如美国政治学和宪法学家古德诺在20世纪初评论中国政治所指出的:"盖无论其为君主或为共和,往往非由于人力,其于本国之历史习惯,与夫社会经济之情状,必有其相宜者,而国体乃定。"古德诺对君主制的生成评论指出:"凡君主之国,推究其所以然,大抵出于一人之奋往进行,其人必能握一国之实力,而他人出而与角者,其力当足以倾踣之。使其人善于治国,其子姓有不世出之才,而其国情复与君主相合,则其人往往能建一朝号,继继承承,常抚此国焉。"撇开古德诺在当时受到何种影响不说,这几句话比神意论确乎更具社会科学的味道,概括了君主国的生成机理。针对作为重大历史存在的君主国,孟德斯鸠将其分为较为宽和的君主国与较为专断的君主国。价值中立是一种理想,社会科学家却很难失去基本的价值评判,在孟德斯鸠这里,确乎存在一种针对君主国的"厚此薄彼"——赞赏宽和类而不太欣赏专断类。又或者说,他之所以赞赏宽和类,是因为在君主国的两种类型之间做出了他自己的取舍。孟德斯鸠说:"在良好政治下生活的人民,总比那些没有规章、没有领袖,在森林里游荡的人民要快乐些,在国家的基本法律下生活的君主,总要比暴君快乐;暴君没有任何东西可以约束他的百姓的心和他自己的心。"从这句话来看,宽和的君主制,不失为历史条件下的一种良好政治。荣誉,就是基于他对宽和类君主国的赞赏而提炼的原则。

其实,与其说荣誉是原则,不如说荣誉是君主国里维持基本样态的一个首要的"抓手"。维持什么样的样态才是最重要的呢？答案是——我概括为"平衡论"。君主国里的平衡，主要表现为两个方向：一个方向是君主—精英—国民的阶层平衡结构，另一个方向是君主—精英—国民的事务平衡结构。

君主—贵族—国民的阶层平衡结构于君主国至关重要，失去了这个平衡结构，要么君主国的光谱增强为专制模式，要么该国陷于某种不安静中。在孟氏看来，贵族是此平衡结构的中坚部分，而荣誉则能保全贵族制。抽象地说，荣誉既是贵族体制之子，又是贵族体制之父。而具体地说，荣誉仍然要体现为具体法律制度。在一般意义上，这些法律制度并不一定合理，但它们对于维护贵族制却颇有用处。这些制度就包括：（1）承嗣制，即确定由贵族子女中的一人来继承主要财富（以及名爵），这在一般继承中显然伤害了其他子女，但却促成贵族财富不致分散；（2）遗产赎回权，即贵族后辈可以赎回失去的土地，孟氏将土地和贵族捆绑在一起，认为有土地的贵族才有尊严。

君主国显然不止君主、贵族和国民三类人，更有不同类型的精英存在，这些不同领域的优秀人才可能是但也未必都是贵族。他们往往发挥社会稳定器的功能，在国家面临可能的失序时，以明智而有权威的样貌出现，以温和手段商讨解决争议，改正弊端，重振法律的权威，由此，便形成了君主—精英—国民的事务平衡结构，孟氏也称这些优秀的人才为"国家各阶层"。尊重他们，而非依赖和期待国王和大臣像天使一样施政，这是孟氏对于君主国的良言。

显然,为了维持平衡,就不能只依靠贵族和精英,还要激活民众的活力和减轻民众的负担,孟氏提出的对于平民的两策,是强化贸易和减轻赋税,前者让民众富起来,后者则减少民众的劳苦。

而平衡论的原则,在孟氏这里有两条:一为法律尚慢;二为举国尚宽。君主国里决策快,大政往往被少数人决定,孟氏提出法律尚慢,就是要减少决策效率高所伴随的轻率,在从容的执行中、在审慎的思考中事缓而圆。孟氏把宽宏大量提炼为专断之君主国所缺乏的状态,在宽宏大量中,人们可以养成灵魂上的博大。那么,什么不是宽宏大量呢?孟氏举了一个有趣的例子:有的地方的粗鲁者要采果子,但他不是在树枝上摘果子,而是把树从根砍倒。为了吃几个果子,毁一棵树,这里的粗鲁者不善待树,也就只能承受只吃几个果子的现实了。

北欧故事

孟德斯鸠在专门谈论专制主义时,讲了一个有趣的事例:当18世纪初的瑞典国王查理十二世(又译卡尔十二世)在遥远的本达地区时,他听说国内元老院里有人反对他,便写信回国说,他要寄一只鞋子回国,让鞋子来进行监督工作。

孟德斯鸠生于1689年,查理十二世生于1682年,查理十二世比孟德斯鸠大7岁,二人可谓同龄人。1718年,查理十二世在远征时阵亡,此时查理十二世36岁,孟德斯鸠29岁。30年后,《论法的精神》出版。

查理十二世统治前后,瑞典称雄波罗的海一带,领土包括现芬兰、爱沙尼亚、拉脱维亚、立陶宛和俄国、波兰和德国的波罗的海沿岸地区。继位之后的查理十二世雄姿英发,向作为敌对方的北方同盟多次展开军事行动,北方同盟包括俄国、波兰、萨克森、丹麦。1700年,查理十二世率8000人击败俄军3万人,震惊欧洲。可以想见,当时年仅11岁的孟德斯鸠听到远方的这个军事新闻时,当如何遥想18岁的胜利者国王查理十二世。

图27 瑞典查理十二世

此时,俄国执政者即沙皇彼得一世,更加赫赫有名。正是在与瑞典展开北方大战的背景下,彼得一世开始大规模改革。彼得一世领导的俄国崛起,瑞典逐渐失去霸主地位。查理十二世正是在俄国崛起和瑞典式微的过程中阵亡。作为历史、时代、法律、制度的观察者,孟德斯鸠必然关注在他的时代极为耀眼的查理十二世。正是在这种背景下,他记录了查理十二世的鞋子故事。

事实上,在孟德斯鸠谈论专制主义时,他举到的例子好几个都涉及与查理十二世相关的背景。也就是说,以查理十二世为观察对象,孟氏展开或正或反的与专制主义相关的思考。其一,土耳其人之所以决定和彼得一世签署和约,是因为俄国人告诉土耳其宰相:瑞典已经另一位君主登基。孟德斯鸠想借用这个例子说:查理十二世之死意味着他的一些决策将无效,孟德斯鸠试图概括这种人亡政息的基本样态。其二,在孟德斯鸠所评论的专制主义体制里,君主很少亲身作战,而往往幽居在深宫里。之所以归纳此条通例,或许原因在于他看到了查理十二世常常统兵征战但未得善终,此实为别的君主们所重视。其三,在查理十二世和对手彼得一世之间,彼得一世的改革获得孟德斯鸠的认可。孟德斯鸠称赞彼得一世的改革解散了庞大的守卫队伍,减轻了刑罚,建立了法院,传授法律知识并以此教育民众。在政治思想家列奥·施特劳斯的孟德斯鸠著作讲稿中,同样肯认了孟德斯鸠对于彼得一世的认同。查理十二世以专制主义而败,彼得一世以改革而胜,孟德斯鸠在这里展示出春秋笔法。其四,即使是对世界范围内的地理影响制度意义上的评论,孟氏的点评也是与查理十二世同时代的,既不更早,也不更晚。他说,炎热的地方更容易产生类似体制——他点评的是与查理十二世同时的奥斯曼帝国。

孟德斯鸠概括了他所理解的专制主义体制的国际法观念:其所遵循的国际法范围,比别的国家要窄。这样的国家,最好的状态是四周都是沙漠,而它成为世界上唯一的国家。由此,该国也就不需要与邻国发生联系。不能确认这个有关国际法的概括是否也和查理十二世直接相关,但是看得出来,孟氏的思考中有深深的查理十二世的影子。以往的观察者(包括施特劳斯在内)忽视了孟氏对于查理十二世的关注,以为孟氏是散点评论,而实际上孟氏是聚焦评论,聚焦的对象就是查理十二世。

查理十二世的鞋子,表达的是孟氏重点透析的对内:查理十二世想要无处不在、无远弗届地实现统治。正是在这种心理下,有关产权问题、有关如何建立令民众感到畏惧的法律制度问题,都成为查理十二世的自然逻辑。

孟德斯鸠所描述的周边沙漠,表达的是他所想透析的对外:对内寄鞋子,对外就不懂尊重周边,除非沙漠,否则其控制心理太强而国际法观念太缺乏。

事实上,在一般历史学家的笔下,查理十二世是一位亚历山大式的少年英雄。毕竟,他曾击败俄国,称霸欧洲北方;毕竟,与彼得一世争霸,虽败亦犹荣。显然,这样一位历史人物是北欧的一代传奇。然而孟德斯鸠思考专制主义却将目光放在以查理十二世为中心的时代、周围和制度样本中,这便是"尔爱其羊,我爱其礼",他思考的不是战功,而是制度——孟德斯鸠不是一个说书人,而是一位说制度人。

法律与司法的繁和简

法律的繁和简、司法的繁和简,的确是一个横向和纵向比较法律的较好视角,也是一个法律人和非法律人形成共识的较好连接点,是评估"大道至简"和法律"繁于秋荼,而网密于凝脂"到底是相悖还是相向的重要观察点。

应该说,存在一种叫作大道至简的法律和法律原则,这些至简的法律和法律原则成为法律格言和法律理念。有些理念,得到后轻松,得来却不容易,例如耶林所讲的"为权利而斗争"。我近来思考其更好的表达是"为权利而奋斗"或"为权利而争取",不论是何种表达,在20世纪90年代《民商法论丛》最早的卷帙里被译出时,都不免使人眼前一亮和心中一震。这就是启蒙,于法律人是启蒙,于非法律人同样是。带来同样感受的还有梁治平先生翻译伯尔曼而形成的名句:"法律必须被信仰,否则它将形同虚设。"尽管人们问,法律如何被信仰?但是此语将法律放置在信仰的高度,无论如何震撼了此前只是将法律看作普通条文的国人。这些名言,都是大道至简。

但大道至简的往往是原则和理念,法律和司法过程却不能只有至简一种气质。当原则和理念落脚到具体的条文和具体的诉讼过程时,就往往化为烦琐。从实体法和实体法理论来看,实非专业人士不能把握,于是催生了专家型法官和细分领域的律师,而一般当事人往往不能胜任。例如,在民商事案件里,一部民法典是介入案件的最低门槛,然而这部法典却却有10万字之多。诉讼中的人一般都颇显焦虑,而且少数的当事人和证人确实有"上帝视角"——他曾经亲眼看到了事实,然而这些事实还要被不断质证;他自己觉得权利受损,然而需要漫长的审判、琐碎的细节,才能得知权利是否正当,自己的诉求可否得到正当的救济。有的人要问,大道至简哪里去了?

这个问题,经典到老子时代已经在诘问。"法令滋彰,盗贼多有。"在汉代文献《盐铁论》当中,代表儒家观念的贤良文学一派提出:"昔秦法繁于秋荼,而网密于凝脂。""然而上下相遁,奸伪萌生,有司治之,若救烂扑焦,而不能禁……方今律令百有馀篇,文章繁,罪名重。"即使老牌的习法之吏都不知所措,何况一般老百姓呢?贤良文学说,看看吧。律令在藏书室里都蒙尘了,还生了虫子,官吏都看不过来了,何况一般老百姓呢?贤良文学忿忿不平地指出:"此断狱所以滋众,而民犯禁滋多也"——他们的意思是法网越密,犯法的反而越多。尽管作为读书人的贤良文学是儒家,却的确明明呼应了老牌道家老子的名言——"法令滋彰,盗贼多有"。

孟德斯鸠在他的时代就看到了人们的焦虑。所以面对实际的权利受损、实际的司法案件,人们的关注点确有会通之处。孟德斯鸠是"拥繁派",所以加入穿越时空,让1世纪的汉代贤良文学和18世纪的孟德斯鸠坐而辩论,孟氏将借助他对各国的比较而展开对贤良文学的批评。

事实上,简单地赞成大道至简和简单地强调法律和司法精细化,都的确过于简单了。

民众与法官

民众与法官的关系,始终是古今经典问题。

首先,二者是一种基于专业性的共生关系。当专业的法官职业产生之后,法官于法学知识上的专业性和民众于法学知识可能的不求甚解之间呈现共生景致。

其次,二者具有明显的从属关系。我们先不说概念更大的人民一词,即使是面对仅仅描述人群和群众的民众一词,法官与民众之间,也始终有一个是否为了民众、是否依靠民众的问题。

最后,二者具有权力和权利的共处关系。法官行使的是国家赋予的权力,法官道出法理与法条时,实际上是用自己的专业知识来代表国家办案。当终审判决作出时,相关当事人只能服判,这种既判力的权威,实为国家权威和社会秩序的重要基础,只是由于兹事体大,复要求判决必须是公正和服人的。无论如何,法官是典型的彰显国家权力权威性的一种职业,但国家权力又与人民重托相连,进一步的问题是,代表国家办案是不是表明接受的就是人民的重托?与办案当地的民众又是什么关系?国家越大,这个问题越成为一个问题。

假设在一个极小的国度,这个国度像一个小镇一样小,大约只有两三万人,当此时也,人民和民众可以说是合一的。也就是说,在司法审判中,人民可以直接到场,民众的到场就是人民的到场。在这种情况下,我们会见到两种情景:一种是法官裁决,孟德斯鸠认为这就是法官代表人民在作裁决;另一种是人民直接全体到场,这也就是所谓的大众剧场司法。事实上,在古希腊,恰好发生的也就是这两种情景。我们可以设想,这和古希腊岛屿林立的状况有关。岛屿林立,人群相对固定,规模相对较小,征服相对少。没有征服杀伐,酋长权威相对小,而民众本身的话语权相对大,于是,一方面产生了分工——随着法律增多,法官职业出现;另一方面分工之前的模式也继续存在——民众可以直接到场,形成大众剧场司法。我们可以看到,在这种模式里,法官之所以受尊重,很大程度上是基于其专业性,这是社会分工使然,而与国家权力的属性联系反而偏少。

又假设在大国的一个偏远的山村,人数更少,民众只是当地民众,却不能代表广阔的人民概念;法官是委派来的,而不是从当地产生。当此时也,法官的权力属性就大于专业属性。在这种情况下,一方面,剧场司法的可能变小,甚至于在法律上已无依据;另一方面,法官虽然代表权力,却不能与民众完全相悖,因此,在很大程度上,法官也尊重民众的意思自治,由此赢得一种又尊重民众意见又彰显国家权力的审判模式。于是,这里出现两种情况:第一种是法官依法断案,民众通过舆论表示评论,但民众本身并不干预法官判案;第二种是民众不仅不干预,而且是法官断案的学习者,当一个案子判决时,民众感到正义得以伸张,秩序得以维护。

孟德斯鸠在《论法的精神》里,不像当代法理学者一样去直面一个命题,然后进行长篇累牍甚至形成一部专著的讨论。但是,相当多的关联问题,孟德斯鸠显然是想到了,或者不能不想到。这样,其只言片语的涉及,便也颇有意义。孟德斯鸠说:"在罗马以及希腊的城市,法官们从来不是共同商议的。每个法官用以下三种方式之一发表意见,就是:'我主张免罪''我主张定罪''我认为案情不明'。因为这是人民在裁判或者人们认为这是人民在裁判。但是人民并非法学者,关于公断的一切限制和方法是他们所不懂的。所以应该只向他们提出一个目标、一个事实、一个单一的事实,让他们只须决定应该定罪、免罪或者延期判决。"

我们可以看到,孟德斯鸠在这里谈论的实际上主要是我们刚才假设的第一种情况,而在第二种情况里就不甚明显,正如我们所言,前者强调分工,后者强调国家权力。这两种情形的发生,当然都与早期国家形成中的渊源、延续的传统和独特的地理人情有关。

而事实上呢?分工和权力,二者都非常重要,重要的是法官要实现正义,这是法官的职业诉求,也是民众的期待。尽管个别民众在涉及自己时,容易将个体利益与正义相连,认为保护了自己的利益才是正义,但是,正义依然是民众对自己和对众多案件的基本期待。

罪与刑的比例

记得在当年本科的课堂上,老师引述了《论法的精神》里的话来讲古中国和古俄罗斯的差别,就是讲古中国区分了抢劫和杀人,抢劫又杀人的重处凌迟,只抢劫的则惩罚不及凌迟,故中国的抢劫者一般不杀人;古俄罗斯法律不做区分,故抢劫者往往杀人。后来读《论法的精神》看到这一段时,不免欣慰。这段话清楚不过地阐明了孟德斯鸠的看法:轻罪不能重罚,重罪不能轻罚,刑事处罚的轻重失当,不仅不公正,还会影响到社会中的犯罪行为,犯罪者看到轻罪也会遭到重罚,干脆就犯下重罪,此时,最苦是受害人。

道理非常清晰,但是当政者就不一定这样想。当政者为何不这样想?因为他"只看到开头,却看不到结尾"。第一个开头是,他认为重罚足以抑制犯罪,所以将轻罪者重处,就能震慑社会上未犯罪的人;第二个开头是,他认为犯罪者既然犯罪,已然伤天害理,不重处何以当得上公正二字?然而他看不到的结尾就是孟德斯鸠所讲的古俄罗斯的例子。他的重罚政策启示了犯罪者:干脆干一票大的好了,反正都是"掉脑袋"。于是,这样一位当政者就将看到一种恶性循环:他"下手"越重,犯罪者下手也越重。

我们常说"戾气"很重,犯罪者下手越来越重,就是典型的戾气很重,社会由此形成一片恐慌。可是,从历史来看,被我们忽视的戾气很重,还包括那些历史上的当政者,当他们一味地试图以重典治乱世时,重典加剧犯罪者行为失当,实际上,这也算是一种戾气。后者的戾气当然是出于治理上的善意,然而,缺乏治理之科学、立法和司法之科学的善意,或许也会带来一种意想不到的负面结果。

犯罪与刑罚是一门治理科学,越精密的社会,有关犯罪的规定越精密,而有关刑罚的文本规定和诉讼程序也越细致。而在较早的社会中,也一定有着最基本的犯罪之规定。"佛门十善"倡导:不杀生,不偷盗……"摩西十诫"则说:不可杀人,不可偷盗,不可作假见证陷害人,不可贪恋人的房屋……我们可以看到,不杀人和不偷盗,就是双方的共识,也是社会运转的基础。

其实,不杀人和不偷盗,此种对于社会成员的基本要求,并不是时刻处在惩罚的威慑之下。社会约束这种基础型犯罪,靠的不完全是惩罚,而往往在于营造一种氛围。在一个素质较高的社会,一般人很难萌发所谓杀人和偷盗的念头,产生这种念头时会有一种罪恶感,这就是社会营造了自律的甚至于超越于自律的道德氛围。而即使是在有相当惩罚的情况下,人们不仅畏惧惩罚,更畏惧惩罚带给自己和自己的亲友的那种拖累,畏惧那种被追责的恐惧感,畏惧刑事责任本身。所以,类似杀人和偷盗的这种基础型的犯罪,当其发生时主要为以下两种情况:一是发生在本身有相当暴力倾向和反社会倾向的人身上;二是发生在有一定原因的情况下。发生的时候,无论其状态是冷静还是紧张的,其内心都无疑是惶恐的。尤其是对于前一种人来说,此种人在任何社会都有——任何一个社会都难以将犯罪率降为零,他们身上的反社会倾向,促使他们总是在有限的犯罪空间里扩大他们的犯罪成果,于是,杀人的可能继续杀人,偷盗的可能继续偷盗。事实上,自古以来,治理犯罪的一大难题也就发生在这样一群人的身上。孟德斯鸠的智慧建言,很大程度上指向这一类的犯罪，所以他反复讲抢劫杀人的不同情况，指向的不仅在于基本的法治文明，也指向所有的可能想要采取重罚措施的情况不一的当政者。

自然，还有一类犯罪是针对当政者的冒犯，孟德斯鸠举例说："七十个人阴谋反对巴吉尔皇帝，皇帝命令鞭打他们，烧他们的头发和胡子。有一天，一只牡鹿的角勾住了皇帝的腰带，他的一位随从拔剑割开腰带救了他。他命令斩这位随从的头。"这种情况与轻罪重罚的指向社会上的犯罪者的治理不同，其展现了巴吉尔皇帝的任意性。任意当然更是刑事法科学之敌，因为任意之下，民众更加无所措手足。

人性善恶中间值理论

关于刑事诉讼，现代法治已经形成了一些基本的逻辑，即无罪推定、人格尊严和正当程序理论。这已是当代法治的基本理念和基础常识。

就无罪推定理论来说，在法庭宣判之前，人是无罪的。既然是无罪的，就不能当作有罪者来惩罚。这是理念，也是经验——一个看上去已经罪恶滔天的人，完全可能是个彻底无辜的人，正因如此，胡适极其欣赏明代吕坤在《呻吟语》中的话："为人辩冤白谤，是第一天理。"然而经验如此之多，却要在近代以来才成为法治共识，可见积习之难改。根据无罪推定理论，当一个人被采取刑事诉讼强制措施后，在性质上是无罪的，在行动上却是不自由的，此时，如何避免刑讯逼供，就需要辅以别的理论。

人格尊严理论形成了有效补充。人格尊严理论承认刑事诉讼强制措施的合理性,但强调刑事诉讼过程中必须尊重基本的人格尊严。人在被判有罪后的服刑过程中,其人格尊严犹受尊重,况乎在无罪的刑事诉讼中?由此,刑事诉讼过程中断乎不能采用损及其尊严的拷问措施。正当程序理论同样形成了有效补充。一个人被屈打成招,不仅不符合正当程序,而且可能使真凶脱罪,这就阻碍了国家机关对真正犯罪者的追逃。

正是这些可贵的理论和良好的措施,使得真正的执行者们成为一群在实践中具有法治精神的人。法治精神一词兹事体大、叙述宏大,而亦弥散在微小的个案中。法治精神应当是一种勇履职权而彻底理性的精神,所谓勇履职权,就是尊重相关国家机关履行职责的合理性,不履职自然不能辩冤;所谓彻底理性,就是不舆论断案,不预设罪犯,尊重人格尊严和正当程序。

孟德斯鸠对于刑事诉讼的基本思路则在于以下两个方面。

第一,一部分人的人性可能是恶的,但是法律上对于人类的假定,应是处于善与恶之间的中间值。假定是恶的,就对其怀有敌意;假定是善的,就难以定罪量刑。善恶中间值,这是面对犯罪嫌疑人的慈悲心,也就是人道主义。孟德斯鸠说:"在处罚一切犯罪时,两个证人的证言就已够了。法律相信他们,仿佛他们说的都是真实的。"孟德斯鸠时代的刑事诉讼与现代刑事诉讼当然有所不同,所以,孟德斯鸠的"两个证人论"并不构成现代刑事诉讼的圭臬。推其本意,孟德斯鸠是想说,假设两个证人没有恶意且做了真实证词,犯罪嫌疑人便能逃过可能的严刑拷打。

第二,禁止拷问应当是刑事诉讼的基本原则。孟德斯鸠引用英国的事例说:"今天在我们眼前就有一个治理得很好的国家,它禁止拷问罪犯,但并没有发生任何不便。因此可知,拷问在性质上并不是必要的。"孟德斯鸠在这里用经验代替了理论,点到为止,但其念兹在兹的无疑是慈悲与人道。既然不必拷打,也能发现罪犯,也能维护治安,那么严刑逼供的意义又何在呢?

对比我们刚才所讲的无罪推定、人格尊严和正当程序理论,我们来看孟德斯鸠的人性善恶中间值理论。我们发现,其实孟德斯鸠是隐隐约约地提出了人格尊严的看法。

人性恶,是一种设计制度时的基本假设,也就是所谓防小人不防君子。然而,在实践中,却要尊重人的基本尊严,这就是说无论是小人还是君子,他首先是个人,他应该得到人之所以为人的尊重。在刑事诉讼启动时,一个人在被发现一些证据线索后,可能被采取强制措施,但是即使他越来越被认定为一个恶人,他的尊严都要受到应有的对待。人性善恶中间值理论,则居于人性本恶和人格尊严理论的中间地带。

人性善恶中间值理论是一种操作性的思路,但也是一种慈悲心和人道主义。一方面,它站在办案机关的立场上,提供一种方法论;另一方面,它又站在犯罪嫌疑人立场上,反对刑讯逼供。这是一种宽厚仁爱的精神,进一步推演,便指向了刑事诉讼中的人格尊严关怀。

古刑罚中的刑法哲学

日耳曼人的法律是启发孟德斯鸠的一大源泉。在《论法的精神》中,孟德斯鸠多次提到日耳曼人,或者由此阐发一种谋生方式对法律起源和形成的影响,或者描述其独特法律的演化过程,或者从中看到法律的多样性。当孟德斯鸠讨论刑罚时,日耳曼人的罚金被孟德斯鸠推到读者面前。

日耳曼人的刑事处罚以罚金为主,孟德斯鸠解释说,这是因为按照其民族自由而好战的观念,只能在手执武器时才能流血,平时是不能流血的,故处罚金。当然,对此的朴素提问便是——罚穷人,穷人很在乎;罚富人,富人是否在乎?如此则罚金是否有威慑力?孟德斯鸠举了日本的例子来作为对日耳曼人的提问。在古日本,情况恰好反过来,只处以肉刑,不处以罚金。

如果我们把对刑罚的理解置于历史情境当中,当可发现,各古代民族或国家适用不同的刑罚,确乎各有其道理。日耳曼人以游牧为生,不以置不动产为追求,所以在财产方面,其所在乎的便是动产,富人重视财宝,贫者重视生活物品,当此之时,罚以财富,便能对其生活形成威慑性的影响。重要的是,作为游牧民族,生活以流动为主,统治者尚且如此,难道还要为囚徒准备固定的监狱?监狱难设,若刑罚变为肉刑,则肉刑会使得一个受刑者失去劳动力或战斗能力,对于人数不算众多的一支力量来说,这也是一种损失,由此,罚金便成为重要的选项。

进一步说，日耳曼人极为重视荣誉，处以刑罚本身是一种羞耻，这种耻感，加上财产的损失，对其威慑为不敢再犯，对社会形成犯罪者受处罚的正义评价，就实现了刑罚的目的。由此，日耳曼人选择罚金，实为契合本民族的一种考量。

而对于古日本来说，情况确乎相反，作为非游牧民族，日本的考量排除了日耳曼的刑罚基本点，作为对非流动的人数不少的农业式居民的处罚，既不十分重视被处罚者的劳动力和战斗力，又更强调对于土著长居者的威慑以求减少犯罪，肉刑便成了重要的选择。

如果说古日耳曼的罚金里不仅在乎威慑，而且在乎正义，而古日本的肉刑则威慑大于正义，则古人对于报复刑的设计方式不同于罚金，是一种较为原始朴素的融肉刑、威慑和正义于一体的刑罚。报复刑，在孟德斯鸠这里，是指同态复仇。同态复仇，是以彼之道，还彼之身，不仅要处以肉刑，还要处以相同部位之伤害的肉刑。显然，在威慑方面，报复刑与肉刑有同等的考量，而在正义方面，这是一种最清楚明白的看得见的朴素正义。

罚金、肉刑和报复刑，都在其情境里产生，而当其随着观念的进步和时代的进步而演进时，就发生了新的变化。《论法的精神》说："《十二铜表法》中采用两种和缓办法：第一是，除非没有办法抚慰被害人，绝不判处同等报复刑；第二是，在定罪之后，罪犯可以支付损害赔偿金。这样，肉刑就变做罚金了。"《十二铜表法》部分地把报复刑转为罚金，自然是巨大进步，这表明朴素的威慑观和正义观下的报复刑，转换为不损及尊严和不增加明显肉体痛苦的文明方式,这正是威慑观和正义观的升级,人们发现,这样的处罚方式,同样可以实现威慑和正义。仔细看,我们还可以注意到,《十二铜表法》不单纯是孟德斯鸠所讲的肉刑转化为罚金,其中还有赔偿的考量。赔偿与罚金是不同的,赔偿在于给予被害人以利益补偿,《十二铜表法》于此是有强烈的被害人关怀的。这种关怀,就在威慑和正义之上又增加了人文、人道和人本的色彩。

进一步说,孟德斯鸠在后来的篇章里又举了古希腊和古罗马的例子,对盗窃和购买盗窃物品的行为,古希腊和古罗马的刑罚亦是罚金,并且处以同等程度的罚金,然而法国当时对盗窃的处刑乃是死刑。这是罚金给人们的另一个启示,当肉刑和死刑等刑罚会造成不可逆转的损失时,罚金的方式相对灵活。我们似可推断,孟德斯鸠本人是颇为欣赏罚金的。罚金在他这里是古老的日耳曼人刑罚方式,却有意无意当中将文明观念注入了刑事法当中。

节制与平等意义上的节俭

尽管《论法的精神》写得洋洋洒洒,但是也并非面面俱到,在此之时,孟德斯鸠给节俭与奢侈的关系分配了不小的篇幅。孟德斯鸠在考虑什么呢?

从现代法治的基本出发点看,节俭与法律的关系是有的,但还不算特别大。现代法治像现代经济学一样,把人看成一个自我负责的主体,一个人选择过度奢侈的消费,带来的会是入不敷出,基于此,奢侈生活也就难以为继。但是,如果是一个积极创造财富、合理支出财富的个体,合理的消费于他而言,也属于理所应当。除了浪费,那么一个人根据收入合理制订支出计划,就不算是奢侈。正是在这个意义上,一个现代法治论者如果写一本他眼里的论法的精神,或许不会像孟德斯鸠一般着墨甚多。

关于奢侈与节俭,孟德斯鸠提出了一句箴言:"共和国亡于奢华,君主国亡于穷困。"毫无疑问,孟德斯鸠反对奢侈,倡导节俭。那么,这是一位勤俭持家的老人般的训导,还是辛苦度日的苦行者的生活总结呢?都有,但都不够确切。孟德斯鸠看到的,不仅是量入为出的理性消费观念,更重要的在于两点:一是反思由于倡导奢侈、放弃节俭而反映的反节制观念所导致的欲望燃烧;二是防止在消费攀比当中,可贵的平等原则和平等精神被人们弃若敝屣。

节制是人类社会当中的重要精神,在现代社会亦属重要。节制主要包含两个部分:一是节制情绪,即努力避免非理性的暴怒、喜怒无常之类影响人的正常行为;二是节制欲望,即避免欲望泛滥,一发不可收拾。节制当然不是反对,不是禁止。对于情绪来说,禁止情绪化无疑是对私生活的干涉,何况这里也并无标准,强调禁止情绪化,可能会使得一个人进退失据而充满不安和惶惑。对于欲望来说,禁欲当然也是走到了合理约束的反面,反而成为对正常人性的超限限制。作为一种观念和倡导,甚至节制能起到的作用也非常有限,但是,这种有关节制的倡导是有意义的。在本质上,人类是依靠节制和合理安排才一步步从万年历史中走过来。尽管欲望是使人奋斗的一大动力,但是节制才确保了人类能够避免天灾人祸,能够在有限的资源里繁衍生息。节俭,亦可视为节制在物质层面的重要表现,表现为节俭的节制,就是对不必要的物质保持平常心。在这个意义上,孟德斯鸠无疑有其作为读史者的智慧。

平等,自然同等重要。如果说节制是亘古美德,那么平等之于现代社会就更显重要。在孟德斯鸠看来,平等是一种需要去合乎的观念,节俭能够呵护平等,奢侈则可能损害平等。假设两个原本具有平等观念的人某甲和某乙共处于社会中,某甲性奢侈,总是进行炫耀式消费,一而再再而三,就触动了原本节俭和心静如水的某乙,由此,某乙开始攀比。奢侈消费令某甲觉得自己高人一等,攀比的某乙看似出于"平等"之心,实为一种试图"反超"的非平等观念。平等观念如同自律精神,是一种观念,也是一种坚守,坚持不易,摧毁却不难。而当平等观念消亡时,现代社会的基石之一也就出现了某种松动,这当然会让孟德斯鸠这一类的思想家焦虑明天会不会更好。由此,孟德斯鸠把节俭放到了现代社会基石的高度。

反过来说,节俭都是相对而言的。正如孟德斯鸠引用的例子,某个国家倒是不太崇尚节俭和贫富差距较大,但是这个国家整个都不富裕,所以它的奢侈在别国看来也谈不上奢侈,在这个意义上,发展自然与节俭同等重要。在发展的前提下谈节俭,才是一个与进步相关的话题。当财富累积到相当程度上,人类的后一代总是能过上优于前几代的生活,物质更充裕,日子更富足,当此时也,积极的节俭观是重要的。这就是说,一方面,在发展的前提下看待节俭观念,积极发展,一面开源一面节流;另一方面,无论任何时候,孟德斯鸠所倡导的节俭都是重要的,这既是一种纯朴的生活哲学,也包含着现代社会观念训练的味道——从节俭中训练节制和平等观念。

两种自然法的不同

作为当代读者,在思考妇女问题时,即使是一个被认为具有浓浓传统观念的人,即使是一个在妇女观念保守的地域当中生活的人,我们也很难想象古人的妇女观和古代妇女的生活状态。毫无疑问,随着平等受教育和平等劳动的全面铺开,妇女在21世纪的中国,具备足够的主体性,阳光开朗远胜前代。带着这样的视角读孟德斯鸠的妇女论,不免觉得恍如隔世。顶尖思想家如孟德斯鸠者,其妇女观念似未达到当代一个普通人之平等与赋权的程度。

孟德斯鸠是在谈历史、谈奢侈的过程中来谈论妇女的。正因为是谈历史,所以,他的素材就是历史中的素材。他论及妇女,正如他论及法律,希腊、罗马、埃及,在他笔下手到擒来。谈的是历史,展现的是历史中的观念以及孟德斯鸠本人的观念。历史中的观念,也就包含了历史中的妇女的生活样态,例如,孟德斯鸠说:"在专制国,妇女并不产生奢侈,但她们本身却是奢侈的对象。她们应当绝对地是奴隶……不但如此,这些国家的君主玩弄人性,所以拥有好些妇女。""在共和国里,妇女在法律上是自由的,但是受风俗的奴役那里摒弃奢侈,腐化和邪恶也一齐被摒弃。"显然,孟德斯鸠在自由的意义上谴责对于妇女的工具性对待和奴役,并且赞成在自由的意义上解放妇女。但是,孟德斯鸠本人的见解,却藏在了一个他讲的有趣的故事里:

> 撒姆尼特人有一个习惯。这个习惯在一个小共和国里,尤其是在象他们那样的一个共和国里,一定曾经产生过极好的效果。他们把所有的青年都召集在一起,进行评定。那个被宣布为所有青年中最好的青年便可娶他所喜欢的女子为妻;在他选择以后,得次多数票的青年接着进行选择,这样顺序选择下去。这种办法是值得赞美的,因为在青年的财产中,人们只看见他们的优良品质和对国家的贡献。那个最富有这种财产的青年便可从全国中选择一个女子。爱情、美貌、贞洁、品德、出身,甚至财富,这一切,可以说全都成为品德的妆奁了。人们很难再想出一个比这更高尚、更庄严的奖励办法了。这种办法对一个小国来说负担很轻,而对男女两性影响却很大。

从孟德斯鸠的不吝赞美中,我们能够想到,他在这个故事的叙述当中就包含了他的妇女观。这是个投票选妻的故事,但又是个分配妻子的故事。尽管从本质上说,这个故事赞美两种优点:一种是男子所应具有的优良品质和对国家的贡献;另一种是女子所应具有的"爱情、美貌、贞洁、品德、出身，甚至财富"。这两种优点无疑都是极美好的，但是，我们却没有看到妇女本身的自主性。自由的本质，是意志的自由；意志自由的本质，是意志自主。意志自主就意味着一个成年人在平等的前提下，自主地决定自己的选择——尽管这种自主同时意味着自己对自己负责，自己选择自己的命运与生活。在孟德斯鸠的赞美当中，我们没有读出这种自主性来。

为什么孟德斯鸠没有阐发出妇女的自主性？我们想到了两种自然法观念的不同。此前我曾说过："孟德斯鸠虽然一样与康德述及宇宙，具有一种宇宙意识，但是，显然，孟德斯鸠更加强调一种自然法的现实性，我们可以称之为自然法的另一种方向，即'现实型'自然法。应该说，《论法的精神》虽然'上接天线，下接地气'，但主要还是谈论了法律是如何'接地气'的，而其对'天线'的理解，也牢牢守住现实的土壤，将其放在人类之本性的层面进行讨论。"是的，这种强调现实性的自然法观念，在有些时候是缺乏一种超越性的。超越性的自然法观念，能够在高于现实的地方，发现一些本质的东西。

现实型自然法观念，与超越型自然法观念相比，反思性会稍显不足，会有些"少数无意识"或集体无意识。例如，在奴隶盛行的时候，埋头于现实的人（包括奴隶在内）不容易想到奴隶和别人一样，都是活生生的人；在种族观念盛行的时候，埋头于现实的人不会想到被打压的种族（包括被打压的人在内）可以把头高昂起来；在"遵命"观念流行的时候，很少有人去思考命令本身是否值得讨论；在男性拥有某些主宰权的时候，埋头于现实的人

(包括妇女在内),不会想到女性的主宰权应当与男子持平。

自然,在超越型的自然法观念之下,也会走向极端,甚至走到反面,但是,其超越性无疑是值得发现和肯定的。

第八篇　习惯法

柏克和潘恩关于法国大革命的辩论,本身是两个急就章,但却成为微言大义的文本。当代的不同主流思潮,都可以从两篇文章里找到某种源头或关于源头的梳理。例如,人是历史中的人,还是创造历史的人?人是要更尊重历史中形成的现有秩序,还是要更尊重基于自然禀赋而被明确的自然权利?本篇从中提炼了习惯法和自然法两个关键词,作为对柏克和潘恩的概括,实际上,这是对两种人类基本思维模式的概括。

习惯法思维或自然法思维：
柏克与潘恩辩论法国大革命

一、法国大革命的灵魂

关于法国大革命，研究著作实在汗牛充栋，在这当中，如人们所见，埃德蒙·柏克的《法国革命论》（又译《法国大革命反思录》或《反思法国大革命》）可谓独树一帜。在中文语境中，柏克属于严词指责法国大革命的少数派，但却是独当一面的少数派。潘恩，在柏克著作出版的同时，就已对柏克著作强势批评，而对法国大革命进行了影响广泛的辩护。1790年11月，柏克的《法国革命论》①发表；1791年3月，潘恩的《人权论》②发表。两本著作的发表时间仅仅相差4个月。200年后之今日，重读二人之辩论，问题依然永恒而新鲜。

我们可以把法国大革命分为躯体和灵魂两个部分。世人之所以关注法国大革命，首先是在于其躯体。

---

① 参见〔英〕埃德蒙·柏克：《法国革命论》，何兆武、许振洲、彭钢译，商务印书馆1998年版。本篇所引《法国革命论》文字均见本书，故不另注释。
② 参见〔美〕潘恩：《人权论》，吴运楠、吴友仁译，载《潘恩选集》，马清槐译，商务印书馆1981年版。本篇所引《人权论》均见本书，故不另注释。

其躯体的意义,在于世界时空,在于革命。就世界时空来说,世界上所有的事件,都有具体时空,但是有的事件却是世界性的、时代性的,超越区域性的或者短期效应式。法国大革命作为事件的来龙去脉,从具体的事件逻辑、历史过程,到它对法兰西和世界史的影响,都被历史学家们重述数遍。历史教科书总要有话要说,有事要写,但凡书写世界近代史的教科书,就不能绕过法国大革命。尽管作为各自观念塑造的一部分,教科书关注点并不相同,有的是宫廷政治,有的是风起于城乡之末。但是,无论如何,这些教科书和无尽的解读,都无限地延伸了人们对于具有世界时空意义的法国大革命之躯体的记忆。

就革命来说,革命一词含义过于广泛,而其实质是在短期内完成一次革命者眼里充满正当性的彻底改造,无论是哪个领域的革命都是如此。由于要在短期内完成彻底改造,阻力必大,于是,革命者往往采取超越常规的手段。于古代革命而言,革命的内涵无非是摆脱困境,进一步说,摆脱某个力量的绝对控制,从而迎来一个新的力量和新的阶段。正如潘恩所指出的:"以往号称的革命,只不过是更换几个人,或稍稍改变一下局部状况。这些革命的起落是理所当然,其胜败存亡对革命产生地以外的地区并不能产生什么影响。"尽管古代革命分为不同的类型,有的与族群或族群文化有关,有的与阶层甚至职业有关,有的与宗教影响有关。但是,古代革命当中,一般指向的是分配而非个体意义上的分配权,更非与分配权关联的更抽象却更具体意义上的个体自由;一般指向的是新的制度建构,但对于新制度下如何理解国王与社会的关系却缺乏新的想象模式。近代革命的新内涵就在于,人们要在宪法与自由的视角下谈论压迫与反抗,要在权利与限权的意义上来重构国家想象。这就是说,在近代革命的躯体当中,在世界时空下的法国大革命当中,有一个宪法之魂。

革命是躯体,而宪法和自由——进一步可以概括为宪法——却可以视为法国大革命的灵魂。柏克和潘恩的辩论看上去洋洋洒洒,究其实质,也只在于辩论法国大革命的灵魂。进一步说,尽管法国大革命的灵魂是宪法,但是到底这个灵魂的性质是怎样的、是一个什么样的灵魂,才是柏克和潘恩辩论的本质,这种灵魂之辩,通过对宪法、政府和自由的性质和具体问题展开。

有意思的是,在法国大革命烽火未熄时,柏克和潘恩的辩论就已经同步爆发。二人都认同宪法与自由的概念,但是话题也正由此展开。有意思的是,辩论的是法国大革命,但在很大程度上,双方辩论的又是英式宪法与法式宪法,英国成了未参加表演而被评论的双主角之一。柏克指责法国大革命,潘恩指责柏克,柏克予以还击。潘恩说,当柏克说法国大革命是一场暴行时,其实柏克的《法国革命论》才是一部暴行录。柏克则回击:"美国做梦也没有想到过像《人权论》这样荒谬的学说。"

二、辩题之一:宪法是不是一种契约?

甲方柏克:宪法是契约

在柏克看来,英国宪法不是用几何或者算学的方式算出来的,而是"习惯"出来的。也就是说,不是设计和制作出来的,是长出来的。习惯,作为祖先遗产,在柏克这里代表了社会长期缔约的过程,在这个意义上,宪法是一种契约。英国王室的继承问题,作为宪法问题之一,就来自习惯。所以国家就成了不仅仅是活着的人之间的合伙关系,而且也是活着的人、已经死了的人和将会出生的人们之间的一种合伙关系。柏克强调,每一个特定国家的每一项契约,都只是永恒社会的伟大原始契约中的一款,遵循着约束一切物理界和一切道德界各安其位的那项不可违背的誓言所裁定的固定了的约定。

进一步说,当习惯被确立为成文法时,成文法仍然体现习惯的精神,依然遵守了习惯所代表的原始而古老的契约。当习惯被确立为成文法时,或者需要对习惯做进一步的理性化增补而成为宪法性文件时,伟大的法律家和政治家应当在冷静、理智和深思熟虑当中制定宪法,而不是由狂热的政治素人们来制定,这样的宪法性文件是"最睿智、最严肃、最深思熟虑的宣言"。柏克强调,人类有义务去遵守一部固定的宪法,而不是按照自己的想法去制定一部符合自己意愿的宪法。

作为契约的习惯法式的宪法为宪法性机构授权。一方面,国王要服从于国家的普遍利益,是人民的仆人,但是,国王在宪法上却不是一个仆人角色。国王是国家的有权威的领导者,法律称国王为"我们的君主国王殿下",国民对国王有服从义务。另一方面,议会需要受到作为契约的习惯法的限制。

在柏克看来,契约型的宪法,才是与现状良好贴合的宪法，而不是经过一场数学式运算。颁布一部宪法，就要把现有的秩序改过来，柏克列举地问："是不是为了拥护一部几何学式的和算学式的宪法，这个国家的一切路标就都要被撤销？是不是上院就要被投票表决为无用？是不是教区制就要被取消？是不是教会的土地就要出售给犹太人和经纪人，或是用之于贿赂新发明的各个城市共和国而沦为一场参与盗窃圣物的行为？是不是所有的捐税就都被表决为冤案，而税收就要转化为一种爱国的捐献或一种爱国的赠礼呢？"因为一部被设计出来的法规，就要改变现状，在柏克看来这属于削足适履。

作为漫长岁月里形成的契约的宪法，就具有了三种气质：一为亲情气质；二为妥协气质；三为宗教气质。亲情气质，是指家庭里的亲情与仁爱气质。宪法需要被最亲密的家庭纽带来约束，需要被纳入家庭亲情的拥抱中，保持国家、家庭、坟墓和祭坛，使之不能分离，受到相互结合、相互作用的仁爱的鼓舞。妥协气质，亦包含着节制的内涵，可以防止粗暴、鲁莽、无法无天的改革。宗教气质则意味着人要成为上帝、自然、教育、生活习惯所影响之下的人。亲情气质，在柏克这里既是比喻，也是写实。比喻，是指要用亲情来描述人与人之间的亲切友爱的状态；写实，是指国家意义上的宪法离不开社会意义上的家庭，这是一种家国同构。妥协气质，既是妥协、相互忍让，也是对于宪法的共同信守。宗教气质，既是强调对于良好秩序和氛围的维护，也是强调对于柏克所理解意义上的上帝作为和平秩序现状的维护者的致敬。

图28 埃德蒙·柏克

乙方潘恩：宪法不是契约

在潘恩看来，宪法不是契约。所谓契约，是指被统治者与统治者、人与政府签订的契约。而人与政府的关系呢？人先诞生，政府后诞生，在没有政府之前，契约双方只有乙方主体，则契约安在？

那么宪法是什么呢？在潘恩看来，宪法是人民组成政府的法令，宪法先于政府，政府根据宪法而产生，政府是宪法的产物。所以，宪法不是政府颁布的法令，而是政府产生的依据,是人民制定的建立政府的决议。宪法的内容,"包括政府据以建立的原则、政府组织的方式、政府具有的权力选举的方式、议会——或随便叫别的什么名称的这类团体——的任期、政府行政部门所具有的权力,总之,凡与文官政府全部组织有关的一切以及它据以行使职权和受约束的种种原则都包括在内"。这些都是政府运行的依据,都是宪法的应有之义。正因出于宪法,政府才成为有权的权力,否则就无权力的正当性了。若无宪法之授权,政府的权力就成为僭取的权力。所以说,任何权力,不是来自授予,就是来自僭取,此外别无来源。潘恩说:"一切授予的权力都是委托,一切僭取的权力都是篡夺。时光并不能改变二者的性质。"这里讲的时光,针对的是柏克所称赞的英国模式。

潘恩并不认为一国的宪法要去照搬另一国的宪法。不同国家的宪法不同,有的宪法规定得复杂些,有的则简单些。但是,有两条是制宪时的公约数。首先,一国国民具有制定宪法的权利和权力。国民具有制宪权,但国民并不是从国家最早的阶段就行使这个权利和权力。不从最早阶段行使,推导不出国民无此权,所以,国民的判断力达到需要去行使此一权利和权力时,就去行使,这是制宪权的应有主义。其次,在制定宪法时,首要考虑的是成立政府的目的何在?——政府的目的也就是为公众利益服务。潘恩这里强调为公共利益服务,很大程度上是指宪法的目的不是为国王和贵族服务。

三、辩题之二:良好的政治与政府该是什么样子?

甲方柏克:法治的君主国

抽象的、形而上学的天然权利可以设计和组建政府吗?柏克答曰:否。政府来自智慧、理性,来自人、群体对于情感和意志的节制,而非来自抽象的但在实践中会走样的天然权利。天然权利具有一种抽象完美性,在实际中反而会转换为缺点。在行使天然权利时,人会抒发出情感和意愿,这些情感和意愿理应在实践中自我节制、受到制约和约束,而不是任其发挥。

民众将天然权利在无节制的情感和意愿中抒发出来,在柏克看来,这就会导向群众专制主义,或许在形式上,这是"完美的民主制",但在实践中,这是一种极其肆无忌惮的危险状态。这种状态,实质上是专制主义——和君主专制主义一样,都是专制主义。前者的事例,柏克找到的便是法国大革命,他将大革命操盘者的努力视为一场"最绝望的赌博",一旦失败,就将惨败,而且将是那种一泻千里式的失败……这种实践,如果不由"明智而有德的君主顾问们有意地加以抑制的话,那么它将很有可能是大地之上所曾出现过的最为完整的专断权力"。

柏克赞同的,是法治的君主国。法治在柏克这里,当然是他所讲的契约意义上的习惯法和成文法,这些习惯法和成文法,来自世世代代的智慧和理性的累积,被理性和人民的感情以一种适宜的和永恒的机构所启动的明智的制约所支配。当君主受到这个意义上的法治的制约,君主的决断也就是符合理性方向的。这样一位法治君主国下的君主和政治家,将致力于在现状的基础上做改进的努力,他考虑的是如何"最好地利用他的国家的现实物质状况",如何在保护现存事物的意向上再加上改进它的能力。

世袭,在柏克看来,实际上成为作为契约的宪法的一种精神。柏克高度肯定世袭。在英国,王位、贵族皆从祖先处世袭而来。世袭原则以永恒的不朽性,经历轮回和变迁而生存下来,具有其特定的神圣性。

乙方潘恩:以公众利益为目的的共和国

潘恩将君主制列入"匪帮起源论"——"当世界处于早期蛮荒时代,人们主要还是看护成群的牛羊的时候,一群歹徒就可以轻而易举地侵犯一个国家并强令它进贡。这样建立起他们的权力之后,匪帮头子就偷偷把强盗这个名称换成了君主"。潘恩说,英国的村庄都记得国王们的宵禁往事,记得诺曼征服以来对民众的打压,尽管朝廷上的大臣不会提起这些往事。显然,当时的英国被潘恩当成了反面教材来教训柏克。在潘恩看来,世袭制的君主政府是强加于人类的,也不适合于必须建立政府的目的。前面这些话,让我们想到在潘恩去世几百年后,奥尔森在谈到他的著名的"匪帮论"时也特别提到了法国大革命:"从历史中我们了解到,这种收税的独裁者的涵盖利益使得文明有利长足发展。从定居农业后不久,直到比如说法国革命时期,绝大多数人都屈从于独裁制和税收偷窃。只有到了相对近代时期,历史很大程度上才是文明逐渐进步的历史,这是在常驻土匪统治下的,偶尔受到流窜盗匪活动干扰的时期。"

当柏克高度肯定君主制时,潘恩高度质疑世袭。在潘恩看来,世袭的君主制带有反智的性质。例如,当君主是个小孩时,他对政府懂得什么?"它经常叫幼儿顶替大人,把乳臭小儿的狂想当作智慧与经验。"小孩子还可以长大,世袭君主制更大的问题是可能出现一个技能不高的人来做君主——"当一个普通技工也需要具备一些技能;但是当一个国王却只要有一个人的模样一种会呼吸的木头人就行了"。在这种情况下,国家不是凭借理性,而是凭感情冲动与偶然事件来统治。今天是一个样子,明天又是一个样子,完全可能随着各个继承人的性情而改变,受制于继承人的变化莫测。此时,国家的确定性安在?当国家由一个小孩子来做国王,这时究竟谁是君主,或者说哪里还有什么君主制?如果君主要由摄政来代劳,这还是君主制吗?

潘恩问,人有世袭政府和世袭权力的权利吗?答曰:否。人无权决定后代人的命运,人权平等的光辉神圣原则(因为它是从造物主那里得来的)不但同活着的人有关,而且同世代相继的人有关。根据每个人生下来在权利方面就和他同时代人平等的同样原则,每一代人同它前代的人在权利上都是平等的。没有任何一个人或一帮人曾经有或能够有建立世袭制政府的权利。"一顶世袭的王冠、一个世袭的王位,诸如此类异想天开的名称,意思不过是说人是可以世袭的财产。继承一个政府,就是把人民当作成群的牛羊来继承。"这种类型的政府的建立,实则以罪恶与耻辱为其开端。终究,这样的类型会被

"送进时间的坟墓,而用不着什么碑文"。

图29 托马斯·潘恩

反过来说,现代共和政府,则努力将道德同政治上的完美以及国家的繁荣结合在一起,自从有了现代共和政府,世界之事物的自然秩序焕然一新。根本上来说,这是以公众的利益作为其独一无二的目的的好政府,是为了个人和集体的公共利益而建立和工作的政府。政府就应该致力于为全体国民——个人的和集体的——造福。政府的目的只是处理国家的公共事务,因此它确实是一个名副其实的共和国。

四、辩题之三:讨论自由与权利的重点在哪里?

甲方柏克:自由的重点在于德行和慈爱

在柏克看来,自由必须是有德行的自由。自由必须和智慧与美德相联系,没有了智慧与美德的加持,自由就成了缺乏教养和节制的愚蠢、邪恶和疯狂。这样的自由,实为奴役;无知者高调倡导的自由令真正的自由本身受尽凌辱。如何实现有德行的自由?如何塑造与自由相关的智慧和美德?在柏克看来,在于文明和与文明相关的一切美好的东西,进一步说,这里的文明是被士绅精神和宗教精神所塑造。我们在内心中感受到宗教乃是公民社会的基础,是一切善和一切慰藉的源泉。它会教导我们的后代,不要为了宗教或哲学的伪君子们的胡作非为而向宗教和哲学开战;宗教和哲学是在一切事物中显著地在体恤和保护全人类的那位无所不在的主的仁慈所赐给我们的两种最有价值的恩典。

当人真正懂得和认同自由时,自由将宝贵无比,自由的事业将在每个民族都得到认同。由于良好的自由与法律是融洽的,人们就会耻于专制主义并努力使之朝向自由而转换。税收不再被榨取以待,生产、商业与税收的关系将融洽起来。自由之下的良好社会将拥有如下要素:一部自由的宪法;一个强大的君主制;一支训练有素、纪律森严、服从调度的军队;一个受人敬重的改革后教士群体;一个心平气和而精力充沛的贵族阶层;一个向贵族看齐的自由的平民阶层。在良好的自由社会,受到保护的心满意足的人民勤劳而驯服,秉持德行,寻找幸福。在良好的自由社会,财产是稳定的,秩序是和平的,政治和社会具有良好风尚。

如同宪法具有亲情气质,自由也具有慈爱气质。在此之下,法律的本质之一也被设定为慈爱———一种按规则实现的慈爱。慈爱的法律和自由相结合,演化为人的权利,这些权利不那么高调和张扬,但是是慈爱的,让人们无论是显赫还是平凡,都能受到公正对待,安然有序地生活。在这样的生活中,他们有财产权和劳动权,有权获得劳动果实,有权获得劳动手段。他们有继承权,有权继承父辈的财富。他们有教育权——这里的教育权分为家长和子女的受教育权,家长有权哺育和培育后裔,子女有权受到教育。他们有死亡时的安宁权和安慰权。每个人都能公正地享有和行使这些权利,社会以其技术和力量的全部结合为个体创造条件。

在这个视角之下,在柏克看来,法国大革命便成了世界上迄今所曾发生过的最为惊人、最可惊异的事件,在许多事例中都以最荒谬和最荒唐的手段并以最为荒唐的方式发生了,而且显然地是用了最为可鄙的办法。在这场轻率而又残暴的奇异的混合中,一切事物似乎都脱离了自然,各式各样的罪行和各式各样的愚蠢都搅在了一起。柏克问:我现在能够庆祝同一个法国享有的自由吗?是不是因为抽象的自由可以列为人类的福祉,我就可以认真地对一个疯子逃出了他那监禁室的防护性的约束和保护性的黑暗,而祝贺他恢复了享受光明和自由呢?我是不是要庆祝一个逃出了监狱的强盗和杀人犯恢复了他的天赋权利呢？柏克说：法国大革命所呈现的自由是过度的自由，他们看到了法国对一位温和的合法的君主造反，那要比人们所曾知道有过任何民族起来反抗最非法的篡权者或最血腥的暴君，都带有更多的激愤、狂暴和侮辱。

柏克告诫人们要警惕集体行动时的自由，这种集中起来的自由乃是一种权力。假使行使这种集体的自由之权力的是一群新人，人们要慎重观察、慎重思考，观察集体的自由权力如何被使用，观察这群无经验的新人的原则、脾气和好恶，思考漩涡会不会平静下来，当尘埃落定时、液体澄清时，人们有机会看到喧嚣下的真相到底是怎样。

乙方潘恩：权利的重点在于天赋

柏克谈到的更多的是自由，潘恩谈到的更多的是权利，而且是天赋的权利，在天赋权利之下，又有了公民权利。

天赋权利就是人在生存方面所具有的权利，其中包括所有智能上的权利，或是思想上的权利，还包括在不妨害别人的天赋权利前提下追求自己快乐的权利。公民权利就是人作为社会一分子所具有的权利。每一种公民权利都以个人原有的天赋权利为基础，但要享受这种权利光靠个人的能力无论如何是不够的，由此，公民权不仅应当实现，还应当受到保障。潘恩指出，人进入社会并不是要使自己的处境比以前更坏，也不是要使自己具有的权利比以前更少，而是要让那些权利得到更好的保障。他的天赋权利是他的一切公民权利的基础。

潘恩高度强调权利的平等性,强调人人生而平等和平等地享有权利——所有的人都处于同一地位,因此,所有的人生来就是平等的并具有平等的天赋权利。生殖是人类代代相传的唯一方式,但是每个出生后的孩子不仅被父母所宠爱,也受到世界的庇护——每个孩子的出生,都必须认为是从上帝那里获得生存。世界对新诞生的孩子,就像对世界上诞生的第一个人一样新奇,他在世界上的天赋权利也是完全一样的。"上帝说,让我们按照我们的形象造人,上帝就按照自己的形象造了人,按照自己的形象造了男人和女人。"由此,人与造物主之间不应该有种种壁垒,人可以平等地面对上帝。潘恩说,人怎么可以像柏克所讲的那样——我们对上帝畏惧的同时也对国王敬畏,对议会爱护,对长官服从,对教士虔诚,对贵族尊敬?

如果亚当是世界上的第一个人,在亚当的全部词汇中有"公爵"与"伯爵"这样的词汇吗?没有。亚当的世界没有贵族,亚当的想象力也想不出贵族和头衔来。潘恩以文学修辞说,人的想象力曾经赋予半人半马的怪物、马耳马尾的森林神直至一切妖魔鬼怪的形象和性格;但头衔却甚至使幻想也无能为力,是一种想象不出的怪物。潘恩从权利平等、人人生而平等的角度,对贵族头衔嗤之以鼻——如果全国人民都蔑视头衔,那它们就一钱不值,谁都不要头衔了。只有舆论能使头衔威风凛凛,或威风扫地,或比威风扫地更糟。

五、习惯法或自然法的宪法观

柏克的习惯法宪法观

柏克强调宪法是一种契约,这里的契约显然不是卢梭式的社会契约论。柏克版的契约论,强调致敬传统、尊重现状,同时约束朝野双方的习惯法性质。

值得注意的是,柏克的习惯法,并不特别强调宗教渊源。尽管柏克高度肯定当时英国宪法的宗教气质,但他并未特别强调习惯法来自宗教或上帝。也就是说,或许习惯法在源头上有宗教的因素,但这不是柏克关心的重点,他强调的重点在于,从习惯到习惯法,从而形成习惯法式的宪法和成文法式的宪法,这条路径当中,包含着的既是祖先的智慧,是对现状当中的和平秩序的认可,也是基于遵从习惯法而形成的对于民众和国王的约束,而其本质是"自然形成"。尽管柏克说:"每一个特定国家的每一项契约,都只是永恒社会的伟大原始契约中的一款,遵循着约束一切物理界和一切道德界各安其位的那项不可违背的誓言所裁定的固定了的约定。"看似具有自然法的意涵,而其重点仍然在于祖先的实验和约定。

我们可以想到,习惯法的来源相当广泛,有的是出于对神灵祈福的仪式,有的是出于社群统治者的命令,有的是出于对社群当中的智者对于事理的思考,而这一切都是缓慢形成且较为固化的。对于那些宪法性的习惯法,特别重要的是王位如何继承、贵族如何世袭来说,我们确实可以在继承法的习惯中找到渊源。继承有两种:

一种是财富继承;另一种是政治资格的继承。前者的继承是人类亘古以来的普遍习惯法,后者在人类早期适用的情形范围不同。政治资格可以分为荣誉和权力,爵位属于荣誉的一种,人类社会往往普遍继承,由此形成贵族;权力则属于事权,在贤能政治的话语当中,往往由有能力的人掌握权力,因此权力不一定能继承。王位则集荣誉和权力于一身,是一种特殊的继承。这种特殊的继承符合人的继承情理,但缺少一种正当性的来源,柏克赋予其的正当性来源便是习惯法及其契约性质。习惯法表示依据祖先的智慧自然,表示尊重现状当中的秩序,表示遵守约束朝野的契约——国王要服从习惯法,但是民众也要服从习惯法。当习惯法转变为成文法时,成文法的立法思路同样应当如此,应当让对传统、现状和契约的尊重一以贯之。

对于王位继承来说,如果不是按照这种习惯法式的思路,转而寻找其他渊源,人们常常找到"天命所归""德者居之"这样的表述。天命所归强调王位来源的神圣性,将国王看作神之子,这是从神灵意义上寻找王位的正当性。"德者居之"表示旧王朝失德和新王朝秉德。这里的德,指的是道德意义上寻找王位的正当性。习惯法式的思路提供的是第三种正当性思路,即习惯法正当性。基于习惯法式思路的传统、和平秩序的现状和约束朝野的契约三个要点,习惯法正当性也有这三个版块。

传统代表历史。传统固然不能都是对的,但是传统当中确乎蕴含着祖祖辈辈的智慧,在这种思路看来,谁能狂妄地保证自己一定比历代祖先都优秀?而且传统同样处于不停地更新和淘汰当中,被保留的传统值得尊重,对传统进行取舍时,则应由一群理性和智慧的智者来操盘。

和平秩序的现状代表现实合理性。现状固然有很多问题,但是和平秩序当中的现状却值得珍视,假设现状处于混乱中,止乱有理,但现状富有和平秩序,在习惯法的约束之下,改变需要的是渐进的改良,而不是骤然熔断。谁能保证骤然熔断带来的是一个理想状态?

约束朝野的契约代表共识、同受约束和一致信守。国王不能恣意,所以国王要受到习惯法之契约的约束;民众也不能恣意,所以民众要尊重国王、习惯法确立的各个机构和习惯法本身。

在双方都要信守契约、互相尊重和不能恣意的意义上,柏克的自由观也由此而来。柏克的自由指向的不是天赋谁以权利,而是从美好传统、和平现状和朝野契约所营造的氛围中个人努力、岁月静好、过上好日子,指向的是与德行相连。柏克赞成传统、和平现状和契约前提下的自由,并且认为基于这些自由,个人的权利应当受到保护和保障。柏克在《法国革命论》开篇不久,特别强调自己认同宪法和自由。显然,在法国大革命所属的近代叙事当中,宪法和自由成为赞成人类进步者的标配。然而柏克素来被认为是保守主义者或者守成主义者。是的,这样一位近代的保守主义者,是认同宪法与自由的保守主义者,而若称他为自由主义者,当然是保守型的自由主义者,是习惯法型的自由主义者,是习惯法宪法观下,认同习惯法三要点的自由主义者。

潘恩的自然法宪法观

相比柏克高度认同宪法的宗教气质,潘恩看起来更认同上帝本身,而这种认同,指的是他认同上帝所赋予民众的天赋或自然权利——特别重要的是,这种权利极为强调平等,是一种平民型的自然权利。由此来看,我们称潘恩的宪法观是自然法宪法观,其实进一步说,是以天赋或自然权利为中心的自然法宪法观。也就是说,潘恩的说法算是自然法当中特别强调权利的声音的异军突起。自然法当然包含法则和个体权利两个主要部分,强调法则,则既设定秩序,也赋予权利;强调权利,则是强调以权利为基础重新建构所有秩序,这就将历史切割为旧的和新的两个部分。切割新旧的利器,衡量新旧的标尺,就是天赋或者自然权利。

基于潘恩的独特自然法宪法观,潘恩以宪法为建立政府的依据。宪法不是民众和统治阶层商量出来的——宪法是民众基于天赋权利而制定,用以约束统治阶层的——不是柏克意义上的契约论,而是自然权利意义上的政府依据论。进一步说,没有宪法依据的政府自然成了没有权力来源的政府。但是潘恩意义上的宪法是到了历史的一定阶段才有的,是到了近代才有的,怎么看以前的政府?潘恩给出了两个回答。第一个回答:民众有制定宪法的天赋权利,但是,民众不是从人类社会诞生之初就意识到去行使,但是他们意识到时,就一定要行使,这时的政府,才具有了宪法意义上的正当性。第二个回答:在自然权利意义上的宪法意识产生之前,历史自然是历史,历史可以被评判,自然也无法改变,或者说,历史无法改变,但也可以被评判,而在自然权利意义上的宪法意识和宪法产生之后,政府就要被评判,进而需要改变,朝着现代共和体制的方向。

基于独特自然法宪法观,潘恩特别强调平等权。基于天赋权利的性质和属性,潘恩对贵族的世袭体制深恶痛绝,用尽指责修辞。事实上,潘恩在《人权论》的整部著作里,都对平民充满同情。柏克对贵族肯定有加,但柏克只是反对暴力和对秩序的破坏,并未反对平民,潘恩则全然反对贵族。当然,潘恩反对贵族,所反对的只是贵族体制,若贵族变为平民,也就不在他的批评范围。基于自然法上的自然权利论,潘恩引出了伊甸园的亚当时期无贵族的事例,这既算是一个事例,也是一种自然法意义上的讨论。

有意思的是,柏克的习惯法自然观认同宗教,却没有从宗教的角度去寻找宪法和自由的起源,而是从历史的角度,从习惯法的角度去寻找起源,构建正当性。潘恩的特定自然法——天赋/自然权利自然观在行文中对具体的宗教事项并无多少讨论,却是从上帝的意义上找寻天赋的平等的权利来源。在这个意义上,潘恩的讨论确实有其自然法的传统,而这里的自然法当中偏重了权利和人权。

然而,当潘恩的理论进一步前进时,他的理论离自然法就更远,而奠基于权利的平等性而形成的对于社会的改造力度就越大。对于这样一种理论,尚不能简单以自然法概括。我们说潘恩的宪法观是自然法宪法观,指的是来源,而不是后续的演进。

假如基于权力和自由、秩序和自由的光谱界定自由主义,自由主义是以自由为出发点的一种系统观念,潘恩的自由主义则是一种特别强调权利的平等的进取型的、人权型自由主义者。也就是说,我们讨论柏克时,讨论了他的习惯法宪法观,也将柏克称为保守型的自由主义者、习惯法型的自由主义者。而对潘恩,尽管我们把他的宪法观称为自然法宪法观,但作为一个自由主义者,我们不打算引入自然法一词,而将其称为进取型的自由主义者、人权型的自由主义者。

第九篇　自然法

　　作为重要的论域，自然法较少被订立为法典(并非国家法意义上的法典，而是将其系统化表达出来)。在我国，这项工作更从未有人做过。自然法到底是一种衡量实定法的理论，是一种人本的观念，还是一种可行的法理共识，或是一种可以付诸实践的法理式条款？本篇首先试图撰写法条，其次在法条中回答这些问题。自然法具有相当的共同性，但又具有相当的地方性，本篇以"天理"作为中国版自然法的表达方式，试图先行形成自然法典中国版的总则。

《自然法典中国版》总则第一节：
天理与自然法

第一条【天理与自然法】 中国的天理有自然法之意。天即自然,理即理念、原则、法则。天理与自然法都是一种理念、原则、法则。自然法是一种自然法则,也是一种自然法理。在自然法作为一种新的表述在中国获得认同和接受之前,天理表达的就是自然法的意思。自然法概念是天理概念的当代表述,也是天理概念的演进。

释义

天和自然,大体表示"从上面掉下来"和"从下面长出来,自然生成"两种含义。总体而言,天更有一种淳朴而深厚的神圣属性,自然则更有一种现代意义上的科学属性。就天而言,人类认识到天,其实已经是一种进步,这表示人类在寻找事物与事务的缘由时,找到了一种终极的原因(而非依然停留在众神的层面),这是认识层面的一种进步——尽管这当中存在一神主义带来的新难题。同时,天既是终极的力量,也是某种天文现象,例如无尽的星空,尽管从星空与人类社会之间并不存在某种必然的逻辑关系,但是思考和观察的过程却也催动人类的理性化。所以,"天理"这一概念并不出现在人类的最早阶段,而是人类认识进步当中的归纳。当天理概念被使用许久时,自然法又随着人类认识的进步而出现。自然法之所以说自然不再是"天"和"神",就在于人类已经具有一种超越天的理性。似乎可以说,从神学到自然神学,从天到自然之天,这是一种天与自然之间的过渡。神学和天,往往具有官方和教会垄断的属性,不容僭越,不容超越,这就桎梏了人类的思考,而自然神学和自然之天则意味着思想的解放——既找到终极原因,又不受制于具有官方权力的组织。当然,到了自然神学和自然之天时,其实神和天已经不再是旧的概念,而具有了某种意义上的哲学性,进而,哲学过渡到了科学。以上这个过程,虽然在中国没有严丝合缝地发生,但是,中国在某种思想的引进型或原发型的突进当中也会有所体现。自然是现代的、科学的,但不代表它不具神圣性,它是一种具有科学性的新神圣性。事实上,虽然"现代了""科学了",自然也并没有替代天,所以,当我们强调自然法的渊源和重要性时,很大程度上也要引入天理来做说明和理解。尽管早已进入现代社会,但是国人整体上并没有因为无神论或者科学知识的继受而忘却、反抗了天,即使对一个从小接受无神论和科学教育、致力于从宗教、民俗和传统中隔离开的人也是如此。科学上已经知道没有"天",心灵上依然认同甚至畏惧天,这是一种代代传承的个人和社会心理。反过来说,如果没有自然法这样的新概念,天理与法律之间也不易建起一个直通的桥梁。另外,天理和自然法都必须回答同一个问题:二者到底是先天存在的,还是被人归纳的?我们可以这样试着回答:二者都是"理固宜然"。

图30 〔捷克〕塔维克·弗兰蒂舍克·西蒙作品:《哲人》

在现代中文表述中,有两种"自然":一种是我们这里说的带有正当性的自然;另一种是"丛林状态"式的自然。自然法所讲的自然,当然是前一种意义上的自然。若依后者,则所谓的丛林状态的自然,恰好成了法律要约束的对象,完全无法具有自然法的任何意涵。在这个意义上,天理比自然法更能表达正当性的含义,而无歧义。但是,即使是天理,即使是天,在中文中也有一种客观含义,例如,"天行有常,不为尧存,不为桀亡"。又如,"天地不仁,以万物为刍狗",这里的天,指的大致是"无情宇宙"。但在这种"无情宇宙"的天的意义上,都优于丛林状态的自然。自然法概念的出现,大致就是在科学已经将"有情之天""科学化"为"无情之天"时,人们归纳出的代替"天"的共识,也正因此,自然法之"自然"不再具有丛林之自然的含义,自然法懂恶、防恶,但更扬善,而丛林自然往往呈现出恶之花。

天理和自然法都从理而来,我们这里表达为"理念、原则、法则"。但若论区别,天理更具理念、原则之意,而自然法更具原则、法则之意。也就是说,天理更像道理,自然法更像"有自然法理的条款"。有意思的是,在这方面,中国的词汇主要是天理,而不是同样存在但适用度尚不够广的"天则""天条",个中原因应该是,作为理念的天理更加抽象和超越。而自然法概念之产生和传入中国,本身是与法律联系在一起的,所以,是原则、法则、法理而不是理念,构成了人们对自然法的界定和认知。我们在这里也有必要讨论一下"法则",法则是一个理论概念,可以认为具有一种"通用法""简约法""法理之法"的意味,不同国家就一个意思有不同的法条来做规定,但是其中的"法则"是共同的。在这个意义上,法则就是自然法的一种表达方式,只不过自然法的概念更表达了来源之意。

第二条【天道与自然法】 天理与自然法是天道在原则、法则层面的表现,天理与自然法符合天道。

释义

天道是"天"在运行中呈现的"正道",是规律,也是命令,具有正义性、宏大性。这是一个"更加中国"的概念。"天"和"道"也可以是两个概念,但是"天道"本身是天之道,"天道"建立起一种天对人类的指导意义天道,是具有神圣感的自然生成的正当性。天道的概念不仅是宣示统治权的,很大程度上也是约束统治权的,使统治者能够感受到神圣的约束和启示。从受到启示的意义上说,不同的人感受到不同的天道,这似乎也是不同族群、国家、群体甚至个人发生冲突的一大原因,由此,相同的文化背景和认知凸显其重要性,对天道以及天理的共识、正解比认识上的分歧更重要。天理和自然法概念可谓天道的下位概念。与天道相比,天理和自然法概念指向的内容更加明确和具体。与我们讲到的天理一样,天道也具有历史性。不同时期的人们对天道的认识不一定一致,处在演进和变化当中。但是变化不是多变,演进不是激进,天道作为具有较高超越性和权威性的概念,依然具有较大的稳定性和确定性。例如,"爱人"和"爱民"甚至"爱国"就是极其重要的天道,自始至终如是。

第三条【良知与自然法】 良知是天理与自然法在个体中的内在表现之一,良知呼应天理和自然法。但天理与自然法并不完全仰赖良知,在良知蒙昧之地,天理与自然法仍可遗世独立。

释义

道德有内在与外在之别,这就是"有道德"和"讲道德"之别。若按中国古典话语,"仁"是内在的,"德"是外在的,"仁"就有我们这里所讲的良知之意。但是,必须看到道德的内外差别,遵守良知和遵守道德规范,未必是统一的。遵守良知的人有可能违背人们所一般认为的道德规范;外在遵守道德规范的人,内在未必出于良知的动机。良知与大环境有关,可能表现为普遍的良知状态,也可能独现于一位个体,呈现个殊性,例如一对父子之间,可能父亲充满良知,儿子却"丧尽天良"。良知是内在的,良知的展现,可能表现在常态安宁富足社会,也可能表现在穷困危急时刻。良知的养成,既需自律和自我提升,也受社会影响和培养,尤其是宗教、教化等因素会影响良知的形成。

在中国,良知有时称为天良。既称为天良,则表示良知不仅具有社会性,还带有与天有关的神圣性和正当性。但是,有时天良与良知又有微妙的差异。天良有时也指底线的良知,所谓"天良未泯",指的是良知的最底线部分尚未丧失。又可解释为,这是良知最底线的部分,却也是最重要的部分。无论如何,在使用中,天良与天理在"低"和"高"的问题上似乎并不统一。

天理亦非"提要求"最高的理,而是最具普遍性和正当性的理。基于良知的内在性,当良知外化时,良知或可表现为与法律的冲突,甚至会表现为与自然法的冲突。这是因为,良知尽管考虑社群和秩序,但未必与自然法和法律在衡量利益(这里的利益不一定指物质利益)时保持完全一致,良知可能更"自我"一些,所以社会不可能仅仅依靠良知而自我运行。但无论如何,天理和自然法都"天然"认同和尊重良知。在这个意义上,三者都具有某种淳朴性,不一定需要高妙的智识和繁复的知识与制度设计。

第四条【正义感与自然法】 正义感是天理和自然法在个体中的内在表现之一,正义感呼应天理和自然法。立法者、裁判者的正义感与旁观者的正义感同等重要。

释义

正义感是个体和群体的正义感受和评判,表现为对与己有关的自己的、家庭的、群体的、社群的、国家的和与己无关的相关事务的评论与感受。在某种意义上,正义感也是一种良知和天良,但本身是与天理和自然法极度相关的良知的那一部分。正义感既然是良知的一部分,便与良知一样,有"自我"的成分,即自己给自己打分,听凭自己的感受而行动,但是,总体而言,正义感构成了人们对天理和自然法的共识的一大基础。基于正义感,我们可以做出"原发正义""自然正义""法理正义"的划分。自然正义是更近于天道概念的理念型正义,是为自然法的组成部分,自然正义是一种应然状态。法理正义,是指根据法律与规则提炼出的正义,更接近官方倡导的正义。原发正义,是民众自发产生的未经雕琢的朴素正义观,它可能呈现一种"简单粗暴",但也可能呈现一种不那么利益计算的高贵,尽管这种高贵,并不能免于刑责。自然正义与法理正义与理相关,原发正义往往在情和理之间或更偏于情,或许更表面化,但也代表着某种真实。对于公众来说,正义感,就是自然正义、法理正义与原发正义的叠加。在公众的正义感与正义观中,原发正义或许占了很大比例。

以复仇为例,复仇所基于的血缘、身份和恩情关系,构成了复仇的正当性前提。血缘纽带、身份关联、谢恩报恩,构成了"人情"的重要组成部分,当与此相关的个体或组织受侵害时,在原发正义的基础上,复仇者选择或站出来,或隐忍而后发。正是其中的血缘、身份和恩情关系,赋予复仇者以正当性,甚至赋予一种责任,忘却复仇、怯懦于复仇的个体,有时候会受到社会谴责或自我谴责。应当说,复仇与人类的美好情感是纠葛在一起的,也可以说复仇嵌刻在情感、责任与正义当中。人与人之间基于血缘、身份与恩情关系的确形成了美好情感,人并不是生活在一个冷漠和机械化的社会,而是生活在温情当中。复仇是一种温情破碎后进行弥补的残酷状态,以极端的方式报恩和实现他所认为的正义。复仇是一种吊诡,肯定复仇意味着私力救济,完全蔑视和消灭复仇却意味着人际中美好情感的受伤。所以,复仇是两种行为的复合:一种是情感行为;另一种是暴力行为。

在复仇案件中,特别不能缺位的是社会舆论。社会舆论与复仇处于互动当中。复仇者的复仇心的生发,往往与大的社会舆论的称赞和鼓励有关。假设社会全面否定复仇,甚至于全面否定复仇所维护的情感,则复仇的几率必然大减,复仇行为产生于与复仇者存在血缘纽带、身份关联、谢恩报恩的人受到侵害甚至已然被害,亲情不能忘,身份形成的情谊不能忘,恩情不能忘,复仇者基于此而思与行,此时的复仇,在社会舆论的评价里,与正义感相呼应,是情感呵护。还应该说,所谓"社会舆论"并不是一种统一的看法,社会舆论正常的表现是众声喧哗、观点撕裂与多数一致。复仇者受到了社会舆论的影响,这是一种宽泛的表述,实际上社会舆论还可以细分为成长环境中的影响、生活环境中的影响,以至于受媒体影响,等等。总体来说,理性的社会舆论,是肯定复仇当中的情感行为,而并不赞成复仇的暴力行为。在这个意义上,"社会舆论"对复仇有一种"叶公好龙"的心态,人们期盼"复仇",快意恩仇,鼓励"报仇雪恨",但是又未必敢直面暴力,也未必呼唤暴力。

同时,复仇带给秩序的危险是显而易见的。首先,复仇完成的是一次自我审判。我们把复仇区分为报复型和救济型,救济型的复仇尚有走投无路、投告无门的困扰,报复型复仇则是自我审判、自我执行、自我施行处决的完整行为。一次完整的刑事诉讼,经过严密的侦查,经过检察官与律师的对决辩论,由法院审慎作出判决,经过几级审判,尚未必能保证公正,则一次愤怒与报复支配下的复仇是否可以做到"公正",确实几乎无可保证。在这个意义上,人们对复仇的认同,确实具有一种危险的"抽象性"和"情感性"。在理念和情感上,理性的人们认同甚至赞美复仇,但是也未必赞成或更愿审慎看待复仇所进行的自我审判。其次,复仇的范围往往无度甚至随意。像很多暴力行为一样,复仇是一种激情愤怒和周密部署交织的活动,有的复仇者有所节制,但有的复仇者可能在意一种快意恩仇的激烈行动与猛烈场面。影视中的快意恩仇和大场面是群众演员涂着道具所为,真实的画面往往触目惊心,令人闭目。最后,复仇在维护和表现了良好情感的同时,也会激起社会的暴戾情绪。尽管社会舆论有理性的一面,但正如我们前面所说,社会舆论众声喧哗,社会之走向非理性的殷鉴比比皆是。当复仇盛行时,对复仇的崇拜和对复仇的复仇也可能排山倒海而来。并不是只有复仇会激起社会的暴戾情绪,但是复仇很有可能激起。而且,复仇这个词汇,也并非法学词汇和界定周延的词汇,复仇与报复、复仇与群体暴力,并没有特别清晰的界限,报复是一种偏狭的心态,群体暴力则可能以复仇为名,这都有可能构成复仇的扩大、延伸与转向。过于强调复仇有理,有时候确实会成为恶者作恶的借口。在复仇的"抽象与具体""情感与实践""文学与法律"之间,的确有"世界上最遥远的距离"。

裁判者的正义感与当事人自然也不同。裁判者首先不依靠正义感,甚至不能依靠情感来作裁决,裁判者首先依靠的当然是对事实的细致了解、缜密思考,依靠法理和法律作出裁判。

第五条【道德和自然法】 天理与自然法是法律的灵魂与标尺,也是道德规范等社会规范的灵魂与标尺。

释义

钱锺书先生曾经指出:"法律应该是公正和周到

的，但不应该忘记高于法律的还有道德准则，它的价值，它的力量，会更高更大，它需要通过作品来体现，更要以文化人的自我铸造来换取。因为崇高的理想，凝重的节操和博大精深的科学、超凡脱俗的艺术，均具有非商业化的特质。"我曾经说："（钱锺书先生）他这里想要表达的，与其说是道德准则，还不如说是自然法。我为什么要提到一个与法律无涉的钱锺书，是因为塑造和发现自然法的问题，本身需要社会精英的共同参与，自然法比法治更需要社会共识。"钱先生提到了道德准则，我认为他的本意是指自然法，钱先生认为"它的价值，它的力量，会更高更大，它需要通过作品来体现，更要以文化人的自我铸造来换取"，具有"崇高的理想，凝重的节操和博大精深的科学"。这里要区分"道德规范"和钱先生这里所讲的道德准则。道德不像法律，法律有立法者，可以通过科学和细致的方式明确条文，道德往往是一种模糊的共识，即使是我们通常所讲的道德规范，亦是如此。而钱先生所讲的道德准则，大致是指一种具有天然正当性的、要被道德规范遵守的信条，是"道德之上的道德"，这就是我们所说的自然法。在这个意义上，自然法不仅"管法律"，还"管道德"，而且，它既"管"清楚的法律，也"管"模糊的道德。

第六条【礼和自然法】 礼是一种规范，体现自然法，但礼不是自然法。礼最初是一种设定的秩序，其设定或者出于对神的致敬，或者出于科层制之下的秩序安排。

释义

礼有时候被人们视为自然法,这大致是因为在中国古典社会当中,礼承担一部分"指导"法律的职能,当人们觉得自然法在"指导"法律时,再看到礼也在做着这样的"指导",就把礼和自然法等同了起来。究其原因,大致有三。

第一,人们把"礼"和"礼的原则"等同了。古典社会生活中的"礼"包罗万象,涉及大到国家大仪、中到婚丧嫁娶、小到日常交往的方方面面,一个普通人想要掌握全部的礼,难度较大,事实上也没有必要,但人们又不能不掌握礼,这种实际需要驱动人们掌握一些礼的原则和礼的精髓。例如,父慈子孝兄友弟恭就是礼的原则和精髓,而不构成礼之本身。父如何慈,子如何孝,如何在行为中体现,这才是礼的本身。正如诚实信用不是民法,而是民法的原则一样。人们一方面崇尚礼,受礼的制约;另一方面并不全面掌握礼,而只想掌握其简约版,便强化了对礼之原则的掌握。于是,人们在认知上,将礼的原则等同于礼。礼作为细化的规则,其原则自然是简约的,有时也是抽象的,这与自然法颇有相通之处,于是,有的学人在这个意义上将二者等同了(尽管提出这种观点的学人不一定察觉到这种实质)。

第二,显然,从历史来看,礼的作用大于法,礼在国之大政中发挥作用的时间早于法。即使不谈礼的出现首先来自"事神致福"的返神化、返图腾化时代这样的礼之起源问题,即使在国家政权基本定型之后,礼的作用也大于法。我将先秦社会称为"联邦时代",联邦时代没有中央政府,只有中心政权,中心政权和非中心政权的关系是大邦和小邦的关系。大邦要维持对于小邦的约束,就要靠各种各样的礼。联邦时代分三期,礼发挥不同面向的作用:第一期为巫礼并存、小公约数邦礼时期,在周前。各国邦礼差异大,但是仍然有一些在大邦引领下共同遵守和信守的礼。这就是小公约数邦礼。小公约数邦礼主要处理大小邦关系和邦之间关系。其他则各邦自治。第二期为大邦整礼、大公约数邦礼时期,在西周。大邦通过分封的形式对小邦进行整合,从而得以对小邦推广礼,形成大公约数邦礼。大公约数邦礼紧密了大小邦关系,也有助于小邦的内部治理和管理。第三期为大邦衰落与礼崩时期,在春秋战国。大邦衰落,大公约数邦礼转化为礼、法、政、刑、律、盟等在各邦的侧重不同的使用。所以,尽管司法的历史很早,差不多与人类社会同时出现(有社会就有纠纷,有纠纷就有裁决,这就是司法),但是司法相较于国家层面的礼而言,不能不说还要居于下位,于是人们在古典社会天然地崇尚礼,认为礼在法先,由此也强化了当自然法概念出现后,人们把自然法等同于礼的认知。

第三,当尚礼的儒家在汉代受到特别推崇之后,礼的重要性更加水涨船高。一方面,人们认为单讲法已经不能全面认识古典社会的律典和规则体系,故将古典中国法称为礼法体制;另一方面,所谓礼法交融,法律似乎很难超越礼而存在。但是,礼不是自然法,我们讲天理是自然法,而礼并不是天理。引入天理与礼进行并列讨论时,我们似乎可以看清礼和自然法的关系。事实上,不仅礼不是自然法,而且自然法同样构成了礼的上位概念,正如法律是自然法的下位概念一样。简而言之,礼和法一样,都是规则。天理在礼法之上共同指导礼法,只不过礼法各自的内容、职能和规范形式不同。

图31 〔捷克〕卡雷尔·维克作品:《眺望》

第七条【习惯和自然法】 习惯也是一种规范,体现自然法,但习惯不是自然法。习惯是一种基于人群中的权威人士的引导或自然条件的便利而形成的行事规范。

释义

习惯是一种"习惯"表达,实际上,在我看来准确的说法应该是"习惯规则"。从训诂的意义上来说,习的意思大致是行为之反复,即"如鸟数飞",而惯的原字是"掼",《说文解字》解释为"习也"。多人的行为反复,就被确立为"习惯规则",这是起源,但是,对于多数人来说,习惯来自继受,而自己并不参与习惯的"制定"。习惯规则的确定,当然很大程度上来自"市场经济",亦即大多数人接受,但同样也来自人群中的权威人物(而不一定是权力)。习惯和礼的差别在于,礼是一种更受到认可的、更规范成熟中国版的习惯,而习惯本身是无处不在的。在这个意义上,习惯和道德的历史,远远早于礼和法律,也早于天理和自然法。从内容来看,天理与自然法当然与人类社会相始终,但是从认知来说,人类认识到天理和自然法应该要晚,形成认识比实际的行为晚。虽如此,当人类认识到天理和自然法时,习惯规则也就成为天理和自然法的下位概念。与有人将礼等同于自然法比起来,一部分人不觉得习惯就是自然法,但是,认为习惯当中蕴藏着自然法的法意;另一部分人大致也会觉得习惯当中就蕴藏着自然法。这大致是与自然法"从地上长出来"的属性有关。正如我们提到,自然法与天理大体相当,而天理来自天,自然法来自地,这里的地当然不是孟德斯鸠所讲的地理环境,而是人群,即战国时托名老子的文子所讲的"法生于义,义生于众适"。既然自然法来自人群,则人群中最早产生的规则之一的习惯规则当中就应该藏有自然法的密码。而在我看来,作为下位规则的习惯规则和作为上位规则的自然法,并不是从来源上谈论的,而是一个来自实践,另一个来自学理和思考,在这个意义上,习惯规则来自"社会",而自然法来自"书斋"。

第八条【真理、常理和自然法】 天理与自然法,与真理有共通处,不唯一、不终极、不独断。天理虽然号称"天",但并不因此而成为以天之名而行独断的压制之名目,自然法亦然。在一定情形之下,天理与自然法亦是常理。"常理"是人们发现和认识自然法的途径。

释义

我们说道德规范有时候是模糊的,因为没有一个确定的立法者,其实,天理和自然法在一定意义上也是模糊的,因为天理和自然法同样并没有一个属于它的"立法者"。或许古人认为其立法者是"天",但是正如孔子所言:"天何言哉?"正如汉儒讲谶纬,"天"也并没有通过语言来言,而只是通过被世人赋予意义的某种现象来"言",自然法亦然。在这个意义上,天理和自然法的概念是共识,但是其"条款"很难说有人们的共同认知,而是言人人殊。有意思的是,人们所讲的"真理"亦是如此。在这个意义上,天理、自然法和真理都是无穷无尽的。其实，法律尽管是确定的、"稳定"的，但长时间仍然是处在变动和不确定当中。可以说，与法律比起来，天理和自然法并没有成为"共识"。从人类历史来看，法律可以是压制型的、无视民众权利与自由空间的，而天理和自然法则成为一种批评型和灯塔型的希望性概念，正如"从道不从君"，也可以说"从自然法而不从法"，所以，天理和自然法的模糊性和泛共识性、超越性，反而又使得天理和自然法比实定的法更"正确"。另外，过于强调天理和自然法，或者仅仅强调天理和自然法，当然也会带来混乱，这就是为什么我们要承认天理和自然法的正当性，但又必须进行实在的立法。在这个意义上，无论是过于强调自然法，还是假借"天"、天理和自然法来实行一种压制与"夹带私货"，都是值得警惕的。

一方面，我们说天理和自然法来自"书斋"，这是指人类提炼和认知自然法来自思考；另一方面，人类所提炼和理解的天理和自然法又应该是朴素和简约的，所谓"大道至简"。"常理"是"常识"的理论化，是常识的一部分。常识和常理大致就是社会中的普遍认知。尽管社会中的普遍认知常呈现情绪化和囿于环境的原因而有时偏狭，故而会被人称为"民粹"，但是，无疑民粹只是社会公众的一个面向而已，公众的常识常理，自然既是认识天理和自然法的来源，也是天理和自然法得到社会呼应的基础。从来源的意义上说，常识常理的确是天理和自然法的来源之一，这就是"义生于众"。可以说，天理和自然法也是"常理"基础上形成的"真理"（不带有绝对意义的那种"真理"）。

第九条【除魅和自然法】 天理与自然法的形成可以说是除魅的结果,无论是"天""自然"的形成还是"法"的凝练,均为理性化的成果。无论是巫魅、诸神,或是天、祖先、道,或是自然,皆在演进中逐步去除非理性的神秘与迷狂,法则的表述亦然。

释义

"除魅"与"理性化"有时混同使用,而实际上有区别,应该说,"除魅"是理性化的一种,特指告别巫魅,而理性化是漫长的无穷无尽的人类思想历程。在这种区分的意义上,将除魅与天理和自然法放在一起讨论,比使用理性化一词的指向更清晰。在早期人类充满着巫魅的观念时,并不是没有天理和自然法的思考,而是天理和自然法的思考隐藏于巫魅观念当中。初民社会的人类当然不是泛巫魅化,而是包含着丰富生活的内容,正如我们说的习惯规则就在其中。人们对天理和自然法的认知,嵌在其间,慢慢生成。纷乱的巫魅被抽象化为"天"和"自然",则巫魅少而理性增加。巫魅当然不是全然非理性的,人类认知巫魅和告别巫魅也有不同方式。李泽厚界定巫史传统,认为由巫而史,这是一种理性化;而《易》从占卜到对行为和"命运"进行理性思考,同样是独特的理性化。在这个意义上,"天理"自然也是独特的理性化之一种。其实,强调"天",或许就意味着理性化"并不彻底",但是,这似乎又是理性化"刚刚好"的表现。在这个意义上,正因为人类有过巫魅的长期历史,才有了一种高于人类的敬畏对象。这恰好是天理和自然法受到尊重的重要根源。

第十条【返魅和自然法】 天理与自然法在当代社会的存在尤其是受到尊重,又是一种"返魅"的表现。强调天理与自然法的神圣性,在于警惕现世统治者、立法者的狂妄,也在于对神圣保持谦卑,在于对个体与组织对于利益的过度索取、对于情绪的失控保持清醒。

释义

我曾在《略述法律与司法的"除魅"》一文中提出法律如何"返魅"的命题,当时本想回答,但并没有成形的思路。目前阶段性思考的结论是,所谓法律和司法的返魅,就是通过对于自然法和人民主权的超越理性的景仰,而确立对于法律和司法的神圣感。除魅之魅与返魅之魅,完全不同。除魅之魅,其意大致为"巫";返魅之魅,其意大致为神圣。事实上,在沿袭同一个法律传统的地方,魅并不易除尽,例如中国古典社会法庭(衙门)的设置,总体上就呈现与法律相关的符号,无论是考虑对于当事人的威慑,还是考虑对于承办法官的威慑,神圣符号都难以祛除殆尽。这自然与文化环境有关。以至于所谓"青天大老爷"等说法,不一定都是反法治的腐气,而都包含着旧时之魅。我们说,除魅是人类史上一个阶段的事,理性化是无穷无尽的历程,但是,天理和自然法不能成为理性化过程中被遗弃和消逝的人类遗产,而应永存。在这个意义上,"返魅"(或"保魅")而确保天理和自然法的神圣感、神圣性,对于不断走向理性化的人类,实在也是保存一种神圣感的精魂。在这个意义上,曾经的"法律能否被信仰"的话题有了超越误译的重要价值。这就是说,尽管法律并非宗教,但是人们对法律与法治的神圣感,是可以被信仰的。而在实际上,实在法是变动不居的,天理和自然法才更以其神圣性而值得被"信仰"。

第十篇　复　魅

　　本书从首篇的除魅开始,以本篇的复魅结尾。康德关于道德秩序的半批评半赞叹讨论,使我们想到了法理讨论的广阔性。当康德把宇宙秩序的圆满性分为物理和道德两个领域时,我们认为,将其所讨论的道德置换为法理,就更能体现人类社会的秩序性、规律性、规则性。法的复魅,就建立在这种对于宇宙圆满性的敬畏之上。在高度科学化和理性化的今天,法能否复魅是个无法确定回答的问题。无论如何,法的复魅在这个题域当中值得讨论,因人类终究无法失去敬畏。

论法的复魅

一、"海康论剑"

正像人们注意到的,在海涅的笔下,康德是个思想领域的罗伯斯庇尔,甚至,海涅更直接点地说,康德是个刽子手:"康德这人的表面生活和他那种破坏性的、震撼世界的思想是多么惊人的对比!如果哥尼斯堡的市民预感到这种思想的全部意义,那么,他们面对这人时所感到的惊恐当真会远远超过面临一个刽子手,面临一个刽子手——然而这些善良的人们却不过把他看作一个哲学教授,当他按既定时刻漫步走过来的时候,他们友好地向他招呼,并用他来对他们的怀表。"① 海涅指的是康德对上帝的破坏性。海涅说他少年时做过一个梦,梦见老年人样子的上帝在高空开开心心俯瞰,洒下谷物的种子,种子不断膨胀,化为像地球一样大的花团锦簇的大千世界。这种美好的场景让海涅沉浸在与上帝同在的快乐里,让海涅充满希望,然而康德对上帝存在与否的证明,却击破了希望,所以海涅想给《纯粹理性批判》写上一句但丁式

---

① 〔德〕海涅:《论德国宗教和哲学的历史》,海安译,商务印书馆2016年版,第105、106页。

的卷首语:抛却希望吧。①

正像艾伦·伍德在《康德的理性神学》一书中注意到的,海涅对康德过于不够知己,误解太深——"海涅的解释完全忽视了康德对他所批判传统的深切同情。"②我们可以这样说,海涅是一个感性的上帝的热爱者,而康德是理性的为天地立心的人。感性无法接受理性,上帝的热爱者无法容忍上帝被理性所试图解构和解析,而代之以自己的解释。

图32 〔德〕海涅

---

① 参见〔德〕海涅:《论德国宗教和哲学的历史》,海安译,商务印书馆2016年版,第112页。
② 〔美〕艾伦·伍德:《康德的理性神学》,邱文元译,商务印书馆2014年版,第4页。

实际上，海涅之于康德的愤怒和康德之于上帝的疑问，是一种亘古的对峙，这就是一场人类社会永恒存在的关于上帝有无的辩论赛。在很大程度上，这是两个世界的人，彼此无法理解。海涅的种种出色的修辞，表明他是一个真正虔诚的幸福的信徒，康德代表了执着地求索但破碎了信徒美梦的怀疑者。假如此信徒不够虔诚，倒也罢了；假如这质疑不够有力，也还罢了。问题就在于双方都十分真诚，这真诚当中确乎没有半点功利和庸俗。或许，在中世纪教会激烈的辩论当中，就包含了康德的声音，被称为"魔鬼代言人"的辩论角色，其代言的或许不仅有魔鬼，更有理性质疑。当我们把此海涅和康德看作两个学术高手在华山论剑时，就觉得这是象牙塔里的精细如象牙雕塑的学术比武。但是，当我们把此二人看作无处不有的信仰与否之辩时，才知道二人的辩论，无非用学术语言讲出的大多数人关心的甚至一个人内心都会自我辩论的一个重要议题。

海涅的贡献是基本完成了幸福的信仰者的思想画像，不足是对对方缺乏同情之理解。尽管海涅声称自己看了很多遍康德的著作，但我们仍可合理怀疑他的每一遍阅读都带着情绪。感性的上帝的热爱者海涅无法理解理性清晰的康德在面对上帝的问题时是个矛盾体。

理性式的自然神学是康德又恨又爱又无奈的命题。其所以"恨"，是从至上的理性出发，康德不能不去面对影响亿万人思维模式的上帝和信仰问题，何况在康德之前，以牛顿为代表的科学家已然取得了那样出色的科学成绩，何况康德也曾撰写社会中的若干定理，或许表明自比于牛顿。简单来说,这里的恨可以归纳为"不信"或"不太信"。而爱,很大程度是来自康德对与理性相关的神学例如自然神学的同情。既然神学分为若干派别,康德所"爱"之神学,便是掺入许多理性的那种,这种神学试图剔除非理性的成分,而留下理性干货。事实上,当康德想要讨论上帝时,他选择的是从这些理性满满的神学而不是其他入手,这本身就表明了他颇为尊敬他想要叫板的对手。显然,崇尚理性的康德要通过理性神学来探讨神之有无。所以,他尊敬的是神学中的理性,质疑的是神学中的神。在这个意义上,海涅想和康德华山论剑,康德设定的对手却绝非类似海涅的人。康德之所以"无奈",是因为理性有限。

我们或许可以用原因和信仰两个方面来理解上帝。所谓原因,就是指对于康德来说,上帝是不是那个宇宙和万物秩序的创造者、安排者,用其目的来安排一切,而且秩序井然。所谓信仰,指的是信徒对于上帝的信赖及其深沉的信赖情感,犹如海涅一般。显然,康德看重的是前一个问题,因为前一个问题更在理性范围之内,而后者恐怕涉入了感性和经验。就这前者来说,康德其实是和理性式的自然神学一起在思考上帝,或许,他试图对自然神学所做的反驳,恰好也是他试图经由思考自然神学而去寻找万物的原因的一种方式。康德好似一个理性的庖丁来解一头难解的牛,恰如牛顿尽管科学成就卓著,却同样无法回答上帝之有无的问题——就像牛顿回答一个问题,答了原因,却想不出原因的原因,以及原因的原因的原因。宇宙和万物的原因,不像一个钟表,一个钟表不论有多精密,我们总能"产品溯源"地找到那个制造者,而不是定义为"巧夺天工"。如艾伦·伍德所概括的①,康德试图指出,承认上帝将可能导致"懒惰的理性"和"颠倒的理性",即不再穷究原因的原因,同时把本来有真正原因之事错误地推给了上帝。

钟表的精密是有限的,但康德和我们都能发现,宇宙万物的精密是无限的。关于原因,假如我们说,一个人的诞生是因为他父母的结合,这是一种最简单的归因。若我们说他父母的结合是一个偶然或注定的美丽的邂逅,这看似找到了原因,但仍然离终极远之又远,追溯起来,人类的第一个祖先从何而来,人类又为何能坚毅地至今,又为何有无法言其奥妙的身体系统和大脑系统,这都是原因。所以,当康德在努力寻找和推翻原因时,他精炼地归纳出自然神学的数条原则:

> 自然神学的证明包含下列几个要点:(1)世界上到处都有清晰的迹象,显示世界有一个按确定的目的并由高度的智慧安排好了的秩序,它作为一个整体不仅内容上无比繁复,而且规模上无限庞大。(2)对于世界万物来说,这个有目的的秩序是完全外来的东西只是偶然附加到它们身上的,这就是说,假如世界万物不是由一个调度安置的理性原则在那里按照基础观念为了实现终极目的而完全有意地选择和安排好了的话,就它们的本性来说,它们自

---

① 参见〔美〕艾伦·伍德:《康德的理性神学》,邱文元译,商务印书馆2014年版,第160、161页。

己是不会通过各种各样自相统一的手段通力合作地凑成一定的终极目的的。(3)于是实际存在着一个(或一个以上的)崇高而智慧的原因,它不仅作为盲目运营而无所不能的大自然凭其富饶而必然是世界的本原,并且还作为智慧凭其自由而必然是世界的原因。(4)这个原因的统一性,可以从世界的各个部分,作为人工产物的各个零件,交相关联而成的统一性中推论出来,在我们观察能力所及的范围内,推论带有确定性,但超出观察范围以外,则按类比原理,推论只有盖然性。①

老实说,本篇讨论"法则终极原理""法的复魅"而从康德切入,确乎就与这段概括相关。康德的这些概括,其精炼程度恰好超过了理性式的自然神学自身的学者,这或许表明康德在思考对手的同时,自己也是自己的"上帝或神学代言人"。

康德认为,试图用理性去推导上帝存在的努力是徒劳的,自然神学不过是"为知性取得神学知识进行了准备……它自己却不能完成这项任务"②。但是,对于理性没有找到的最高存在,康德却没能完全否定。他依然小心翼翼地给最高存在留下了一个可以称为遐想的空间。那个作为万物本原的最高本质,于思辨而言,成了一个"使人类知识登峰造极的概念",就好像这是一道没有解

---

① 〔德〕康德:《纯粹理性批判》,王玖兴主译,商务印书馆 2018 年版,第 512 页。
② 〔德〕康德:《纯粹理性批判》,王玖兴主译,商务印书馆 2018 年版,第 521 页。

图 33 〔丹麦〕第谷·布拉赫著作插图:哥白尼的太阳图解

出来的考题,一个没有被发现的秘密,而且理性永远能够去验证未来的那些可能的理性。康德为最高本质留下的这个空间,康德的这种基于理性有限的无奈,让他成为艾伦·伍德眼里的"'现代主义'神学家"。

海涅怀着恨来找康德"论剑",康德怀着恨、爱、无奈,去找自然神学"论剑"。甲以乙为敌,乙却以丙为半友半敌。当我们用原因和信仰两个方面来理解上帝时,我们发现海涅关注的是信仰,康德关注的是原因。康德触碰了海涅的信仰和幸福感,海涅却不大能体悟康德对原因的反和正的两种执着,没有看到康德给最高存在留下的那片诗意花园。

我们可以说,康德是处在除魅的执着和对于返魅的某种保留当中,也正是在这个意义上,康德为自然神学所概括的那些精炼的话语,恰好也能导引出"法则终极原理""法的复魅"的话题。

二、法则终极原理

我们这里试着提出法则终极原理的概念,此概念可溯源于康德。康德从自然神学中区分了物理神学和道德神学。康德说:

> 自然的神学是根据当前世界里(在这个世界里,有两种带有自己的规则的因果关系必须予以承认,它们是自然和自由)呈现出来的性状、秩序和统一,以推论出一个世界始创者的特有性质和实际存在。因此它从当前世界上升到最高智慧,是或者把最高智慧视为整个自然界的秩序与完满性的原理,或者视之为道德界的秩序与完满性的原理。在前一情况下,它叫物理神学,在后一情况下,它叫道德神学。

显然,康德这里所讲的道德神学,指的是人类社会当中的圆满秩序及其原理。也就是说,在康德这里,他把全宇宙的自然神学,即宇宙当中的井然有序之状态,划分为两个部分:一是涉及自然界的物理神学,即自然界中的井然有序;二是他称为道德神学的人类社会中的秩序及其原理(当然,如果要细分,我们会发现地球上的动物之状态,其实位于自然界和社会之间,动物当中有一种秩序,既与人类相关,又与人类不同,但又绝不能简单归因于自然界,此种状况,或许我们可以在对于人类的讨论中予以阐发,借以描述人类与动物界的同与不同)。

有意思的是,黑格尔在《法哲学原理》当中对类似的问题做了阐发,他认为:"规律分为两种,即自然规律和法律。"①在该书的另一个中译本中,译者将"自然规律和法律"译为"礼法规律",译者认为,黑格尔不仅讨论了法律意义上的法,而且讨论了道德性和伦理性的法②,故以"礼法规律"称之。

我们结合康德所提出的道德神学、黑格尔的法律(规律)和"礼法规律"之概念,重新思考康德自然神学中的自然界和人类社会当中规律、秩序划分的问题,当可思考,康德所提出的与物理神学相对应的道德神学之概念,不够准确,而以"法理神学"——"法则终极原理"名之,或更契合康德指向问题的秩序之意。这里需要指出的是,我们在这里提出"法则终极原理"的概念,并非完全对应于康德所讲的"道德神学",不是对康德观点的阐释,而是一种阐发,是在康德所提概念之上的新理解,可视为借鉴而不是解释。

大体上,黑格尔和康德的共同点是,他们都区分了自然界和人类社会中的不同规则。这样的区分、这样的洞察,如果对其不加注意,觉得也不过是平常之语,例如,在今天,人们把科学划分为自然科学和社会科学,似乎十分

---

① 〔德〕黑格尔:《法哲学原理》,邓安庆译,人民出版社2016年版,第16页。
② 〔德〕黑格尔:《法哲学原理》,邓安庆译,人民出版社2016年版,第15页。

寻常，由此，将规则和规律划分为自然规则、社会规则与自然规律、社会规律，也不算什么惊人之语。但是显然，黑格尔和康德的问题意识不仅在于此。黑格尔和康德的共同点在于两点。

第一，自然界和人类社会当中都存在着规则和规律，规则和规律是公约数。事实上，轴心文明时期，老子所思考的"道"，就试图打通自然界和人类社会，而从中寻找规则和规律的公约数。进一步说，道又可分为宇宙大道和人类社会之道，而人类社会当中又可分化出德。所以，从对自然界和人类社会不同的观察中，找到道的公约数，实际上是人类的一个巨大的抽象。仅仅思考自然界或者人类社会是容易的，也是容易产生问题意识的。但是归总自然界和人类社会却相对不易。当然，在这样的归总当中，不排除有一神教的因素起作用，但是即使是一神教，也不是人类社会自始而来的，而是历经漫长的原始宗教的过程而达致。同时，亦非有了一神教，就能自动生成统合自然界和人类社会的规则意识，而仍然需要一种洞察和灵感。

第二，自然界和人类社会当中各自的规则，到了黑格尔和康德的时代，都发展到了相当的深度。自然界的规则和规律，不仅是万年以前人们就已发现的日夜之别、四季之规律；不仅是万物各有特性，农夫据此而耕种，而且已经被哲学家和物理学家参透了定律，整理了文本，例如牛顿。社会当中的规则和规律，也基于基本的需求，而早已被人所探寻，在轴心文明时期，中国哲人对道德与伦理问题孜孜以求，进行分门别类，即是一项道德规则意识强烈早熟的证明。

而黑格尔和康德的不同之处在于对"神学"的看法。黑格尔强调"要求诸君信任科学,相信理性,信任自己并相信自己。追求真理的勇气,相信精神的力量,乃是哲学研究的第一条件。人应尊敬他自己,并应自视能配得上最高尚的东西。精神的伟大和力量是不可以低估和小视的"①。黑格尔说:"那隐蔽着的宇宙本质自身并没有力量足以抗拒求知的勇气。"②当黑格尔把科学、理性、自己、追求真理的勇气和精神的力量看成了哲学研究第一位的、名列前茅的条件时,他所反对的当然是由神和教士来宣布真理,而对于隐藏着的宇宙本质的了解之路,也都是这样一条由人去开拓的路。如前所言,康德当然也是如此,但是,亦如前面所言,康德所归纳的自然神学观点,是他批评、反对而非支持的对象,但相比黑格尔的坚决,康德还是为神学和自然神学留下一方诗意花园。正因此,康德才提出了道德神学,从而我们由此提出了法则终极原理。康德强调神学,而黑格尔除魅,由此,康德所论证的规则和规律之上,就有了他所认为的终极原因。

当康德在《纯粹理性批判》中论及此时,正显珍贵,毕竟此书的范围主要还不在"道德"领域。康德所论证的自然神学之上帝,本来主要指那种万物之间的强大的规律性,从宏观到微观都依照规则来运转,随后康德一转笔就到了道德神学这里,表示道德也从这种由最高

---

① 〔德〕黑格尔:《小逻辑》,贺麟译,商务印书馆2011年版,第35页。
② 〔德〕黑格尔:《小逻辑》,贺麟译,商务印书馆2011年版,第35页。

原因决定的规律性当中分了半杯羹。一方面,人类社会一直试图订立细密的规则,此种订立相当具有人的主动和主体性;另一方面,人类社会订立的规则,却还比不上自然界规则那么精巧,仿佛上帝之手所造。然而,自然界本身随着规则在运转,人要发现这种自然界的规则却要费尽移山心力——或许,这是一个无穷尽的工作。在自然界,神性意义上的规则更具有主导性,在人类诞生之前,已运转无穷年份,而在人类社会,神性意义上的道德规则既在于人自身,又需要人去发现,还需要人归纳和制定出来。

图 34　〔德〕康德

人类社会运行的规则当然不限于道德,而毋宁称为法则——也就是人们常说的规范——即使是道德,亦可名为道德法则,在这个意义上,道德算是法则的下位概念。正因为此,在神学的意义上,我们与康德同;而在归纳法则的意义上,我们与黑格尔同——故我们借助康德的话语来归纳,自然神学有两种:物理神学和法理神学。法理神学,即法则终极原理,就是法则之理的终极之学,法则当中包含了道德法则。

既然我们是借助了康德的概念,则我们与康德当然有着同一个问题意识。如果把这里的所谓神学的概念做一个哲学的阐释,那便是——寻找本原和终极的本原。这里所谓的神学,当然是一种归纳和说辞,近似于老子所讲的"强字之曰道",康德一方面使用神学这个不得已的名词,另一方面还是强调"最高原因"才是他想表达的。而我们的不同之处,是以规则和法则作为对康德的道德的概括,从而在法则的意义上提出了法则终极原理。

法则终极原理,自然指的就是康德所讲的那种规定了人类社会的法则以及法则意识,让人类社会终究不是无序状态,而是总体呈现为自由生长和井然有序的统一。

这里有两个基本问题。第一个基本问题在于,如何理解这些法则?这些法则包含哪些?自然界的规则,总体是一种无主意识的规律性运转,物理学家和自然科学家们对它有解答。到了动物界,相当多的动物有了意识,故动物界的规律性运转介乎于无主意识和自主意识之间。人类社会的运转则属于自主意识的运转。讨论人类社会当中的规则与法则,讨论的是自主意识、作为自主意识的主体的人、自主意识决定的行为,以及更重要的——人与人的联系和由一个个的个体组成的社会各组织与人的联系,正是在人的主体性、人与人的联系、人与组织的联系、组织与组织的联系当中,产生了一系列的运转法则,这些法则小到两个人,大到整个社会。这里的法则又分为三类,即应然的法则、共识的法则和实然的条款。应然的法则,是指富于合理性,甚至与最高原因相联的法则,这些法则往往贵生而重爱,使得个人和社会能够获得更好的发展,这些法则往往需要善于洞察的人才能发现和经思考而来。共识的法则,是指在智者和学者能够发现应然法则的同时,已经形成的社会氛围和普遍风俗、普遍认知,普遍的道德观念和正义感即在于此中。实然的条款,则表现为有权力、权威和控制力的人或组织制定的用以约束人的条款,这些条款的制定,有些符合应然和共识,有的则只是出于制定者或制定集体单方面的意志或意思。

第二个基本问题在于,这些法则形成的原因是什么?也就是本源到底在哪里?这也是人类社会法则与自然法则的本质差别所在。自然法则是有秩序运转,人类则是生命体的自主运转。这种运转中,包含着生命体的三大命令:一是单个的生命要繁衍和进步;二是整体的生命要繁衍和进步;三是所有生命的繁衍和进步都来自人的自主意志,而不是一块风中一动不动的石头。基于这三大命令,人的天性得以形成,并蕴含了规则的力量——例如天生的父爱、母爱和两性之爱;例如人对物的天然占有感情;例如人天生享有尊严和自由;例如基于人的尊严和自由,人需要被公正地对待,需要获得正义;例如人天生与人发生联系——这也便构成了社会的本质,进而,理想地说或者理想的状态是,人发现了这些天性和规则并制定出规则。

三、法则终极原理、自然法与天理

当我们提到法则终极原理时,自然不能不想到自然法,在中国的语境里,又不能不想到天理。

早于康德的洛克在讨论自然法时,与康德(康德所批评和归纳的)有着相当的一致性:

> 根据某种神圣存在掌管全世界的假设——由于我们看到自然生物世界受神圣法则的管理,因此这是一个可通过"设计者论证"加以证明的事实——人类的生活一定受制于行为的某种固定规则。这些规则就是自然法……①

> 对于我们,上帝是无处不在的。不论是从当今既定的自然进程还是从过去经常显现的神迹中,都可以确证上帝的存在。基于上述理由,我认为不会有人否认上帝的存在,只要他或承认理性地解释我们的生活的必要性,或承认确有配称为德性或罪恶的东西。神掌管着这个世界——正是由于他的命令,苍穹旋转,大地静立,群星闪烁;正是他,甚至为

---

① 〔英〕洛克:《自然法论文集》,刘时工译,上海三联书店2015年版,第97页。

狂暴的海洋划定了界限,为物种制定了萌发生长的方式和周期;也正是由于遵从他的意志,所有的生物获得了自己诞生成长的法则;在事物的整个构成中,没有什么比不承认有适合其本性的稳定有效的运行规律更加不可理喻的了。①

很有意思,洛克所讨论的自然法的起点,一是上帝,二是自然界,这就是上帝无所不在和自然界与人类社会都存在神圣规则和都被上帝所决定的意思。而这里的上帝,特别重要的是,并非在洛克的环境里的基督教意义上的上帝,而是经过了洛克的理性思考之后的自然神学意义上的上帝。梯利在讨论洛克作为自然神论者时指出:

> 从洛克的《基督教的合理性》(1695年)开始,自然神论形成了重大的运动,洛克确定理性为启示的最后准则。启示的真理绝对确实,无可怀疑,但是人类理性是启示本身的标准。同切尔布里的赫尔伯特一样,这位伟大的经验主义者承认自然或唯理的神学中的某些命题是真的,不过,他不认为那是天赋的。自然神论者运用洛克这种思想,以理性的标准来衡量启示,在自然规律中寻求上帝的启示。在这个基础上基督教形成为唯理的宗教;基督教并不神秘,和天地万物一样古老。②

---

① 〔英〕洛克:《自然法论文集》,刘时工译,上海三联书店2015年版,第114页。
② 〔美〕梯利著,伍德增补:《西方哲学史》,葛力译,商务印书馆2015年版,第366页。

图 35 〔英〕约翰·洛克

讨论的是自然神学而非其他,这就使得洛克的讨论不再受限于一个教派和教会的具体规定,不一定受限于一部某教派的经典著作和常规理论。讨论自然神学,使得洛克的视野更为宏大,也为他的自然法理论找到了自然神学意义上的根源,这就把他的自然法与此前的基督教论域当中的自然法划出了清晰的界限。康德尽管在批评自然神学,但讨论自然神学时形成了对于洛克的明显的接续,康德甚至在洛克的基础上,清晰地讲出了自然神学的本质所在——观察的是秩序井然的现象,找寻的是终极的原因。

如我们所见,康德在其归纳"道德神学"时,强调的是道德,而不是法律和自然法。康德的问题意识不在于法则和法律,而在于"位我上者,灿烂星空;道德律令,在我心中"。在此颇为可惜,自然法学未出现在此处康德的讨论当中。可以合理假设的是,在康德对于人类社会当中的自然神学的思考当中,不排除有着深色的洛克的影子——当康德不讨论神学而讨论人类社会的定理时,康德说:"人类的历史大体上可以看作是大自然的一项隐蔽计划的实现,为的是要奠定一种对内的,并且为此目的同时也就是对外的完美的国家宪法,作为大自然得以在人类的身上充分发展其全部秉赋的惟一状态。"[①]康德虽然不讨论神学了,但他的笔下却呈现了无枝可依也无法描述的几个神秘词汇:"大自然"和"大自然的隐秘计划"是

---

① 〔德〕康德:《历史理性批判文集》,何兆武译,商务印书馆2009年版,第16页。

不是指的仍然是那个康德在《纯粹理性批判》当中讨论过的最高存在及其行为?"大自然在人的身上充分发展其全部秉赋",指的是不是人和人类社会中所展示的法则和秩序?"完美的国家宪法",指的到底是现实制定的法,还是理想当中的法?显然,自然神学在康德这里挥之不去,而且他的表达颇接近于洛克的概括。由此,当康德简约地使用了道德神学一词,后来又隐含地讨论法律相关问题时,我们以我们替代的"法则终极原理"作为对道德神学的替代词和覆盖词,并且确切地把康德和洛克连接起来。

那么,自然法和"法则终极原理"的差异在于哪里?我们可以说,二者基本上可以通用,后者可以视为理解前者的一种学说和认知方式、描述方式。我们可以这样说,自然法讨论的是被提炼和归纳出来的法则本身,而"法理神学"和"法则终极原理"讨论的是原因和本源。一方面,洛克讨论自然法时强调源于(自然神学意义上的)上帝、"苍穹旋转,大地静立,群星闪烁""所有的生物获得了自己诞生成长的法则",这实际上就是对于法则终极原理的概括,只不过洛克没有使用这样的概括,这个概念是通过对康德的借鉴而由我们提出来。另一方面,康德的概括,进一步提示我们,人类社会中的圆满秩序作为一种存在,和对它深处或者高处的最高存在、最高原因和本源的探寻,对人类社会来说是特别重要的。

当洛克启用自然神学的观念或者方法时,自然法已经获得了某种意义上的新生或者自由。人们在此时,开始用理性来思考自然法,这样的理性起点,到了康德和黑格尔那里虽然有发展,但是一脉相承。洛克肯定自然神学,康德批评自然神学,黑格尔纯然强调理性——自然法的历程不也如此吗?从洛克、康德、黑格尔的理性路线图中我们发现,自然法的宗教属性是一条下行曲线,而理性属性是一条上升曲线,但是本源属性和神圣属性,在理性的意义上,前者是上升的,后者是持平的。在此,我们可以结合中国的天理概念来做讨论。

天理,可视为中国语境当中天然的一个对于自然法的表达方式。一方面,天的概念本身就带有自然神学的色彩。天,基本上不是一个拟人的神,而是一种既高妙、强大,又与人间发生联系的权威力量。尽管老子强调道是很大程度上的决定性力量和智慧,但是老子仍然使用了"天之道也"的词汇,表示天仍然高于道。本来,天道的概念早于天理,在中国的语境里,尽管"道理"共用,但是道在理念的意义上高于理,而理则以《说文解字》当中"治玉"的解释而表达出方法的意思,从方法当中,我们又可以解析出法则的意思,由此,天理和国法人情结合,上升为某种意义上的古典中国的"法言法语"。进一步说,天的概念本身就在完成不断理性化的工作,尤其是到了近代以来,天的含义早已转化为自然之天的意思,而旧有的天的神圣含义仍然存在于人们的语言和观念当中。在20世纪之后,自然法概念在中国替代了天理,而天理仍然存在于民间话语当中,甚至有时也会成为正式话语,这在一定意义上表示了自然法观念的强大。

自然法和天理的概念,其曲线是洛克、康德、黑格尔的理性路线图,我们也可以以"除魅"和"弑神"作为一种视角、方法和事实来作为对它的概括,那么,当我们将天理、自然法、法则终极原理当中的"神性"去掉之后,天理和自然法是何种状态呢?天理,不再指"天"说出的理——而是指一种自然却又神圣性的法则。自然法,不再指源于上帝的法则——而是一种根据社会与人之本源之理而发现的法则。法则终极原理,强调的就是与自然界规律性一样的人的规律性,特别强调的是本源性。

图36 〔捷克〕帕维尔·西蒙作品:星夜

引入法则终极原理之后,我们来看自然法的概念本身和自然法的历程,能对自然法形成一些认识。根本点在于,我们可以认识到自然法具有相当强的理性属性、本原属性和一定意义上的神圣属性。

四、从除魅到复魅

法的复魅,是针对"法的除魅"而言。法的除魅,概而言之,是指法告别巫魅而不断理性化的过程。我们在这里提出"法的复魅",当然不是简单地恢复法的除魅的成果,恢复到法在除魅以前的巫魅状态,而指的是当法的除魅具有了相当的成果时,如何在极度理性化的法律当中融入一些神圣感的成分,从而使得法律在高度理性化的同时不至于彻底工具化。

巫魅状态,是法律和司法的重要起点。一方面,巫魅展示了早期法律和司法当中"极不靠谱"的一面,将司法权交付给了巫术与神灵;另一方面,巫魅又赋予法律与司法以极大的权威。

关于除魅和复魅的关系,我们恰可以孔子的两句话作为阐发,一句是"子不语怪力乱神",此近似于除魅;另一句是"祭神如神在",此近似于复魅。而中国古语之"绝地天通",近似于自然科学对于神灵系统的科学化解构。

《论语》中说道,祭奠神灵,就像神灵就在眼前,祭奠神灵,就要亲自到祭祀现场去祭奠,如果不在现场,还不如不祭奠。一个本身对神灵无感的人,可以在祭祀的时候"祭神如神在",甚至可以机会主义地祭祀,求得神灵保佑他,就像实现一场交易一样地去央求,然后还愿和感谢皆如是。或许即使像最后这种情况一样的"庸俗",有一种对于神灵的敬畏感仍然聊胜于无。

礼本来重要的一义,就是来自对于神灵和鬼神的祭祀。然而,到了孔子讲"祭神如神在""吾不与祭,如不祭"时,我们可以看到,似乎人们并没有那么深刻地生活在与神灵同在的世界了。将《论语》当中人们熟知的话

"子不语怪力乱神"与"祭神如神在"结合起来看,或许能让我们看到孔子对神的基本态度。

"怪力乱神"和"神",当然不同,不讲怪力乱神,不等于不讲神。不讲怪力乱神,首先指的是不去讲"怪"和"乱"的神,这就是说,在孔子的环境里,有关神的系统已经被格式化和规范化了。

怪力乱神一定是更原初的样貌。认为世界上存在神灵,简直可以说是人的本能,由此,不仅一个大共同体和一个小共同体当中会有自己设定和理解的神,每个人都可以有自己所想象的神灵,有的是令人害怕的对象,有的则是自己的守护神。这个时候,是人的恐惧感、不安感、无助感,以及一种天生的乐观情绪和幻想的本能共同在起着作用。而每个人自己的神灵与自己所处的大小共同体中的神比起来,后者体系更大,说服力也更强,但越在原初的时候,可能每个人的神越多姿多彩。一个吃饱了桃子的人,躺在草地上看云朵变化,都能幻想出若干神灵来,而且觉得变化万千。

但是,逐步地,神的系统被格式化和规范化了。例如,一个胜利的部落会把自己的神灵推广到被征服的部落;若干被整合到一起的部落,会尊奉具有中心权威的部落的神灵;经过了神职人员和哲学家解释之后的偏于理性化的神灵,会比原始神灵系统更有说服力,更易传播;有了宗教组织之后的神灵,就有了一整套神灵谱系;国家、宗族力量也会参与到与神灵相关的观念整合当中。由此,怪力乱神系统就会必然被完成一次或若干次大的重组和改造。在《楚辞·九歌·东皇太一》"吉日兮辰良,穆将愉兮上皇;抚长剑兮玉珥,璆锵鸣兮琳琅。瑶席兮玉瑱,盍将把兮琼芳;蕙肴蒸兮兰藉,奠桂酒兮椒浆"中,书写的正是楚人祭祀其大神东皇太一的场景,吉日良辰,长剑玉佩,美酒琼浆,祭祀上皇。然而,谁是东皇太一?有了《楚辞》的记录,我们当然知道是楚之上皇,即"大一",显然这是伟大的一,有一神教之色彩,是较为成熟的理性化信仰之表现。然而若无《楚辞》与较少的相关记载,我们今日已无从见到东皇太一之记述,而在主流的儒家文献中,亦见不到其身影,这就是说,即使是楚地的主流成熟的神,也被遗忘了,何况那些多姿多彩但零零散散亦未见记录的神?由于文献较为有限,我们今天只能研究,本质上是猜想——谁是东皇太一,却不能翔实地依据文献而系统地描述东皇太一了。不知孔子若知东皇太一之存在,当做何评论?这就是说,以何种标准来确定怪力乱神,其实是孔子时代的一大问题,而其背景是多姿多彩的诸种旧有神灵在历经若干大的变迁之后,早已实现了神灵谱系上的本质性整合。

与"不语怪力乱神"相关联的就是"祭神如神在""吾不与祭,如不祭",这就表明,孔子高度重视祭神。假如我们注意到论语文本实际上极少提到神,就更能珍视孔子之"祭神如神在"话语的意义。孔子一方面认同对神进行格式化和规范化的整理之现实,不认同"乱讲""混乱的神";另一方面,他对神灵祭祀高度重视,也就是说,他所重视的礼,尽管已经从天上和神灵系统中到了人间,但是他仍然虔诚地向神表示致敬,孔子不仅生活在礼仪高度发达的鲁国,也活在他所尊敬的并不经常出现于人间,但被认为高于人间、形成了人间之敬畏的神灵世界。

总体来说,孔子的神灵之话语,就是在"绝地天通"的大背景下。《国语》说:

> 昭王问于观射父曰:"《周书》所谓重、黎寔使天地不通者,何也? 若无然,民将能登天乎?"对曰:"非此之谓也。古者民神不杂。……在男曰觋,在女曰巫。是使制神之处位次主,而为之牲器时服,而后使先圣之后之有光烈,而能知山川之号、高祖之主、宗庙之事、昭穆之世、齐敬之勤、礼节之宜、威仪之则、容貌之崇、忠信之质、禋洁之服,而敬恭明神者,以为之祝……于是乎有天地神民类物之官,是谓五官,各司其序,不相乱也。民是以能有忠信,神是以能有明德,民神异业,敬而不渎,故神降之嘉生,民以物享,祸灾不至,求用不匮……及少皞之衰也……民渎齐盟,无有严威。神狎民则,不蠲其为。嘉生不降,无物以享。祸灾荐臻,莫尽其气。颛顼受之,乃命南正重司天以属神,命火正黎司地以属民,使复旧常,无相侵渎,是谓绝地天通。"①

"绝地天通"是一种传说,其关键要点是颛顼"命南正重司天以属神,命火正黎司地以属民,使复旧常,无相侵渎,是谓绝地天通",即派了两位神,一位是重,另一位是黎,分别掌管天和地的事务,各不相扰,便是"绝地天通"。而在博学的楚国大臣观射父的理论当中,他表示早

---

① 《国语·楚语下》。

期本是"在男曰觋,在女曰巫"的神灵泛化之状态,又有各司其职的各种神,但是后期出现了种种混乱,于是颛顼下令重和黎各司天地之职,乃"绝地天通"。

一定意义上,我们可以说,对比"绝地天通"的真实传说,以及传说所讲述的两位神界官员各管天地的故事,"绝地天通"这个词比故事和观射父的理论都值得重视得多。"绝地天通",实际上意味着怪力乱神在人间的影响力的逐步消失,但是,"绝地天通"又并未彻底地杜绝神灵崇拜在人间的影响,由此,孔子的"祭神如神在"当中,还又保留了相当多的虔诚。没有这种虔诚和虔诚的感觉,人类失去敬畏,则人类之自控力到底如何,不太能让人想象得到,于是我们可以看到,无论在怎样的语境里,即使毫不承认神灵的存在,"神圣"这个词都是特别神圣的。

"绝地天通"还为我们重新认识"天人合一"以及董仲舒等理论提供了一个新的视角。所以,"绝地天通"之后的神、之后的"天",实际上构成了儒家以及华夏思考神、思考天的一个新的起点,孔子以及孔子的"祭神如神在"之话语便是其代表。

21世纪以来的法律,当然早已除魅,不语怪力乱神久矣。然而,除魅的尽头是什么?是否彻底理性化?除魅的尽头,法则终极原理、自然法和天理是否还有位置?又该如何看待和安放自然法和天理?

如前所述,除魅时代之后的自然法和天理,若其存在,则具有相当强的理性属性、本源属性和一定意义上的神圣属性。理性属性,是为除魅应有之义,而本源属性和神圣属性,其中则蕴含着相当的"祭神如神在"的复魅成分。

自然法以及中国版的自然法表述方式——天理——其中的本源属性和神圣属性,经过本篇前面的铺垫,我们认为,可以用溯源于康德、部分与洛克有关的法则终极原理一词来做阐发。在"绝地天通"之后,当宗教的观念逐步被科学的观念所代替时,人们依然可以发现,自然界和人类社会当中,依然存在规则的铁律,自然界中的规则铁律,更远在人的控制力之外,茫无际涯,人类社会自然也有着基本的运行法则。这些运行法则,人类只能顺应和敬畏,而很难以理性和权力的狂妄而超越和改变,这大致就是法则终极原理,在此之下,人们爬梳出自然法。

法则终极原理构成自然法的本源,这些本源当中包含着人类在天性当中的暴力一面——例如,人具有天生的侵犯性,为了活下去,为了"活得更好",为了获得生活资源,在产权不确定或产权意识不明晰的情况下,可能侵犯他人的财产,甚至以暴力相向、侵夺生命,但是无疑这些本源中更多的是对于暴力的控制。事实上,如前所言,在笔者看来,康德仅仅把自然神学划分为物理神学和道德神学是不够周延的,因为动物界当中的法则既不同于自然界,也不同于人类。人类当然具有动物属性——例如生命繁衍的命令,不仅人有,动物也有,甚至植物也有,但是,人之所以区别于动物,正在于人的意识和行为当中都有相当的制约动物性的因素,而这些因素,也构成了法则终极原理的一部分。

在一定意义上,我们还可以说,之所以说法则终极原理不仅是法律的本源,还包含了道德的本源,是因为法则终极原理当中包含着人的善良禀赋,要求人去爱人。法律可以规定正义,但是不容易规定爱。爱,在法律当中表现为某些义务,例如抚养和赡养的义务。被规定为义务的以及表现为义务的爱,都是有限的,而更多的爱无法体现在法律当中。但是法则终极原理和自然法当中可以有爱。

图 37 〔捷克〕帕维尔·西蒙作品:启程

在除魅之前,人们可以为一些律令找到原因,例如找到上帝或者别的神灵,然而除魅之后,似乎人类只能从人类自身找原因。法则终极原理、自然法、祭神如神在的观念,在这个意义上,确实在人类当中,他们虽然是人的意义上的本源,但同样具有被人类所重视的神圣感。在这个意义上,除魅之后,人类的神圣感并未消亡,人类实际上一直在复魅当中。

然而,尽管复魅不灭,提出法的复魅的概念,却仍然是有意义的。法则终极原理和复魅,都旨在为自然法的本源属性和神圣属性寻找一种源泉。一方面,当法律越来越细密时,自然法似乎越发遁形或者显得不重要,与自然法相联系的神圣感、本源意识、法则终极原理、复魅,也更加无形无声,甚至于无用,但是,细密不代表正义,良好的立法和司法依然需要回到法律的本源去探寻和呵护正义;另一方面,法律不仅运行在法律中,法律还运行在社会中,一个"厚生、求知、崇艺、尚美、重友、明理、敬神"①的社会,就是一个真正适于法律的社会,这是法的除魅之后的复魅所营造的氛围和所期待的状态。

---

① 此系我对菲尼斯的七种"基本善"所提出的中式表达方式。